2024年度版

パブロフ流でみんな合格

EXAMPRESS
簿記教科書

日商簿記2級

商業簿記 総仕上げ問題集

著・画 公認会計士
よせだ あつこ

本書内容に関するお問い合わせについて

このたびは翔泳社の書籍をお買い上げいただき、誠にありがとうございます。弊社では、読者の皆様からのお問い合わせに適切に対応させていただくため、以下のガイドラインへのご協力をお願い致しております。下記項目をお読みいただき、手順に従ってお問い合わせください。

●ご質問される前に

弊社Webサイトの「正誤表」をご参照ください。これまでに判明した正誤や追加情報を掲載しています。

正誤表　https://www.shoeisha.co.jp/book/errata/

●ご質問方法

弊社Webサイトの「書籍に関するお問い合わせ」をご利用ください。

書籍に関するお問い合わせ　https://www.shoeisha.co.jp/book/qa/

インターネットをご利用でない場合は、FAX または郵便にて、下記"翔泳社 愛読者サービスセンター"までお問い合わせください。
電話でのご質問は、お受けしておりません。

●回答について

回答は、ご質問いただいた手段によってご返事申し上げます。ご質問の内容によっては、回答に数日ないしはそれ以上の期間を要する場合があります。

●ご質問に際してのご注意

本書の対象を超えるもの、記述個所を特定されないもの、また読者固有の環境に起因するご質問等にはお答えできませんので、予めご了承ください。

●郵便物送付先およびFAX番号

送付先住所　〒160-0006　東京都新宿区舟町５
FAX番号　03-5362-3818
宛先　（株）翔泳社 愛読者サービスセンター

日商簿記検定について

日商簿記検定には問題用紙と答案用紙が紙で配られる試験（以下、統一試験と呼ぶ）とネット試験（CBT方式）があります。ネット試験は専用のパソコンが用意されたテストセンターで受験し、テストセンターの席が空いていればいつでも試験を受けられます。

	統一試験（紙の試験）	ネット試験
試験日	6月、11月、2月	随時
会場	指定された学校、会議室など	テストセンター
申込	受験希望地の各商工会議所 （https://links.kentei.ne.jp/examrefer）	全国統一申込サイト （https://cbt-s.com/examinee/examination/jcci.html）
試験時間	2級は商業簿記・工業簿記あわせて90分	
出題範囲	出題区分表による（商業簿記・工業簿記）	
受験料	2級 5,500円（2024年3月までは4,720円） ※別途手数料が必要な場合があります	
受験方法 メリット	メモを書き込んで消す解き方ができる 答案用紙 電卓 計算用紙 問題用紙 マルしたりメモしたりできる	キーボード 問題 答案 計算用紙 電卓 その場で合否がわかる いつでも何回でも受けられる
合格率	24%前後	40%前後

購入特典 ネット試験対策に！ Webから予想模試2回分が体験できる

本書の購入特典として「パブロフ簿記」ホームページでネット試験（CBT方式）を体験できます。ソフトをダウンロードする必要がなく、ネット環境さえあればパソコンでもスマホでも問題を解くことができます。ネット試験の予想模試として気軽にご利用ください。

予想模試のサイトのURLおよびパスワードはP.343に記載しています。

本書の特徴

特徴1 講師や合格者の解き方がわかる！

本書の最大の特徴は、問題を解くとき「自分でどのように手を動かせばいいか」を明確にしている点です。本書ではそれを「下書き」と呼びます。

簿記の問題は複雑なので、問題を読んだだけですぐに解答を導くことはできません。この「下書き」は、問題を見ながら解答を導く橋渡しの役割を果たしています。問題をミスなく効率的に解いている人がどのような「下書き」を書いているかを知り、自分も同じ「下書き」を書くことができるようになれば、合格への道がグッと近づきます。

こんな人にピッタリ

- **講師や合格者の効率的な解き方を知りたい**

特徴2 最短合格用のブラッシュアップ問題で効率学習！

掲載している問題は、過去20年分（60回分）の本試験問題を分析し、新しい範囲も含めた出題される可能性の高いパターンをすべて網羅しました。さらに、論点が明確になるように余計な部分をそぎ落とし、必要な部分を付け加えたことにより、効率的な学習が可能となっています。

こんな人にピッタリ

- **基本テキストを読み終わり、本試験レベルの問題を解きたい**
- **苦手な論点だけ集中的に学習したい**

基本テキストと本書の違い

	簿記の基本	本試験問題 基礎レベル	本試験問題 応用レベル	いろいろな 出題形式
基本テキスト	◎	○	―	―
本　書	―	◎	◎	◎

※本書の内容は、2024年1月現在の法令・基準等にもとづいて執筆しています。

本書の使い方①

本書は日商簿記検定の試験レベルの問題を収載しているため、初めて日商簿記２級の問題を解く方には少し難しく感じるかもしれません。そこで、着実に試験レベルの実力をつけるためのオススメの使い方を紹介します。

1周目

白い紙と別冊の答案用紙を用意して、まずは問題を解いてみましょう。白い紙には「下書き」と呼ばれる、解く過程を書きます。別冊の答案用紙はこれから何度か使用するので、コピーしておくと便利です。次のURLからダウンロードすることもできます。

■付属データのご案内

解き直し用の答案用紙は、以下のサイトからダウンロードできます。

https://www.shoeisha.co.jp/book/download/9784798183800

問題が難しく感じる場合には、最初は、解答・解説・お持ちのテキストを見ながら解いても構いません。本書を使ってゆっくりと「簿記の問題の解き方」に慣れていきましょう。

間違った問題、解答・解説・お持ちのテキストを見ながら解いた問題には付箋を貼っておきます。

2周目

付箋が付いている問題について、解答・解説・お持ちのテキストを見ずに解きます。正解できたら付箋をはがします。Chapter8 模擬問題は時間を計って解くことが重要です。もし時間が足りずに全部解けなかった場合は、速く解く練習が必要です。

3周目以降

3周目以降は付箋が付いている問題だけ解き、正解できたら付箋をはがします。正解できなかったら付箋をそのまま残し、少し時間を置いてもう1回解きます。付箋が全部なくなったら、合格レベルの実力が付いています。

本書の使い方②

①まずは問題を解いてみましょう。実際の試験に近い問題文になっているので、最初は難しく感じるかもしれません。問題文から指示をどのように読み取るかについては、解説で説明しています。

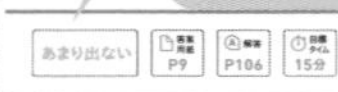

リース取引

広島株式会社がリース取引によって調達している備品の状況は、以下のとおりである。

名称	リース開始日	リース期間	リース料支払日	年額リース料	見積現金購入価額
備品A	X1年 4月1日	5年	毎年 3月末日	2,000千円	8,800千円
備品B	X1年10月1日	4年	毎年 9月末日	3,600千円	13,200千円
備品C	X2年 1月1日	6年	毎年12月末日	3,000千円	16,200千円

備品Bにかかるリース取引はオペレーティング・リース取引である。また、備品Aと備品Cにかかるリース取引は、ファイナンス・リース取引と判定された。これらの備品の減価償却は、リース期間を耐用年数とし、残存価額をゼロとする定額法で行い、間接法で記帳する。

以上から、ファイナンス・リース取引の会計処理を（1）利子込み法で行った場合と、（2）利子抜き法で行った場合とに分けて、答案用紙に示すX1年度（X1年4月1日からX2年3月31日）の財務諸表上の各金額を求めなさい。ただし、利子抜き法による場合、利息の期間配分は定額法によって行い、未払いがある場合は未払利息勘定を使う。

102

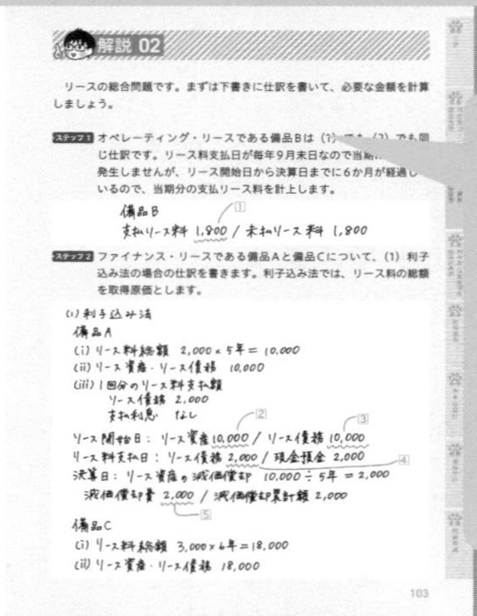

解説 02

リースの総合問題です。まずは下書きに仕訳を書いて、必要な金額を計算しましょう。

ステップ1 オペレーティング・リースである備品Bは（1）でも（2）でも同じ仕訳です。リース料支払日が毎年9月末日なので当期は……発生しませんが、リース開始日から決算日までに6か月が経過しているので、当期分の支払リース料を計上します。

備品B
支払リース料 1,800 / 未払リース料 1,800

ステップ2 ファイナンス・リースである備品Aと備品Cについて、（1）利子込み法の場合の仕訳を書きます。利子込み法では、リース料の総額を取得原価とします。

(1) 利子込み法
備品A
(i) リース料総額 2,000×5年＝10,000
(ii) リース資産・リース債務 10,000
(iii) 1回分のリース料支払額
リース債務 2,000
支払利息 なし
リース開始日：リース資産 10,000 / リース債務 10,000
リース料支払日：リース債務 2,000 / 現金預金 2,000
決算日：リース資産の減価償却 10,000÷5年＝2,000
減価償却費 2,000 / 減価償却累計額 2,000
備品C
(i) リース料総額 3,000×6年＝18,000
(ii) リース資産・リース債務 18,000

103

②正解できたら次の問題へ進み、正解できなければ、問題の次のページにある解説を読みましょう。
解答は、各問題の最後に掲載しています。

(iii) 1回分のリース料支払額
リース債務 3,000
支払利息 なし
リース開始日：リース資産 18,000 / リース債務 18,000
リース料支払日：当期の支払いはないので仕訳なし
決算日：リース資産の減価償却 18,000÷6年×3か月/12か月＝750
減価償却費 750 / 減価償却累計額 750

ステップ3 下書きより、利子込み法の解答は次のようになります。
（1）①リース資産 2 10,000＋6 18,000＝28,000
（1）②減価償却費 5 2,000＋8 750＝2,750
（1）③リース債務 3 10,000－4 2,000＋7 18,000＝26,000
（1）⑤支払リース料 1 1,800

ステップ4 ファイナンス・リースである備品Aと備品Cについて、（2）利子抜き法の場合の仕訳を書きます。利子抜き法では、見積現金購入価額を取得原価とします。リース料総額と見積現金購入価額との差額は利息相当額で、支払利息として計上します。

③解けなかった問題は、解説にある手書きの「下書き」をマネして自分でも書いてみましょう。

④最後に、時間を計ってChapter8の模擬問題2回分を解きましょう。

出題予想と論点（内容）一覧の活用法

本書に収録されている問題の出題予想と論点（内容）の一覧を、本ページの下の表にまとめています。出題予想は、各問題ページの最初に示した「よく出る」などの表記と一致しています。苦手な分野を集中的に特訓したいときに活用してください。

また、ネット試験では標準的な出題が多いので◎よく出ると○ときどき出るを練習するのが効率的です。統一試験（紙の試験）を受ける方は、たまに見慣れない問題が出るので△あまり出ないにも取り組みましょう。

出題予想：◎よく出る、○ときどき出る、△あまり出ない
※Chapter8「模擬問題」の論点（内容）は、該当する各Chapterに振り分けて記載しています。

該当Chapter		出題予想	論点（内容）	掲載ページ数
Chapter1 仕訳	外貨建取引	◎	外貨建取引（仕入）	P.031
		○	外貨建取引（売掛金の回収）	P.046
		◎	為替予約の振当処理	P.023
				P.042
	商品売買	◎	契約資産、契約負債	P.017
		○	複数の履行義務	P.275
		○	仕入割戻	P.057
		○	不渡手形（不渡りの発生）	P.075
		○	不渡手形（貸倒れ）	P.036
		○	手形の更改（期日の延長、受取手形）	P.057
		○	手形の更改（期日の延長、支払手形）	P.308
		◎	電子記録債権の譲渡	P.041
		○	電子記録債権の割り引き	P.046
		○	債権の譲渡	P.046
		◎	売上割戻	P.023
	サービス業	○	役務収益・役務原価（仕掛品なし）	P.057
		◎	役務収益・役務原価（仕掛品あり）	P.070
	税金	○	法人税等の追徴	P.036
		○	受取利息の源泉徴収（仮払法人税等）	P.036
		○	受取配当金の源泉徴収（仮払法人税等）	P.046
		○	税効果会計（貸倒引当金）	P.308
		○	税効果会計（減価償却費）	P.075
		◎	税効果会計（その他有価証券）	P.030
				P.274
		○	クレジット売掛金の消費税	P.075

該当Chapter		出題予想	論点（内容）	掲載ページ数
Chapter1 仕訳	固定資産	◎	固定資産の割賦購入	P.063
		◎	固定資産の圧縮記帳	P.069
		◎	減価償却（生産高比例法）	P.031
		◎	固定資産の売却（間接法）	P.023
		○	固定資産の売却（直接法）	P.050
		○	固定資産の除却	P.046
		◎	固定資産の火災（火災の発生）	P.063
		◎	固定資産の火災（保険金の確定）	P.041
		◎	建設仮勘定	P.069
		◎	ソフトウェア仮勘定	P.018
		◎	オペレーティング・リース取引	P.041
		◎	ファイナンス・リース取引（利子抜き法）	P.064
				P.308
		○	ファイナンス・リース取引（利子込み法）	P.057
	有価証券	◎	売買目的有価証券の取得（端数利息）	P.030
		◎	売買目的有価証券の売却（平均原価法）	P.017
		◎	売買目的有価証券の売却（端数利息）	P.024
		◎	満期保有目的債券の取得（端数利息）	P.069
				P.274
		○	子会社株式の取得	P.036
	引当金	○	修繕引当金	P.036
		○	商品保証引当金	P.050
				P.076
		○	退職給付引当金	P.051
		○	賞与引当金	P.050
				P.309
	純資産	◎	株式会社の設立	P.030
		○	株式会社の設立（最低限の株式数を発行）	P.058
		◎	増資	P.063
		◎	繰越利益剰余金の配当と処分	P.041
				P.274
		○	準備金の取り崩し	P.051
	その他	◎	銀行勘定調整表	P.017
		◎	吸収合併（現金を渡す場合）	P.063

該当Chapter		出題予想	論点（内容）	掲載ページ数
Chapter1 仕訳	その他	◎	吸収合併（株式を渡す場合）	P.069
		◎	研究開発費	P.023
		○	保証債務	P.075
		◎	本支店会計	P.018
		○	本支店会計の損益振替	P.274
		○	前払費用と長期前払費用	P.309
Chapter2 現金預金・商品売買		△	銀行勘定調整表と仕訳	P.084
		△	商品売買の勘定記入	P.087
Chapter3 固定資産・有価証券		○	固定資産の勘定記入	P.096
		△	リース取引	P.102
		○	固定資産の総合問題	P.107
		○	有価証券の総合問題	P.114
Chapter4 精算表・決算整理後残高試算表		○	決算整理後残高試算表	P.128
		○	精算表	P.139
Chapter5 財務諸表		◎	株主資本等変動計算書	P.154 P.275
		◎	損益計算書	P.160 P.312
		◎	貸借対照表	P.172 P.276
		○	財務諸表	P.180
		△	財務諸表（製造業）	P.194
Chapter6 本支店会計		△	本支店合併財務諸表	P.208
		△	本店の損益勘定	P.214
Chapter7 連結会計		△	連結修正仕訳	P.224
		◎	連結精算表（連結第１年度）	P.230
		◎	連結精算表（連結第２年度）	P.236
		○	連結精算表（アップストリーム）	P.243
		◎	連結財務諸表（連結第２年度）	P.254
		◎	連結財務諸表（連結第４年度）	P.264
		◎	連結貸借対照表	P.309
工業簿記		◎	費目別原価計算（仕訳）	P.279
		○	本社工場会計（仕訳）	P.314
		○	個別原価計算（仕掛品勘定、損益計算書）	P.279
		◎	直接原価計算（損益計算書）	P.280
		○	単純総合原価計算（材料の平均投入、仕損）	P.315
		◎	標準原価計算（原価差異分析）	P.316

仕訳のルールとホームポジション一覧

各自お使いのテキストで学習済みの内容とは思いますが、仕訳を書くときの決まり事を本ページの下、ルール1～3にまとめました。

勘定科目は、その性質によって資産・負債・純資産・費用・収益の5つに分けられます。勘定科目がどこに分類されるかを本書では勘定科目のホームポジションと呼びます。ホームポジションは5つに分類されますが、左側と右側に分けることもできます。簿記では左側のことを借方、右側のことを貸方と呼びます。

次のページに「ホームポジション一覧」を付けています。勘定科目のホームポジションがわからなくなったときに利用してください。

仕訳には3つのルールがあり、このルールに従って仕訳を書きます。

ルール1　勘定科目が増えたときは、ホームポジション側に書く

たとえば現金（資産の勘定科目でホームポジションは左側）を受け取ったら、会社の現金が増えるので仕訳の左側に書きます。

ルール2　勘定科目が減ったときは、ホームポジションと反対側に書く

たとえば現金（資産の勘定科目でホームポジションは左側）で支払ったら、会社の現金が減るので仕訳の右側に書きます。

ルール3　左側の合計金額と右側の合計金額は必ず一致する

なお、次の勘定科目は精算表では負債に表示され、貸借対照表では資産のマイナスと表示されます。仕訳を書くときは負債と考えるとわかりやすいです。本書においても、Chapter1などの仕訳の説明では負債として扱います。

その他の勘定科目
貸倒引当金
減価償却累計額

ホームポジション一覧

貸借対照表の勘定科目の例

左側（借方）

資産
現金
当座預金
売掛金
契約資産
売買目的有価証券
建物
リース資産
のれん
満期保有目的債券
繰延税金資産

右側（貸方）

負債
買掛金
リース債務
契約負債
返金負債
商品保証引当金
繰延税金負債
純資産
資本金
繰越利益剰余金
その他有価証券評価差額金

損益計算書の勘定科目の例

左側（借方）

費用
仕入
役務原価
給料
減価償却費
ソフトウェア償却
貸倒引当金繰入
支払利息
有価証券売却損
固定資産売却損
法人税、住民税及び事業税

右側（貸方）

収益
売上
役務収益
受取利息
受取配当金
有価証券利息
有価証券売却益
国庫補助金受贈益
固定資産売却益
保険差益
負ののれん発生益

CONTENTS 目次

日商簿記検定について …… 003
本書の特徴 …… 004
本書の使い方 …… 005
出題予想と論点（内容）一覧の活用法 …… 007
仕訳のルールとホームポジション一覧 …… 010

Chapter 1 第１問対策｜**仕訳**

仕訳のまとめ …… 016
問題01 ～ 11「仕訳」…… 017

Chapter 2 第２問対策｜**現金預金・商品売買**

現金預金・商品売買のまとめ …… 082
問題01 あまり出ない「銀行勘定調整表と仕訳」…… 084
問題02 あまり出ない「商品売買の勘定記入」…… 087

Chapter 3 第２問対策｜**固定資産・有価証券**

固定資産・有価証券のまとめ …… 094
問題01 ときどき出る「固定資産の勘定記入」…… 096
問題02 あまり出ない「リース取引」…… 102
問題03 ときどき出る「固定資産の総合問題」…… 107
問題04 ときどき出る「有価証券の総合問題」…… 114

Chapter 4 第3問対策｜精算表・決算整理後残高試算表
精算表・決算整理後残高試算表のまとめ …… 126
問題01 ときどき出る 「決算整理後残高試算表」 …… 128
問題02 ときどき出る 「精算表」 …… 139

Chapter 5 第2問・第3問対策｜財務諸表
財務諸表のまとめ …… 148
問題01 よく出る 「株主資本等変動計算書」 …… 154
問題02 よく出る 「損益計算書」 …… 160
問題03 よく出る 「貸借対照表」 …… 172
問題04 ときどき出る 「財務諸表」 …… 180
問題05 あまり出ない 「財務諸表（製造業）」 …… 194

Chapter 6 第3問対策｜本支店会計
本支店会計のまとめ …… 206
問題01 あまり出ない 「本支店合併財務諸表」 …… 208
問題02 あまり出ない 「本店の損益勘定」 …… 214

Chapter 7 第2問対策｜**連結会計**

連結会計のまとめ …… 222
問題01 あまり出ない 「連結修正仕訳」 …… 224
問題02 よく出る 「連結精算表（連結第1年度）」 …… 230
問題03 よく出る 「連結精算表（連結第2年度）」 …… 236
問題04 ときどき出る 「連結精算表（アップストリーム）」 …… 243
問題05 よく出る 「連結財務諸表（連結第2年度）」 …… 254
問題06 よく出る 「連結財務諸表（連結第4年度）」 …… 264

Chapter 8 **模擬問題**

第1回 …… 274
第2回 …… 308

この本が終わったら、何をすればいいの？ …… 343
【購入特典】ネット試験の予想模試のURLとパスワード …… 343

別冊 **答案用紙**

■本書を使った「効率的な学習法」や「合格の仕方」を知りたい方はこちら！

「解く力を確実に身につけたい」「問題を解き進めていくだけで合格ができるのか不安」……。こういった方に向けて、本書の使い方を動画で詳しく解説しました！ また、購入特典であるネット試験（予想模試）の使い方も紹介していますので、ぜひご覧ください。

https://pboki.com/use/2s_mon.html

Chapter
1

第1問対策
仕訳

合格への第一歩は、仕訳の問題が解けるようになること。
反射的に解けるようになるまで、何度も解き直しましょう。

Chapter 1

仕訳のまとめ

問題文で与えられた情報から仕訳を書く問題です。最近の試験では簡単な仕訳と初めて出題される難しい仕訳が出題されています。簡単な仕訳は確実に正解する必要がありますので、苦手分野を作らないように、1問1問丁寧に取り組むことが大切です。

学習のコツ：第1問（20点）で必ず出題されます。ここで学習する仕訳は他のChapterでも必要となりますので簿記の基礎といえます。学習に時間がかかりますが、合格には必要不可欠の知識ですので、間違えた問題は何度も解き直しましょう。

ポイント1

仕訳の順序は上下で違っても構いません。たとえば仕訳Aと仕訳Bはどちらでも正解です。

	借方科目	金額	貸方科目	金額
（仕訳A）	現金	3,000	売掛金	4,000
	当座預金	1,000		
（仕訳B）	当座預金	1,000	売掛金	4,000
	現金	3,000		

ポイント2

試験では、1つの仕訳における各勘定科目の使用は借方・貸方の中でそれぞれ1回ずつとなります。同じ勘定科目を借方・貸方の中で2回使用すると不正解になります。

	借方科目	金額	貸方科目	金額
（不正解となる解答）	仕入	1,500	現金	1,500
	仕入	2,500	買掛金	2,500
（正解となる解答）	仕入	4,000	現金	1,500
			買掛金	2,500

Chapter 1
問題 01

よく出る　答案用紙 P1　解答 P022　目標タイム 10分

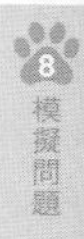

次の各取引について仕訳しなさい。ただし、勘定科目は、設問ごとに最も適当と思われるものを選び、答案用紙の（　　）内に記号で解答すること。なお、消費税は指示された問題のみ考慮すること。

1．富山株式会社は、3回に分けて売買目的で取得していた上場株式のうち24,000株を@￥1,068で売却し、代金は5日後に受け取ることにした。第1回目（24,000株、取得価額@￥904）、第2回目（12,000株、取得価額@￥958）、第3回目（16,000株、取得価額@￥948）は、すべて当期中に取得したものである。株式の払出単価の計算は平均原価法によっている。
ア．売買目的有価証券　イ．有価証券売却益　ウ．有価証券売却損
エ．有価証券評価益　オ．有価証券評価損　カ．売掛金
キ．未収入金　ク．未払金

2．銀行から受け取った残高証明書の残高と不一致があったため原因を調査したところ、次のことが判明した。
備品の代金の支払いのために小切手￥300,000を作成し、その時点で当座預金の減少として処理していたが、決算日現在、仕入先に未渡しのまま金庫に入っていた。
ア．当座預金　イ．普通預金　ウ．現金　エ．仕入
オ．買掛金　カ．売上　キ．売掛金　ク．未払金

3．当社は、千葉株式会社へ商品A ￥360,000と商品B ￥200,000を販売する契約を締結し、契約締結と同時に商品Aを引き渡していたが、本日、商品Bを千葉株式会社へ引き渡した。なお、代金は2つの商品を引き渡した後に請求する契約となっているため、今月末に請求書を送付する予定である。また、商品Aの引き渡しと商品Bの引き渡しは、それぞれ独立した履行義務として識別する。
ア．買掛金　イ．売上　ウ．現金　エ．契約負債
オ．契約資産　カ．前払金　キ．売掛金　ク．仕入

4．前期首に社内利用目的のソフトウェアの開発を大阪開発株式会社に依頼する契約を締結し、契約金額¥15,000,000の4割を支払っていた。本日、当該ソフトウェアが完成し、契約金額の残額を当座預金口座から振り込んで支払った。なお、当該ソフトウェアの利用により将来の収益獲得または費用削減が確実であると認められる。

ア．ソフトウェア償却　イ．当座預金　ウ．ソフトウェア　エ．研究開発費
オ．ソフトウェア仮勘定　カ．消耗品費　キ．未払金　ク．普通預金

5．当社は本支店会計を採用している。本店の支払うべき買掛金¥170,000を東京支店が小切手を振り出して支払った。東京支店の仕訳を答えなさい。

ア．本店　イ．東京支店　ウ．現金　エ．当座預金　オ．買掛金
カ．仕入　キ．立替金　ク．売掛金

解説 01

1．売買目的有価証券の売却　平均原価法

ステップ1 売却価額を計算します。代金は5日後に受け取るので「未収入金」を使います。未収入金は資産（ホームポジション左）なので、増えるときは左に書きます。

24,000 株×@￥1,068 ＝ 25,632,000

未収入金　25,632,000 ／

ステップ2 平均原価法とは、取得した株式の平均単価を計算し、平均単価を使って株式の帳簿価額を計算する方法です。本問では売却した売買目的有価証券の帳簿価額を計算するために、平均原価法を使います。売却により「売買目的有価証券」が減ります。売買目的有価証券は資産（ホームポジション左）なので、減るときは右に書きます。

第1回　24,000 株×@￥904 ＝ ￥21,696,000
第2回　12,000 株×@￥958 ＝ ￥11,496,000
第3回　16,000 株×@￥948 ＝ ￥15,168,000
合計金額　21,696,000＋11,496,000＋15,168,000＝￥48,360,000
合計株数　24,000 ＋ 12,000 ＋ 16,000 ＝ 52,000 株
平均単価　￥48,360,000 ÷ 52,000 株＝@￥930
売却分の帳簿価額　24,000 株×@￥930 ＝ ￥22,320,000

未収入金　25,632,000 ／ 売買目的有価証券　22,320,000

ステップ3 差額が貸方（右側）なので、収益が発生している状況とわかります。「有価証券売却益」を使います。

25,632,000 － 22,320,000 ＝ 3,312,000

未収入金　25,632,000 ／ 売買目的有価証券　22,320,000
　　　　　　　　　　　　／ 有価証券売却益　3,312,000

2．銀行勘定調整表

ステップ1 未渡小切手なので、仕訳を書きます。仕入先に小切手を渡していなかったので、「当座預金」を増やします。

当座預金　300,000 ／

ステップ2 備品の代金をまだ支払っていないので、「未払金」を増やします。

当座預金 300,000 ／ 未払金 300,000

3．契約資産

ステップ1 商品Bを引き渡したので、「売上」が増えます。売上は収益（ホームポジション右）なので、増えるときは右に書きます。

／ 売上 200,000

ステップ2 商品Aを引き渡したときに、契約資産を計上済みです。商品Aと商品Bの2つの商品を引き渡したため、契約の条件を満たし代金を請求できるようになり、売掛金を受け取ることが確定したので、「契約資産」を取り崩します。契約資産は資産（ホームポジション左）なので、減るときは右に書きます。

		売上	200,000
		契約資産	360,000

ステップ3「売掛金」が増えます。売掛金は資産（ホームポジション左）なので、増えるときは左に書きます。

売掛金	560,000	売上	200,000
		契約資産	360,000

ワンポイント

本問の取引の流れと仕訳は次のとおりです。

①契約締結と同時に商品Aを引き渡した。

契約資産360,000 ／ 売上360,000

②商品Bを引き渡し、契約の条件を満たしたので代金を請求できるようになった。

売掛金	560,000	売上	200,000
		契約資産	360,000

4．ソフトウェア仮勘定

ステップ1 契約時にソフトウェアの代金を前払いしていたので、すでにソフトウェア仮勘定が計上済みです。ソフトウェアが完成したので、計上していた「ソフトウェア仮勘定」を減らします。ソフトウェア仮勘定は資産（ホームポジション左）なので、減るときは右に書きます。

$15,000,000 \times 0.4 = 6,000,000$

／ ソフトウェア仮勘定 6,000,000

ステップ2 残額を当座預金口座から支払ったので、「当座預金」が減ります。当座預金は資産（ホームポジション左）なので、減るときは右に書きます。

15,000,000 − 6,000,000 = 9,000,000

/ ソフトウェア仮勘定 6,000,000
当座預金 9,000,000

ステップ3 ソフトウェアが完成したので、「ソフトウェア」を増やします。ソフトウェアは資産（ホームポジション左）なので、増えるときは左に書きます。

ソフトウェア 15,000,000 / ソフトウェア仮勘定 6,000,000
当座預金 9,000,000

ワンポイント

本問の取引の流れと仕訳は次のとおりです。

①社内利用目的のソフトウェアの開発を依頼する契約を締結し、契約金額￥15,000,000の4割を当座預金口座から振り込んで支払った。

ソフトウェア仮勘定 6,000,000 ／ 当座預金 6,000,000

②当該ソフトウェアが完成し、契約金額の残額を当座預金口座から振り込んで支払った。

ソフトウェア 15,000,000 / ソフトウェア仮勘定 6,000,000
当座預金 9,000,000

5. 本支店会計

ステップ1 東京支店で書く仕訳を答えます。東京支店は小切手を振り出したので、「当座預金」が減ります。

／ 当座預金 170,000

ステップ2 相手勘定科目は「本店」です。本店において買掛金を減らす仕訳を書くので、東京支店では買掛金を使うことができないため「本店」を使って仕訳します。

本店 170,000 ／ 当座預金 170,000

解答 01

	仕訳			
	借方		貸方	
	記号	金額	記号	金額
1	キ	25,632,000	ア イ	22,320,000 3,312,000
2	ア	300,000	ク	300,000
3	キ	560,000	イ オ	200,000 360,000
4	ウ	15,000,000	オ イ	6,000,000 9,000,000
5	ア	170,000	エ	170,000

ワンポイント

仕訳問題は、統一試験（紙の試験）とネット試験で解き方が異なります。

統一試験での解き方

統一試験では、本書のChapter1のように勘定科目をアイウエの記号で答える問題が出題されることが多いです。この場合、答案用紙に直接アイウエの記号を書くと間違えやすいので、学習の最初は一度計算用紙に仕訳を書き、仕訳を見ながら記号を選ぶ解き方がオススメです。慣れてきたら時間短縮のため答案用紙に直接記号で書いてもよいですが、複雑な仕訳や計算は一度計算用紙に書いた方が間違えにくいです。

ネット試験での解き方

ネット試験では、勘定科目を直接選択する問題が出題されることが多いです。

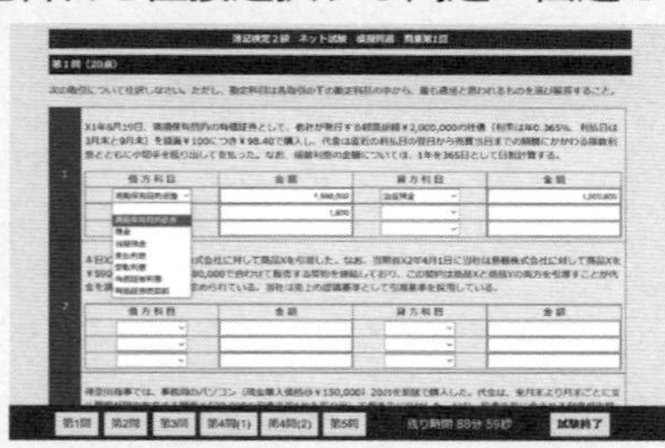

この場合、計算用紙に仕訳を書かずに、パソコン画面に直接入力した方が速く解けます。ただし、複雑な仕訳や計算は一度計算用紙に書いた方が間違えにくいです。

Chapter 1 問題 02

よく出る　答案用紙 P1　解答 P029　目標タイム 10分

次の各取引について仕訳しなさい。ただし、勘定科目は、設問ごとに最も適当と思われるものを選び、答案用紙の（　　）内に記号で解答すること。なお、消費税は指示された問題のみ考慮すること。

1．研究開発に従事している従業員の給料￥500,000と研究開発用の材料の購入代金￥200,000を、小切手を振り出して支払った。また、研究開発のみに使用する目的で購入した機械装置￥4,000,000の代金は翌月20日に支払うこととした。
ア．機械装置　イ．研究開発費　ウ．当座預金　エ．普通預金
オ．給料　カ．未払金　キ．買掛金　ク．仕入

2．5月1日に東京商事へ商品300個を1個あたり500円で販売し、代金は掛けとした。東京商事との間には、5月中に商品を合計500個以上購入した場合に、この期間の販売額の1割をリベートとして支払う取り決めがある。返金は6月末に支払う予定である。なお、東京商事に対して5月15日に商品300個を販売する予定であり、この条件が達成される可能性は高いものとする。
ア．現金　イ．売掛金　ウ．商品保証引当金　エ．売上　オ．契約資産
カ．返金負債　キ．支払手数料

3．ドイツの取引先に対して、製品5,000ユーロを3か月後に決済の条件で輸出した。輸出時の為替相場は1ユーロ￥130であったが、30,000ユーロを3か月後に1ユーロ￥125で売却する為替予約が輸出の1週間前に結ばれていたため、この為替予約により振当処理を行う。
ア．売掛金　イ．受取手形　ウ．買掛金　エ．未払金
オ．未収入金　カ．売上　キ．仕入　ク．為替差損益

4．X06年4月1日に￥1,200,000で取得した備品（耐用年数10年）を、X10年12月31日に￥238,000で売却し、代金として相手先振出の約束手形を受け取った。当社の決算日は3月末日であり、減価償却は200％定率法、記帳方法は間接法によっている。売却した年度の減価償却費は月割計算で算定すること。

ア．減価償却費　イ．未収入金　ウ．固定資産売却損　エ．固定資産売却益
オ．備品減価償却累計額　カ．営業外受取手形　キ．受取手形　ク．備品

5．X2年12月1日、売買目的で保有している額面総額￥2,000,000のA社社債（利率年0.365％、利払日は3月末と9月末の年2回）を額面￥100につき￥98.70の価額（裸相場）で売却し、売却代金は直近の利払日の翌日から売買日当日までの端数利息とともに現金で受け取った。なお、このA社社債はX2年8月1日に額面￥100につき￥98.50の価額（裸相場）で買い入れたものであり、端数利息は1年を365日として日割で計算する。
ア．売買目的有価証券　イ．支払利息　ウ．未収入金　エ．その他有価証券
オ．有価証券利息　カ．現金　キ．有価証券売却益　ク．有価証券売却損

解説 02

1．研究開発費

ステップ1 小切手を振り出して支払ったので、「当座預金」が減ります。当座預金は資産（ホームポジション左）なので、減るときは右に書きます。

500,000 + 200,000 = 700,000

／ 当座預金　700,000

ステップ2 機械装置の購入代金￥4,000,000については翌月20日に支払うので、「未払金」を使います。未払金は負債（ホームポジション右）なので、増えるときは右に書きます。

／ 当座預金　700,000
　 未払金　4,000,000

ステップ3 研究開発に従事している従業員の給料、研究開発用の材料、研究開発目的で使用する機械装置などは、その期に一括して「研究開発費」で費用処理します。

500,000 + 200,000 + 4,000,000 = 4,700,000

研究開発費 4,700,000 ／ 当座預金　700,000
　　　　　　　　　　　 未払金　4,000,000

2．売上割戻

ステップ1 代金は掛けなので、「売掛金」が増えます。売掛金は資産（ホームポジション左）なので、増えるときは左に書きます。

@500×300＝150,000

売掛金　150,000 ／

ステップ2 リベートを支払う取り決めがあり、リベートの条件が達成される可能性が高いため、売上割戻の取引に該当します。売上割戻なので「返金負債」を使います。返金負債は負債（ホームポジション右）なので、増えるときは右に書きます。リベートの支払予定額は販売額の1割なので、販売額150,000に0.1を掛けて計算します。

150,000×0.1＝15,000

売掛金　150,000 ／ 返金負債　15,000

ステップ3 販売額のうち、リベートの支払予定額を差し引いた金額が当社の売上となります。売上は収益（ホームポジション右）なので、増えるときは右に書きます。

150,000 − 15,000 = 135,000

売掛金 150,000 ／ 売上 135,000
　　　　　　　　　返金負債 15,000

ワンポイント

収益認識基準における売上割戻の取引の流れと仕訳は次のとおりです。

①5月1日　商品300個（1個あたり500円）を掛けで販売した。リベートの条件は本問のとおりである。

売掛金 150,000 ／ 売上 135,000
　　　　　　　　　返金負債 15,000

②5月15日　商品300個（1個あたり500円）を掛けで販売し、リベートの条件が達成された。

売掛金 150,000 ／ 売上 135,000
　　　　　　　　　返金負債 15,000
返金負債30,000 ／ 未払金30,000

リベートの支払いが確定したので
返金負債を未払金に振り替える
5月1日15,000 + 5月15日15,000 = 30,000

③6月末　東京商事にリベートを普通預金口座から支払った。

未払金30,000 ／ 普通預金30,000

3．外貨建取引　為替予約の振当処理

ステップ1 商品を輸出したので、「売上」が増えます。為替予約では、3か月後の為替相場（先物為替相場）￥125を使います。

5,000ユーロ × ￥125 = 625,000

／ 売上 625,000

ステップ2 代金は後で回収するので、「売掛金」を使います。上記と同じく、先物為替相場￥125を使います。

売掛金 625,000 ／ 売上 625,000

ワンポイント

取引より前に為替予約を行った場合には「取引と同時に為替予約を行う場合」と同じように先物為替相場を使って換算します。このため、売上取引時に為替差損益は発生しません。

なお、本問のように30,000ユーロを為替予約し、その後の取引で為替予約を少しずつ使っていくこともあります。今回の取引で5,000ユーロ使ったので、今後の取引で残り25,000ユーロ分の為替予約（先物為替相場￥125）が使えます。

4．固定資産の売却　間接法

ステップ1 期首の備品減価償却累計額と当期の減価償却費を求めます。

200％定率法の償却率　1 ÷ 10年 × 200％ = 0.2

減価償却費の金額

X07 / 3　1,200,000 × 0.2 = 240,000

X08 / 3　期首の減価償却累計額　240,000
　(1,200,000 − 240,000) × 0.2 = 192,000

X09 / 3　期首の減価償却累計額　240,000 + 192,000 = 432,000
　(1,200,000 − 432,000) × 0.2 = 153,600

X10 / 3　期首の減価償却累計額　432,000 + 153,600 = 585,600
　(1,200,000 − 585,600) × 0.2 = 122,880

X10 / 12　期首の減価償却累計額　585,600 + 122,880 = 708,480
　(1,200,000 − 708,480) × 0.2 × 9か月 ÷ 12か月 = 73,728

ステップ2 備品を売ったので、取得原価1,200,000、備品減価償却累計額708,480をゼロにします。
備品は資産（ホームポジション左）なので、減るときは右に書きます。
備品減価償却累計額は負債（ホームポジション右）なので、減るときは左に書きます。

備品減価償却累計額　708,480 ／ 備品　1,200,000

ステップ3 ステップ1で求めた当期の減価償却費73,728を計上します。減価償却費は費用（ホームポジション左）なので、増えるときは左に書きます。

備品減価償却累計額	708,480	備品	1,200,000
減価償却費	73,728		

ステップ4 代金は約束手形で受け取ったので、「営業外受取手形」を使います。営業外受取手形は資産（ホームポジション左）なので、増えるときは左に書きます。

備品減価償却累計額	708,480	備品	1,200,000
減価償却費	73,728		
営業外受取手形	238,000		

ステップ5 差額が借方（左側）なので、費用（損）が発生している状況とわかります。「固定資産売却損」を使います。

備品減価償却累計額	708,480	備品	1,200,000
減価償却費	73,728		
営業外受取手形	238,000		
固定資産売却損	179,792		

5．有価証券の売却と端数利息

ステップ1 A社社債を「額面￥100につき￥98.70の価額（裸相場）で売却し、～現金で受け取った」ので、「現金」が増えます。現金は資産（ホームポジション左）なので、増えるときは左に書きます。

2,000,000 × 98.70 ÷ 100 = 1,974,000

現金 1,974,000 ／

ステップ2 A社社債の取得価額を計算します。A社社債は売買目的で保有しているので「売買目的有価証券」を使います。売買目的有価証券は資産（ホームポジション左）なので、売却して減るときは右に書きます。

2,000,000 × 98.50 ÷ 100 = 1,970,000

現金 1,974,000 ／ 売買目的有価証券 1,970,000

ステップ3 差額が貸方（右側）なので、収益が発生している状況とわかります。「有価証券売却益」を使います。

1,974,000 − 1,970,000 = 4,000

現金	1,974,000	売買目的有価証券	1,970,000
		有価証券売却益	4,000

ステップ4 端数利息を計算します。9月末までの利息は利払日の9月末に受け取っているため、端数利息は10月1日から12月1日までの62日間について計上します。端数利息の勘定科目は「有価証券利息」を使います。

2,000,000 × 0.365% × 62日 ÷ 365日 = 1,240

または2,000,000 × 0.00365 × 62日 ÷ 365日 = 1,240

現金は資産（ホームポジション左）なので、受け取って増えるときは左に書きます。

有価証券利息は収益（ホームポジション右）なので、増えるときは右に書きます。

現金 1,974,000 / 売買目的有価証券 1,970,000
　　　　　　　　 / 有価証券売却益 4,000

現金 1,240 / 有価証券利息 1,240

ステップ5 借方（左側）に「現金」が2つあるので合算します。

現金 1,975,240 / 売買目的有価証券 1,970,000
　　　　　　　　 / 有価証券売却益 4,000
　　　　　　　　 / 有価証券利息 1,240

ワンポイント

なぜ端数利息を計上するのでしょうか。
当社からA社社債を買った相手は、X2年10月1日からX3年3月31日までの利息をA社から受け取ります。しかし、X2年10月1日からX2年12月1日まで（62日間）の間は当社がA社社債を所持していたので、当社が利息をもらえる権利を持っています。したがって、62日間の利息を有価証券利息として当社の収益に計上するのです。

解答 02

	仕訳			
	借方		貸方	
	記号	金額	記号	金額
1	イ	4,700,000	ウ カ	700,000 4,000,000
2	イ	150,000	エ カ	135,000 15,000
3	ア	625,000	カ	625,000
4	オ ア カ ウ	708,480 73,728 238,000 179,792	ク	1,200,000
5	カ	1,975,240	ア キ オ	1,970,000 4,000 1,240

Chapter 1 問題 03

よく出る　答案用紙 P2　解答 P035　目標タイム 10分

次の各取引について仕訳しなさい。ただし、勘定科目は、設問ごとに最も適当と思われるものを選び、答案用紙の（　　）内に記号で解答すること。なお、消費税は指示された問題のみ考慮すること。

1．決算に際して、長期投資目的で1株あたり¥1,600にて取得していた四国産業株式会社の株式5,000株を時価評価（決算時の時価：1株あたり¥1,800）し、全部純資産直入法を適用した。ただし、法定実効税率30%とする税効果会計を適用する。なお、四国産業株式会社は当社の子会社にも関連会社にも該当しない。
ア．繰延税金資産　イ．繰延税金負債　ウ．法人税等調整額
エ．その他有価証券評価差額金　オ．その他有価証券

2．宮崎株式会社が発行した社債（額面総額¥10,000,000）を額面¥100につき¥98.0（裸相場）でX17年2月24日に買い入れ、代金は証券会社への手数料¥75,000および端数利息とともに小切手を振り出して支払った。当社はこの社債を売買目的で取得したものである。なお、この社債の利息は年利率1.46%、利払日は6月末日と12月末日の年2回、満期日はX23年12月31日である。端数利息は、1年を365日とする日割計算とし、購入の当日を含めて求めること。
ア．その他有価証券　イ．当座預金　ウ．関連会社株式　エ．支払利息
オ．満期保有目的債券　カ．有価証券利息　キ．売買目的有価証券
ク．子会社株式

3．富山株式会社は、設立にあたり1,000株を1株あたり¥2,000で発行し、その全株について引受け・払込みを受け、払込金は当座預金とし、会社法に規定する最低限度額を資本金に計上した。なお、会社設立のために発起人が立て替えていた諸費用¥200,000を現金で支払った。
ア．資本金　イ．資本準備金　ウ．利益準備金　エ．現金
オ．当座預金　カ．普通預金　キ．創立費　ク．開業費

4．先週末にアメリカの仕入先に注文していた商品2,500ドルを仕入れ、代金のうち500ドルは注文時に支払ってある手付金で充当し、残額は翌月末に支払うこととした。注文時の為替相場は1ドル¥130、仕入時の為替相場は1ドル¥140であった。
ア．買掛金　イ．当座預金　ウ．売上　エ．契約負債
オ．契約資産　カ．前払金　キ．為替差損益　ク．仕入

5．株式会社北海道運輸は、決算にあたり保有している大型トラックの減価償却を生産高比例法にて行う。記帳は間接法によること。当該トラックの取得原価は¥20,000,000、残存価額はゼロ、総走行可能距離は600,000km、当期の走行距離は60,000kmであった。
ア．車両減価償却累計額　イ．車両　ウ．減価償却費　エ．未払金

解説 03

1．税効果会計　その他有価証券

ステップ1 下書きを書きます。

会計上の時価評価　1,600×5,000 = 8,000,000 —+1,000,000→ 1,800×5,000 = 9,000,000

税務上の時価評価　認められていない ＝0

税効果会計 (1,000,000－0)×30% ＝ 300,000

ステップ2 通常どおりその他有価証券の時価評価の仕訳を書きます。「その他有価証券」が1,000,000増えます。その他有価証券は資産（ホームポジション左）なので、増えるときは左に書きます。相手勘定科目は「その他有価証券評価差額金」です。

その他有価証券　1,000,000 ／ その他有価証券評価差額金　1,000,000

ステップ3 税効果会計の仕訳を書きます。その他有価証券を借方（左側）に書いたので、貸方（右側）に「繰延税金負債」と書きます。金額は下書きで計算した300,000です。

／ 繰延税金負債　300,000

ステップ4 相手勘定科目は「その他有価証券評価差額金」です。

その他有価証券評価差額金　300,000 ／ 繰延税金負債　300,000

ステップ5 ステップ2とステップ4の「その他有価証券評価差額金」を合算（差引）します。

その他有価証券	1,000,000	その他有価証券評価差額金	700,000
		繰延税金負債	300,000

ワンポイント

貸倒引当金と減価償却費の税効果会計の仕訳では法人税等調整額を使いますが、その他有価証券の税効果会計の仕訳では法人税等調整額を使いません。
貸倒引当金と減価償却費は、企業会計の当期純利益と税務会計の課税所得にズレが生じるため、税効果会計の仕訳が必要になります。損益計算書で法人税等の調整をするので法人税等調整額という勘定科目を使います。
一方、その他有価証券は、企業会計の当期純利益と税務会計の課税所得にズレは生じませんが、「企業会計の資産の金額」と「税務会計の資産の金額」にズレが生じるため、税効果会計の対象となっています。資産の金額のズレなので損益計算書とは関係ないため、法人税等調整額を使わずに仕訳します。

2．売買目的有価証券の取得　端数利息

ステップ1 売買目的有価証券の取得原価を計算します。証券会社への手数料は取得原価に含めます。

購入代価　10,000,000 ÷＠100 ×＠98.0 = 9,800,000

取得原価　9,800,000 + 75,000 = 9,875,000

売買目的有価証券は資産（ホームポジション左）なので、取得して増えるときは左に書きます。

売買目的有価証券 9,875,000 ／

ステップ2 端数利息の金額を計算します。利払日の翌日から本日まで（X17/1/1 ～ X17/2/24）は55日です。

10,000,000 × 1.46% × 55日 ÷ 365日 = 22,000

端数利息を支払うので、「有価証券利息」を減らします。有価証券利息は収益（ホームポジション右）なので、減るときは左に書きます。

売買目的有価証券 9,875,000 ／
有価証券利息 22,000 ／

ステップ3 小切手を振り出したので、「当座預金」が減ります。当座預金は資産（ホームポジション左）なので、減るときは右に書きます。

9,875,000 + 22,000 = 9,897,000

売買目的有価証券 9,875,000 ／ 当座預金 9,897,000
有価証券利息 22,000 ／

3．株式会社の設立

ステップ1 「払込金は当座預金とした」ので、「当座預金」が増えます。当座預金は資産（ホームポジション左）なので、増えるときは左に書きます。

1,000株 × ￥2,000 = 2,000,000

当座預金 2,000,000 ／

ステップ2 「会社法に規定する最低限度額を資本金に計上」との指示があります。払込金の半分を「資本金」に計上するのが最低限度額です。残額は「資本準備金」とします。

資本金と資本準備金は純資産（ホームポジション右）なので、増えるときは右に書きます。

当座預金 2,000,000 ／ 資本金 1,000,000
資本準備金 1,000,000

ステップ3 設立のための諸費用は「創立費」を使います。創立費は費用（ホームポジション左）なので、増えるときは左に書きます。

創立費 200,000 ／ 現金 200,000

4．外貨建取引

ステップ1 注文時に支払ってある手付金は、前払金に計上済みなので、「前払金」を取り崩します。注文時の為替相場を使います。

500ドル×￥130＝65,000

前払金は負債（ホームポジション右）で、増えるので右に書きます。

／ 前払金 65,000

ステップ2 残額は翌月末に支払うので、「買掛金」が増えます。仕入時の為替相場を使います。

2,000ドル×￥140＝280,000

買掛金は負債（ホームポジション右）で、増えるので右に書きます。

／ 前払金 65,000
買掛金 280,000

ステップ3 商品を仕入れたので、「仕入」が増えます。仕入は費用（ホームポジション左）なので、増えるときは左に書きます。

65,000＋280,000＝345,000

仕入 345,000 ／ 前払金 65,000
買掛金 280,000

5．減価償却　生産高比例法

ステップ1 減価償却費の計算を行います。

(20,000,000 − 0)×60,000km÷600,000km＝2,000,000

ステップ2 「減価償却費」は費用（ホームポジション左）なので、増えるときは左に書きます。

減価償却費 2,000,000 ／

ステップ3 記帳は間接法なので、「車両減価償却累計額」を使います。車両減価償却累計額は負債（ホームポジション右）なので、増えるときは右に書きます。

減価償却費 2,000,000 ／ 車両減価償却累計額 2,000,000

ワンポイント

簿記の問題では「桁数が多い問題」や「計算の順番を間違えると割り切れないため端数が出る問題」が出題されることがあります。電卓を使って計算するさいには、計算方法を工夫することで、解答の金額が計算できます。

❶桁数が多い問題

単位を万単位に修正します。本問の場合kmを万kmに修正します。

20,000,000円×60,000km÷600,000km

↓　↓

20,000,000円× 6万km ÷ 60万km

❷計算の順番を間違えると割り切れないため端数が出る問題

割り算は一番最後に行います。割り算を先にすると端数が出てしまいます。

正しい計算　20,000,000 × 6 ÷ 60 = 2,000,000

間違えた計算　20,000,000 ÷ 60 × 6 = 1,999,999.999…

解答 03

	仕訳			
	借方		貸方	
	記号	金額	記号	金額
1	オ	1,000,000	エ イ	700,000 300,000
2	キ カ	9,875,000 22,000	イ	9,897,000
3	オ キ	2,000,000 200,000	ア イ エ	1,000,000 1,000,000 200,000
4	ク	345,000	カ ア	65,000 280,000
5	ウ	2,000,000	ア	2,000,000

Chapter 1

問題 04

ときどき出る　答案用紙 P2　解答 P040　目標タイム 10分

次の各取引について仕訳しなさい。ただし、勘定科目は、設問ごとに最も適当と思われるものを選び、答案用紙の（　　）内に記号で解答すること。なお、消費税は指示された問題のみ考慮すること。

1．定期預金（1年満期、利率年1%）¥1,000,000を銀行に預け入れていたが、この定期預金が満期となった。この満期額に、仮払法人税等に計上する源泉所得税（20%）控除後の受取利息手取額を加えた金額を、さらに1年満期の定期預金として継続した。
ア．定期預金　イ．受取利息　ウ．仮受法人税等　エ．仮払法人税等

2．取引先の発行済株式の10%を取得価額¥3,000,000で所有していたが、追加で50%を取得し取引先に対する支配を獲得することになり、代金¥18,000,000を普通預金から支払った。
ア．非支配株主持分　イ．普通預金　ウ．その他有価証券
エ．売買目的有価証券　オ．のれん　カ．子会社株式

3．建物の修繕工事を行い、代金¥1,200,000は小切手を振り出して支払った。なお、工事代金の30%は改良のための支出と判断された。また、この修繕工事に備えて、前期に¥800,000の引当金を設定している。
ア．現金　イ．当座預金　ウ．未払金　エ．支払手数料
オ．修繕引当金　カ．修繕費　キ．建物　ク．貸倒引当金

4．得意先に対して前期に償還請求をしていた不渡手形の額面¥600,000と償還請求費用¥20,000のうち、¥250,000を現金で回収したが、残額は回収の見込みがなく、貸倒れの処理をした。なお、貸倒引当金は¥200,000設定されている。
ア．貸倒引当金　イ．未収入金　ウ．受取手形　エ．支払手形
オ．現金　カ．貸倒損失　キ．償却債権取立益　ク．不渡手形

5．過年度に納付した法人税に関して、税務当局から追徴の指摘を受け、追加で¥650,000を支払うようにと通知が届いたため、負債の計上を行った。
ア．仮払法人税等　イ．追徴法人税等　ウ．仮受法人税等　エ．未払法人税等

解説 04

1．受取利息の源泉徴収

ステップ1 「定期預金」が満期になったので取り崩します。定期預金は資産（ホームポジション左）なので、減るときは右に書きます。

借方		貸方	
		定期預金	1,000,000

ステップ2 定期預金を1年預け入れていたので、「受取利息」が発生します。受取利息は収益（ホームポジション右）なので、増えるときは右に書きます。

1,000,000 × 1% = 10,000

借方		貸方	
		定期預金	1,000,000
		受取利息	10,000

ステップ3 受取利息の源泉徴収（源泉所得税）は法人税等の前払いなので、「仮払法人税等」に計上します。

10,000 × 20% = 2,000

仮払法人税等は資産（ホームポジション左）なので、増えるときは左に書きます。

借方		貸方	
仮払法人税等	2,000	定期預金	1,000,000
		受取利息	10,000

ステップ4 差額を継続する「定期預金」とします。定期預金は資産（ホームポジション左）なので、増えるときは左に書きます。

借方		貸方	
仮払法人税等	2,000	定期預金	1,000,000
定期預金	1,008,000	受取利息	10,000

ワンポイント

今回のように満期になった定期預金と新規で契約した定期預金は、定期預金の減少と増加にそれぞれ意味があるため合算せずに仕訳を書きます。ただし、問題文に指示がある場合は、指示に従って仕訳を書きます。

なお、日商簿記検定の注意書きには、借方に定期預金を2つ以上書く場合または貸方に定期預金を2つ以上書く場合は合算することと指示があります。今回は借方と貸方に定期預金を書いていますので、日商簿記検定の注意書きに該当はしません。

銀行が当社へ預金利息を支払うさい、当社が支払うべき税金（法人税等）をあらかじめ差し引くことがあります。後日、銀行は差し引いた金額を、当社の代わりに税務署へ納めます。
当社の預金口座には受取利息から源泉徴収分を差し引いた金額が入金されます。源泉徴収分は当社にとっては法人税等の前払いですから、仮払法人税等を使って仕訳をします。

2．子会社株式の取得

ステップ1 発行済株式10％の処理が難しい問題ですが、過去の試験でこのような問題が出題されています。10％を所有している株式の勘定科目は、①売買目的ではないこと、②債券ではなく株式なので満期保有目的債券ではないことから「その他有価証券」を使っていることがわかります。また、今回50％追加取得したことで合計60％取得しているため「子会社株式」となることがわかります。
なお、株式の価格（株価）は日々変動するので、「所有していた10％の取得価額」を5倍したら「追加で取得した50%の取得価額」になるわけではありません。

ステップ2「その他有価証券」から「子会社株式」に振り替えます。
その他有価証券は資産（ホームポジション左）なので、減るときは右に書きます。
子会社株式は資産（ホームポジション左）なので、増えるときは左に書きます。
子会社株式 3,000,000 ／ その他有価証券 3,000,000

ステップ3 子会社株式は資産（ホームポジション左）なので、増えるときは左に書きます。
普通預金は資産（ホームポジション左）なので、減るときは右に書きます。
子会社株式 18,000,000 ／ 普通預金 18,000,000

ステップ4「子会社株式」の金額を合算します。

子会社株式	21,000,000	その他有価証券	3,000,000
		普通預金	18,000,000

3．修繕引当金

ステップ1「小切手を振り出して支払った」ので、「当座預金」が減ります。当座預金は資産（ホームポジション左）なので、減るときは右に書きます。

／ 当座預金 1,200,000

ステップ2 「30％は改良のための支出」との指示より、資本的支出であるため、勘定科目は「建物」を使います。

1,200,000 × 30％ = 360,000

建物は資産（ホームポジション左）なので、増えるときは左に書きます。

建物 360,000 ／ 当座預金 1,200,000

ステップ3 1,200,000 − 360,000 = 840,000は修繕費ですが、このうち800,000は「修繕引当金」を取り崩します。残り40,000は「修繕費」を使います。

修繕引当金は負債（ホームポジション右）なので、減るときは左に書きます。

修繕費は費用（ホームポジション左）なので、増えるときは左に書きます。

借方		貸方	
建物	360,000	当座預金	1,200,000
修繕引当金	800,000		
修繕費	40,000		

4．不渡手形

ステップ1 不渡手形が発生したとき、

借方		貸方	
不渡手形	620,000	受取手形	600,000
		現金など	20,000

と仕訳していたはずです。この不渡手形を取り消すので貸方（右側）に「不渡手形」と仕訳します。

／ 不渡手形 620,000

ステップ2 「￥250,000を現金で回収した」ので、「現金」が増えます。現金は資産（ホームポジション左）なので、増えるときは左に書きます。

現金 250,000 ／ 不渡手形 620,000

ステップ3 残額は「貸倒れの処理をした」のですが、このうち200,000は「貸倒引当金」を取り崩します。残り170,000は「貸倒損失」を使います。

620,000 − 250,000 − 200,000 = 170,000

貸倒引当金は負債（ホームポジション右）なので、減るときは左に書きます。
貸倒損失は費用（ホームポジション左）なので、増えるときは左に書きます。

現金　　　　250,000 ／不渡手形　620,000
貸倒引当金　200,000
貸倒損失　　170,000

5．法人税等の追徴

ステップ1 過年度の法人税に関して、追徴（追加で法人税を徴収すること）の指摘を受けたので「追徴法人税等」を使います。追徴法人税等は費用（ホームポジション左）なので、増えるときは左に書きます。

追徴法人税等　650,000 ／

ステップ2 追徴法人税等は未払いなので、「未払法人税等」を使います。未払法人税等は負債（ホームポジション右）なので、増えるときは右に書きます。

追徴法人税等　650,000 ／ 未払法人税等　650,000

解答 04

	仕訳			
	借方		貸方	
	記号	金額	記号	金額
1	エ ア	2,000 1,008,000	ア イ	1,000,000 10,000
2	カ	21,000,000	ウ イ	3,000,000 18,000,000
3	キ オ カ	360,000 800,000 40,000	イ	1,200,000
4	オ ア カ	250,000 200,000 170,000	ク	620,000
5	イ	650,000	エ	650,000

Chapter 1
問題 05

よく出る　答案用紙 P3　解答 P045　目標タイム 10分

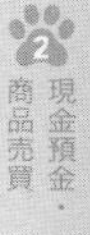

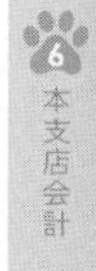

次の各取引について仕訳しなさい。ただし、勘定科目は、設問ごとに最も適当と思われるものを選び、答案用紙の（　　）内に記号で解答すること。なお、消費税は指示された問題のみ考慮すること。

1．前期に東京株式会社は下記の条件によって関東リース株式会社とのパソコンのリース契約（リース期間5年間、リース料年額￥60,000、支払日毎年5月末）を結んでおり、本日リース料の支払日となったため、現金で支払った。このリース取引はオペレーティング・リース取引である。
ア．リース資産　イ．リース債務　ウ．支払リース料　エ．現金

2．定時株主総会を開催し、繰越利益剰余金の処分を次のとおり決定した。なお、資本金は￥160,000,000、資本準備金は￥24,000,000、利益準備金は￥15,600,000であり、発行済株式数は6,000株である。
　株主配当金：1株につき￥900
　利益準備金：会社法が定める金額
　別途積立金：￥1,000,000
ア．当座預金　イ．別途積立金　ウ．受取配当金　エ．繰越利益剰余金
オ．未払配当金　カ．資本金　キ．資本準備金　ク．利益準備金

3．山形商会株式会社に対する買掛金￥540,000の支払いにつき、取引銀行を通じて電子債権記録機関に秋田産業株式会社に対する電子記録債権の譲渡記録を行った。
ア．現金　イ．電子記録債務　ウ．売掛金　エ．買掛金
オ．電子記録債権　カ．仕入　キ．債権売却損　ク．売上

4．火災により焼失した建物（取得原価￥6,000,000、残存価額はゼロ、耐用年数20年、定額法により償却、間接法で記載）に関し請求していた保険金について本日￥1,500,000支払う旨の連絡を保険会社から受けた。当該建物は、X1年4月1日に取得したもので、X15年9月30日に火災があり、火災発生日現在の簿価の全額を未決算勘定に振り替えていた。なお、当社の決算はX16年3月31日（年1回）であり、減価償却費は

月割計算で行っている。

ア．建物　イ．未決算　ウ．火災損失　エ．減価償却累計額

オ．保険金　カ．減価償却費　キ．未収入金　ク．固定資産売却損

5．先日、商品を200,000ドルにて米国の顧客に掛けで売り渡し、適切に処理していたが（取引時の直物為替相場1ドル＝￥110）、今後円の為替相場が上昇するリスクに備えて、全額1ドル＝￥107にてドルを円に売却する為替予約を締結した。ただし、当該売掛金の円換算額と、為替予約による円換算額との差額はすべて当期の損益として振当処理を行う。

ア．受取手形　イ．損益　ウ．買掛金　エ．売上

オ．仕入　カ．売掛金　キ．支払手形　ク．為替差損益

解説 05

1．オペレーティング・リース取引

ステップ1 オペレーティング・リース取引なので、「支払リース料」を使います。支払リース料は費用（ホームポジション左）なので、増えるときは左に書きます。

支払リース料　60,000 ／

ステップ2 現金で支払ったので、「現金」が減ります。現金は資産（ホームポジション左）なので、減るときは右に書きます。

支払リース料　60,000 ／ 現金　60,000

2．繰越利益剰余金の配当と処分

ステップ1 配当金＠900×6,000株＝5,400,000と別途積立金の積立て1,000,000を計上します。「未払配当金」は負債（ホームポジション右）なので、増えるときは右に書きます。「別途積立金」は純資産（ホームポジション右）なので、増えるときは右に書きます。

／ 未払配当金　5,400,000
　 別途積立金　1,000,000

ステップ2 繰越利益剰余金の配当を行うさいは、会社法の定める額を「利益準備金」として積み立てる必要があります。

①資本金160,000,000÷4－(資本準備金24,000,000＋利益準備金15,600,000)＝400,000

②配当金の10分の1　＠900×6,000株÷10＝540,000

③以上より①＜②なので、利益準備金の積立額は400,000

したがって、利益準備金とするのは400,000となります。

利益準備金は純資産（ホームポジション右）なので、増えるときは右に書きます。

／ 未払配当金　5,400,000
　 別途積立金　1,000,000
　 利益準備金　　400,000

ステップ3 「繰越利益剰余金」を取り崩します。繰越利益剰余金は純資産（ホームポジション右）なので、減るときは左に書きます。

1 仕訳
2 現金預金・商品売買
3 固定資産・有価証券
4 精算表・決算整理後残高試算表
5 財務諸表
6 本支店会計
7 連結会計
8 模擬問題

5,400,000 + 1,000,000 + 400,000 = 6,800,000

繰越利益剰余金 6,800,000	未払配当金 5,400,000
	別途積立金 1,000,000
	利益準備金 400,000

3．電子記録債権の譲渡

ステップ1 買掛金を支払ったので、「買掛金」が減ります。左に書きます。

買掛金 540,000 ／

ステップ2 電子記録債権の譲渡記録を行ったので、電子記録債権を譲渡しています。「電子記録債権」が減るので、右に書きます。

買掛金 540,000 ／ 電子記録債権 540,000

4．固定資産の火災

ステップ1 「未決算」の金額を求めます。X15年9月30日に行った仕訳は次のように書いたはずです。

x1 4/1 ― x15 3/31 ― x15 9/30

14年 累計額 ／ 6か月 償却費

6,000,000 ÷ 20年 × 14年 = 4,200,000

6,000,000 ÷ 20年 × $\frac{6か月}{12か月}$ = 150,000

減価償却累計額 4,200,000	建物 6,000,000
減価償却費 150,000	
未決算 1,650,000	

ステップ2 保険金が確定したので、残高が借方（左側）にあった「未決算」を取り消します。未決算を減らすので、貸方（右側）に書きます。

／ 未決算 1,650,000

ステップ3 保険金1,500,000を受け取ることが決まりましたが、まだ保険金を回収していないので、「未収入金」としておきます。未収入金は資産（ホームポジション左）なので、増えるときは左に書きます。

未収入金 1,500,000 ／ 未決算 1,650,000

ステップ4 差額が借方（左側）なので「火災損失」とします。

1,650,000 − 1,500,000 = 150,000
未収入金 1,500,000 / 未決算 1,650,000
火災損失 150,000 /

5. 外貨建取引 為替予約の振当処理

ステップ1 外貨建ての売掛金の下書きを書き、情報を整理します。

取引時の売掛金 200,000ドル×110=22,000,000
為替予約の売掛金 200,000ドル×107=21,400,000

売掛金 22,000,000 —△600,000→ 21,400,000

ステップ2 売掛金は資産（ホームポジション左）なので、減るときは右に書きます。

/ 売掛金 600,000

ステップ3 相手勘定科目は「為替差損益」を使います。

為替差損益 600,000 / 売掛金 600,000

解答 05

	仕訳			
	借方		貸方	
	記号	金額	記号	金額
1	ウ	60,000	エ	60,000
2	エ	6,800,000	オ イ ク	5,400,000 1,000,000 400,000
3	エ	540,000	オ	540,000
4	キ ウ	1,500,000 150,000	イ	1,650,000
5	ク	600,000	カ	600,000

Chapter 1
問題 06

ときどき出る　答案用紙 P3　解答 P049　目標タイム 10分

次の各取引について仕訳しなさい。ただし、勘定科目は、設問ごとに最も適当と思われるものを選び、答案用紙の（　　）内に記号で解答すること。なお、消費税は指示された問題のみ考慮すること。

1．電子記録債権¥300,000を割り引くために、取引銀行を通じて電子債権記録機関に当該債権の譲渡記録の請求を行い、取引銀行から割引料¥4,000を差し引いた手取金が当座預金口座に振り込まれた。
ア．当座預金　イ．電子記録債権売却損　ウ．現金　エ．電子記録債務
オ．手形売却損　カ．支払手数料　キ．売上　ク．電子記録債権

2．当社の得意先の株式会社A物産に対する売掛金（現在の残高¥1,000,000）のうち¥500,000を仕入先の株式会社B産業に対する買掛金の支払いのため同社に譲渡することにつき、A物産およびB産業の双方から同意を得たため、これを譲渡した。
ア．債権譲渡損　イ．債権譲渡益　ウ．売掛金　エ．買掛金

3．使用中の備品¥600,000（減価償却累計額¥420,000、間接法）を期首に除却した。その備品の処分価値は¥100,000と見積もられた。
ア．備品　イ．備品減価償却累計額　ウ．減価償却費　エ．未収入金
オ．固定資産除却損　カ．貯蔵品　キ．固定資産売却損　ク．固定資産売却益

4．当座預金口座に、A商会の株式に対する期末配当金¥480,000（源泉所得税20%を控除後）の入金があった旨の通知があった。
ア．当座預金　イ．預り金　ウ．仮払法人税等　エ．受取配当金

5．本日、商品代金1,000ドルの送金があり、取引銀行で円貨に両替し当座預金口座に入金した。本日の為替相場は1ドル¥106であった。この商品代金1,000ドルは、前期にアメリカの得意先に商品を輸出し代金を掛けとしたときに発生したもので、前期末に決算日の為替相場1ドル¥108で換算替えしていた。
ア．買掛金　イ．当座預金　ウ．売掛金　エ．為替差損益

解説 06

1．電子記録債権の割り引き

ステップ 1 電子記録債権を割り引いたので、「電子記録債権」を減らします。電子記録債権は資産（ホームポジション左）なので、減るときは右に書きます。

／ 電子記録債権　300,000

ステップ 2 割引料を支払ったので、「電子記録債権売却損」を使います。電子記録債権売却損は費用（ホームポジション左）なので、増えるときは左に書きます。

電子記録債権売却損　4,000 ／ 電子記録債権　300,000

ステップ 3 差額が当座預金口座に振り込まれたので、「当座預金」が増えます。

借方	金額	貸方	金額
電子記録債権売却損	4,000	電子記録債権	300,000
当座預金	296,000		

2．債権の譲渡

ステップ 買掛金を支払ったので、「買掛金」が減ります。買掛金は負債（ホームポジション右）なので、減るときは左に書きます。売掛金を譲渡したので、「売掛金」が減ります。売掛金は資産（ホームポジション左）なので、減るときは右に書きます。

買掛金　500,000 ／ 売掛金　500,000

3．固定資産の除却

ステップ 1 備品を除却したので、「備品」と「備品減価償却累計額」を取り消します。期首なので減価償却費は計上しません。
備品は資産（ホームポジション左）なので、減るときは右に書きます。
備品減価償却累計額は資産のマイナス（ホームポジション右）なので、減るときは左に書きます。

備品減価償却累計額　420,000 ／ 備品　600,000

ステップ 2 処分価値が100,000と見積もられたので、備品を処分するまでの間は「貯蔵品」を使います。貯蔵品は資産（ホームポジション左）なので、増えるときは左に書きます。

備品減価償却累計額　420,000 ／ 備品　600,000
貯蔵品　100,000 ／

ステップ3 差額は借方（左側）なので、費用（損）が発生している状況とわかります。「固定資産除却損」を使います。

600,000 − 420,000 − 100,000 = 80,000

備品減価償却累計額　420,000 ／ 備品　600,000
貯蔵品　100,000
固定資産除却損　80,000 ／

4．受取配当金の源泉徴収

ステップ1 当座預金口座に480,000の入金があったので、「当座預金」が増えます。当座預金は資産（ホームポジション左）なので、増えるときは左に書きます。

当座預金　480,000 ／

ステップ2 配当金を受け取ったので、「受取配当金」が増えます。受取配当金は収益（ホームポジション右）なので、増えるときは右に書きます。「源泉所得税20%を控除後」の金額が480,000なので、控除前の金額600,000が受取配当金となります。

480,000 ÷（100% − 20%）＝ 600,000

当座預金　480,000 ／ 受取配当金　600,000

ステップ3 差額は源泉徴収された法人税等であり、法人税等の前払いなので、「仮払法人税等」を使います。

600,000 × 20% ＝ 120,000

当座預金　480,000 ／ 受取配当金　600,000
仮払法人税等　120,000 ／

5．外貨建取引

ステップ1 前期に発生した売掛金1,000ドルは、前期末に決算日の為替相場で換算替えしているので、¥108,000になっているはずです。

売掛金の帳簿価額1,000ドル × ¥108 = ¥108,000

ステップ2 売掛金を回収したので、「売掛金」が減ります。売掛金は資産（ホームポジション左）なので、減るときは右に書きます。

／ 売掛金　108,000

ステップ 3 当座預金口座に入金したので、「当座預金」が増えます。当座預金は資産（ホームポジション左）なので、増えるときは左に書きます。「本日の為替相場は1ドル¥106」なので、1,000ドルを両替すると¥106,000になります。

1,000ドル×￥106＝￥106,000

当座預金 106,000 ／ 売掛金 108,000

ステップ 4 差額を「為替差損益」と書きます。

当座預金 106,000 ／ 売掛金 108,000
為替差損益 2,000 ／

解答 06

	仕訳			
	借方		貸方	
	記号	金額	記号	金額
1	イ ア	4,000 296,000	ク	300,000
2	エ	500,000	ウ	500,000
3	イ カ オ	420,000 100,000 80,000	ア	600,000
4	ア ウ	480,000 120,000	エ	600,000
5	イ エ	106,000 2,000	ウ	108,000

Chapter 1 問題 07

ときどき出る　答案用紙 P4　解答 P056　目標タイム 10分

次の各取引について仕訳しなさい。ただし、勘定科目は、設問ごとに最も適当と思われるものを選び、答案用紙の（　　）内に記号で解答すること。なお、消費税は指示された問題のみ考慮すること。

1．当社は賞与を6月10日（支給対象期間12月から5月）と12月10日（支給対象期間6月から11月）に支給している。本日6月10日に支給される賞与は￥8,400,000であり、源泉所得税分￥1,260,000を差し引き、残額を現金で支払った。なお、前期末（3月31日）に賞与引当金￥5,600,000を計上している。

ア．現金　イ．給料　ウ．預り金　エ．未収入金　オ．未払費用
カ．賞与　キ．賞与引当金繰入　ク．賞与引当金

2．福井商店（年1回、3月末決算）は、X8年7月31日に備品を￥60,000で売却し、代金のうち3分の1を現金で受け取り、残額は翌月25日に受け取ることとした。この備品はX1年10月1日に購入（購入代金￥396,000、付随費用￥4,000）した固定資産であり、残存価額は取得原価の10%、耐用年数は10年、償却方法は定額法、記帳方法は直接法によっている。減価償却費は月割計算により計上する。

ア．減価償却費　イ．現金　ウ．固定資産売却損　エ．固定資産売却益
オ．備品　カ．未払金　キ．未収入金　ク．備品減価償却累計額

3．X5年3月31日、決算にあたり、前年度に販売した商品に付した品質保証期限が経過したため、この保証のために設定した引当金の残高￥48,000を取り崩すとともに、当期に品質保証付きで販売した商品の保証費用を当期の売上高￥22,200,000の1.5%と見積もり、洗替法により引当金を設定する。

ア．仕入　イ．商品保証引当金　ウ．売上　エ．商品保証費
オ．契約資産　カ．商品保証引当金繰入　キ．売掛金
ク．商品保証引当金戻入

4．繰越利益剰余金が￥4,000,000の借方残高となっていたため、株主総会の決議によって、資本準備金￥6,000,000と、利益準備金￥5,000,000を取り崩すこととした。利益準備金の取崩額は、繰越利益剰余金とした。
ア．別段預金　イ．預り金　ウ．資本金　エ．資本準備金
オ．その他資本剰余金　カ．利益準備金　キ．繰越利益剰余金
ク．別途積立金

5．従業員の退職時に支払われる退職一時金の給付は内部積立方式により行っており、従業員5名が退職したため、退職一時金総額￥45,000,000を支払うこととなり、源泉所得税分￥6,500,000を控除した残額を当座預金口座から支払った。
ア．退職給付費用　イ．預り金　ウ．退職給付引当金　エ．現金
オ．普通預金　カ．当座預金　キ．給料　ク．賞与

解説 07

1．賞与の支給

ステップ1 賞与を支払うので、前期末に計上した「賞与引当金」を取り崩します。賞与引当金は負債（ホームポジション右）なので、減るときは左に書きます。

賞与引当金　5,600,000 ／

ステップ2 賞与引当金で不足する分を「賞与」として計上します。賞与は費用（ホームポジション左）なので、増えるときは左に書きます。

8,400,000 − 5,600,000 = 2,800,000

賞与引当金　5,600,000 ／
賞与　2,800,000 ／

ステップ3 源泉所得税分を預かるので、「預り金」が増えます。預り金は負債（ホームポジション右）なので、増えるときは右に書きます。なお、「所得税預り金」は選択肢にないので「預り金」を使います。

賞与引当金　5,600,000 ／ 預り金　1,260,000
賞与　2,800,000 ／

ステップ4 残額を現金で支払ったので、「現金」が減ります。

8,400,000 − 1,260,000 = 7,140,000

賞与引当金　5,600,000 ／ 預り金　1,260,000
賞与　2,800,000 ／ 現金　7,140,000

2．固定資産の売却　直接法

ステップ1 取得原価400,000、減価償却累計額相当額234,000と減価償却費12,000を求めます。

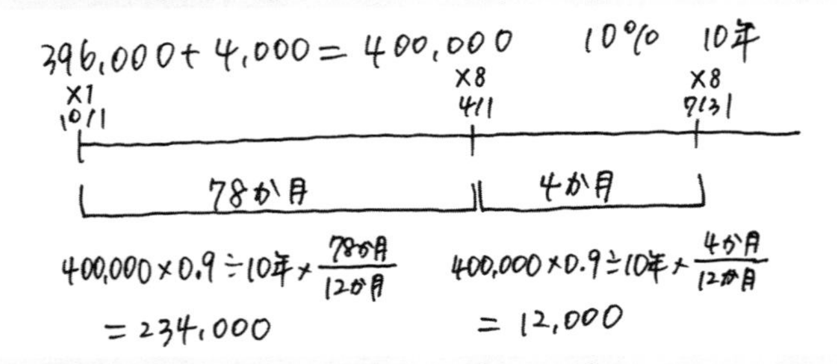

ステップ2 「備品」の帳簿価額を求めます。「記帳方法は直接法」により、備品の取得原価から減価償却累計額相当額を引いた金額を書きます。

400,000 − 234,000 = 166,000

備品は資産（ホームポジション左）なので、減るときは右に書きます。

／備品 166,000

ステップ3 ステップ1で求めた「減価償却費」を書きます。減価償却費は費用（ホームポジション左）なので、増えるときは左に書きます。

減価償却費 12,000 ／備品 166,000

ステップ4 「代金のうち3分の1を現金で受け取り、残額は翌月25日に受け取る」より、次のように計算します。

60,000 ÷ 3 = 20,000

60,000 − 20,000 = 40,000

現金と未収入金は資産（ホームポジション左）なので、増えるときは左に書きます。

減価償却費	12,000	備品	166,000
現金	20,000		
未収入金	40,000		

ステップ5 差額が借方（左側）なので、費用（損）が発生している状況とわかります。「固定資産売却損」を使います。

減価償却費	12,000	備品	166,000
現金	20,000		
未収入金	40,000		
固定資産売却損	94,000		

ワンポイント

「残存価額は取得原価の10％」となっているとき、
(400,000 − 400,000 × 10％) ÷ 10年 = 36,000という計算を、
400,000 × 0.9 ÷ 10年 = 36,000と省略して書くと効率的です。

3．商品保証引当金　洗替法

ステップ1 問題文に「洗替法」と指示があるので、洗替法で仕訳を書きます。前年度の品質保証期限が経過したため、「商品保証引当金」を取り崩します。商品保証引当金は負債（ホームポジション右）なので、減るときは左に書きます。

商品保証引当金を取り崩す場合、相手勘定科目は「商品保証引当金戻入」を使います。

商品保証引当金　48,000 ／ 商品保証引当金戻入　48,000

ステップ2 当期に販売した商品に対する商品保証引当金を計上します。

22,200,000 × 1.5％＝ 333,000

商品保証引当金は負債（ホームポジション右）なので、増えるときは右に書きます。

相手勘定科目は「商品保証引当金繰入」を使います。

商品保証引当金　48,000 ／ 商品保証引当金戻入　48,000
商品保証引当金繰入　333,000 ／ 商品保証引当金　333,000

> **ワンポイント**
>
> 引当金の処理には、差額補充法と洗替法の２つがあります（貸倒引当金は差額補充法しか認められていません）。差額補充法とは、決算整理前の引当金残高と引当金の積立額の差額を計上する方法です。洗替法とは、前期末に計上した引当金の残高を全額取り崩し、当期計上すべき引当金の積立額を計上する方法です。
>
> 洗替法の場合、前期末の商品保証引当金を取り崩し、当期末に計算した商品保証引当金を計上します。商品保証引当金の減少と増加にそれぞれ意味があるため、合算せずに仕訳を書きます。
>
> 本問が差額補充法だった場合の仕訳は次のようになります。
>
> 要積立額　22,200,000 × 1.5％＝ 333,000
>
> 繰入額　333,000 − 48,000 ＝ 285,000
>
> 商品保証引当金繰入 285,000 ／ 商品保証引当金 285,000

4．準備金の取り崩し

ステップ1 「資本準備金」と「利益準備金」を取り崩したので、減ります。資本準備金と利益準備金は純資産（ホームポジション右）なので、減るときは左に書きます。

資本準備金　6,000,000 ／
利益準備金　5,000,000 ／

ステップ2 問題文に「利益準備金の取崩額は、繰越利益剰余金とした」と指示があるので「繰越利益剰余金」を使います。繰越利益剰余金は純資産（ホームポジション右）なので、増えるときは右に書きます。

資本準備金 6,000,000 ／
利益準備金 5,000,000 ／ 繰越利益剰余金 5,000,000

ステップ3 資本準備金の取り崩しは指示がありません。指示がない場合、資本剰余金の区分の中で振り替えることになるため、資本準備金は「その他資本剰余金」へ振り替えます。その他資本剰余金は純資産（ホームポジション右）なので、増えるときは右に書きます。

資本準備金 6,000,000 ／ その他資本剰余金 6,000,000
利益準備金 5,000,000 ／ 繰越利益剰余金 5,000,000

ワンポイント

資本剰余金と利益剰余金は区分が違うので、基本的に資本剰余金と利益剰余金の区分を超えて移動することができません。このため本問は、資本剰余金の区分の中で、資本準備金からその他資本剰余金へ振り替えることになります。なお、問題文の指示がある場合（株主総会の決議などがある場合）には、例外として、資本剰余金から利益剰余金へ移動することや、利益剰余金から資本剰余金や資本金へ移動することも認められています。

5．退職給付引当金

ステップ1 見慣れない表現ですが「退職一時金の給付は内部積立方式」と指示があり、これは退職給付引当金を計上していることを意味しています。退職金を支払ったので、「退職給付引当金」を取り崩します。退職給付引当金は負債（ホームポジション右）なので、減るときは左に書きます。

退職給付引当金 45,000,000 ／

ステップ2 源泉所得税分を預かるので、「預り金」が増えます。預り金は負債（ホームポジション右）なので、増えるときは右に書きます。

退職給付引当金 45,000,000 ／ 預り金 6,500,000

ステップ3 残額を当座預金口座から支払ったので、「当座預金」が減ります。

退職給付引当金 45,000,000 ／ 預り金 6,500,000
／ 当座預金 38,500,000

	仕訳			
	借方		貸方	
	記号	金額	記号	金額
1	ク カ	5,600,000 2,800,000	ウ ア	1,260,000 7,140,000
2	ア イ キ ウ	12,000 20,000 40,000 94,000	オ	166,000
3	イ カ	48,000 333,000	ク イ	48,000 333,000
4	エ カ	6,000,000 5,000,000	オ キ	6,000,000 5,000,000
5	ウ	45,000,000	イ カ	6,500,000 38,500,000

Chapter 1
問題 08

ときどき出る　答案用紙 P4　解答 P062　目標タイム 10分

次の各取引について仕訳しなさい。ただし、勘定科目は、設問ごとに最も適当と思われるものを選び、答案用紙の（　　）内に記号で解答すること。なお、消費税は指示された問題のみ考慮すること。

1．かねて受け取っていた得意先振り出しの約束手形￥500,000について、手形の更改の申し出があり、利息￥5,000を含めた新しい額面金額の約束手形を受け取った。
ア．現金　イ．有価証券利息　ウ．受取手形　エ．支払手形
オ．支払利息　カ．受取利息　キ．前受利息　ク．未収利息

2．リース会社とパソコン20台のリース契約（リース期間5年間、リース料月額￥60,000）を結び、パソコンが納品され、同時に第1回のリース料￥60,000を普通預金口座から支払った。このリース取引は、ファイナンス・リース取引であったため、利子込み法により処理することとした。この2つの取引はまとまった取引であり、同一の勘定科目の借方と貸方の金額は相殺して仕訳すること。
ア．支払リース料　イ．備品　ウ．当座預金　エ．普通預金
オ．リース資産　カ．リース債務　キ．支払利息　ク．前払利息

3．買掛金￥2,400,000の決済日となったが、仕入先から同社の大口顧客にかかわる規定にもとづいて買掛金の3％の支払いを免除する旨の通知があったので、支払免除額を差し引いた残額について小切手を振り出して買掛金の決済を行った。
ア．買掛金　イ．売掛金　ウ．現金　エ．当座預金
オ．仕入　カ．支払利息　キ．受取利息　ク．売上

4．前月末に旅行業を営む熊本ツーリスト株式会社が3泊4日のツアーを企画したところ、顧客8名からの申し込みがあり、代金合計￥400,000を現金にて受け取り契約負債として処理していた。本日ツアーを催行し、宿泊代や移動のための交通費や添乗員への報酬など、￥250,000を小切手を振り出して支払った。

ア．仕掛品　イ．当座預金　ウ．役務収益　エ．契約負債
オ．未収入金　カ．役務原価　キ．未払金　ク．契約資産

5．公開会社である当社の会社設立にあたり、定款において定めた発行可能株式総数10,000株のうち、会社法で定められた最低限の株式数の普通株式を1株につき¥2,000で発行し、払込金はすべて当座預金とした。なお、払込金のうち会社法で定められた最低限度額を資本金に計上した。
ア．投資有価証券　イ．利益準備金　ウ．資本金　エ．現金
オ．資本準備金　カ．当座預金　キ．普通預金　ク．創立費

解説 08

1．手形の更改（期日の延長）

ステップ1 手形の更改とは、古い手形を新しい手形に交換することです。古い手形を取り消すので、貸方（右側）に「受取手形」と書きます。

／ 受取手形　500,000

ステップ2 「利息￥5,000」を受け取ることができるので、「受取利息」が増えます。受取利息は収益（ホームポジション右）なので、増えるときは右に書きます。

／ 受取手形　500,000
　 受取利息　　5,000

ステップ3 新しい手形の金額は、利息5,000を含めた金額になります。

500,000 + 5,000 = 505,000

受取手形　505,000 ／ 受取手形　500,000
　　　　　　　　　　 受取利息　　5,000

> **ワンポイント**
> 手形の更改では、古い約束手形を渡し、新しい約束手形を受け取ります。受取手形の減少と増加にそれぞれ意味があるため、合算せずに仕訳を書きます。

2．ファイナンス・リース取引　利子込み法

ステップ1 ファイナンス・リース取引はリース契約を結んだときに「リース資産」を計上します。利子込み法なので、取得原価はリース料総額を使います。リース資産は資産（ホームポジション左）なので、増えるときは左に書きます。

60,000 × 12か月 × 5年 = 3,600,000

リース資産　3,600,000 ／

ステップ2 普通預金口座から支払ったので、「普通預金」が減ります。普通預金は資産（ホームポジション左）なので、減るときは右に書きます。

リース資産　3,600,000 ／ 普通預金　60,000

ステップ3 残りが「リース債務」です。リース債務は負債（ホームポジション右）なので、増えるときは右に書きます。

3,600,000 − 60,000 = 3,540,000

リース資産　3,600,000 ／ 普通預金　60,000
　　　　　　　　　　　／ リース債務　3,540,000

ワンポイント

本問では「この2つの取引はまとまった取引であり、同一の勘定科目の借方と貸方の金額は相殺して仕訳すること」と指示があるので、リース債務を相殺して仕訳を書く必要があり、次の仕訳を書くと不正解となります。

リース資産　3,600,000 ／ リース債務　3,600,000
リース債務　60,000 ／ 普通預金　60,000

3．仕入割戻

ステップ1 買掛金2,400,000の決済を行ったので、「買掛金」が減ります。買掛金は負債（ホームポジション右）なので、減るときは左に書きます。

買掛金　2,400,000 ／

ステップ2「仕入先から同社の大口顧客にかかわる規定にもとづいて買掛金の3%の支払いを免除する」ということは、大量に商品を仕入れた当社に対して、仕入先が現金を支払ったり代金の一部を免除している状況ですから、仕入割戻とわかります。勘定科目の選択肢に仕入割戻がありませんので「仕入」を使います。仕入は費用（ホームポジション左）なので、仕入割戻によって仕入が減るときは右に書きます。

2,400,000 × 3% = 72,000

買掛金　2,400,000 ／ 仕入　72,000

ステップ3 残額は小切手を振り出したので、「当座預金」が減ります。当座預金は資産（ホームポジション左）なので、減るときは右に書きます。

2,400,000 − 72,000 = 2,328,000

買掛金　2,400,000 ／ 仕入　72,000
　　　　　　　　　／ 当座預金　2,328,000

4．役務収益・役務原価　仕掛品なし

ステップ1 前月末にツアー代金を受け取ったとき、問題文に「現金にて受け取り契約負債として処理していた」と書いてあるので、次の仕訳をしていたはずです。

現金　400,000 ／ 契約負債　400,000

ステップ2 本日ツアーを催行したので「役務収益」を計上します。役務収益は

収益（ホームポジション右）なので、増えるときは右に書きます。
代金はすでに受け取っているので「契約負債」を取り崩します。
契約負債 400,000 ／ 役務収益 400,000

ステップ3 宿泊代などを「役務原価」に計上します。役務原価は費用（ホームポジション左）なので、増えるときは左に書きます。
また、小切手を振り出して支払ったので「当座預金」が減ります。
役務原価 250,000 ／ 当座預金 250,000

5．株式会社の設立（最低限の株式数を発行）

ステップ1 問題文の「発行可能株式総数10,000株のうち、会社法で定められた最低限の株式数」とは、発行可能株式総数の4分の1の株式数のことで、次のように計算します。

10,000株 ÷ 4 = 2,500株

ステップ2 @2,000の株式を2,500株発行するので、払込金は次のように計算します。当座預金は資産（ホームポジション左）なので、増えるときは左に書きます。

@2,000 × 2,500株 = 5,000,000

当座預金 5,000,000 ／

ステップ3 「会社法で定められた最低限度額を資本金に計上」との指示があります。払込金の半分を「資本金」に計上するのが最低限度額です。
残額は「資本準備金」とします。

資本金 5,000,000 ÷ 2 = 2,500,000
資本準備金 5,000,000 ÷ 2 = 2,500,000

資本金と資本準備金は純資産（ホームポジション右）なので、増えるときは右に書きます。

当座預金 5,000,000 ／ 資本金 2,500,000
　　　　　　　　　　　資本準備金 2,500,000

ワンポイント

公開会社の場合、「発行可能株式総数は発行済株式総数の4倍が上限」と会社法で規定されています。この規定を言い換えると、たとえば、発行可能株式総数を1,000株と決めた場合、会社を設立するさいに最低でも250株の株式を発行しなければいけないことになります。つまり、「会社法で定められた最低限の株式数を発行する」というのは、「発行可能株式総数の4分の1」を意味しているのです。

解答 08

	仕訳			
	借方		貸方	
	記号	金額	記号	金額
1	ウ	505,000	ウ カ	500,000 5,000
2	オ	3,600,000	エ カ	60,000 3,540,000
3	ア	2,400,000	オ エ	72,000 2,328,000
4	エ カ	400,000 250,000	ウ イ	400,000 250,000
5	カ	5,000,000	ウ オ	2,500,000 2,500,000

Chapter 1 問題 09

よく出る　答案用紙 P5　解答 P068　目標タイム 10分

次の各取引について仕訳しなさい。ただし、勘定科目は、設問ごとに最も適当と思われるものを選び、答案用紙の（　　）内に記号で解答すること。なお、消費税は指示された問題のみ考慮すること。

1．山梨商店を現金￥4,000,000で買収した。なお、山梨商店を買収したさいの資産・負債は、受取手形￥1,920,000（時価￥1,920,000）、商品￥2,380,000（時価￥2,400,000）、および買掛金￥1,280,000（時価￥1,280,000）であった。
ア．売掛金　イ．受取手形　ウ．現金　エ．のれん
オ．買掛金　カ．支払手形　キ．負ののれん　ク．仕入

2．新株1,000株の募集を行い、1株につき￥3,000で発行することとし、払込期日までにその全額が申込証拠金として別段預金に払い込まれていたが、申込期日が到来したため、その払込額を資本金に振り替え、別段預金は当座預金へと振り替えた。資本金への振り替えは、会社法で認められている最低額を計上することとした。また、株式募集のための広告費￥100,000は現金で支払った。
ア．資本準備金　イ．新株式申込証拠金　ウ．当座預金　エ．現金
オ．開業費　カ．株式交付費　キ．資本金　ク．別段預金

3．X2年4月1日、商品陳列棚を分割払いで購入し、代金として毎月末に支払期日が順次到来する額面￥300,000の約束手形10枚を振り出して交付した。なお、商品陳列棚の現金購入価額は￥2,880,000である。
ア．支払利息　イ．支払手形　ウ．備品　エ．支払手数料
オ．営業外支払手形　カ．未払金　キ．受取手数料　ク．未収入金

4．X1年12月31日、建物（取得原価￥1,000,000、減価償却累計額￥350,000）が火災で焼失した。この建物には火災保険￥1,000,000が掛けられていたので、当期の減価償却費を月割で計上するとともに、保険会社に保険金の支払いをただちに請求した。なお、建物の減価償却は定額法（耐用年数20年、残存価額はゼロ、間接法により記帳）によって

おり、また決算日はX2年3月31日（会計期間は1年）である。

ア．火災損失　イ．未収入金　ウ．未払金　エ．減価償却費
オ．固定資産除却損　カ．建物減価償却累計額　キ．未決算　ク．建物

5．X2年4月1日、リース会社からコピー機をリースする契約を結び、リース取引を開始した。リース期間は5年、リース料は年間¥90,000（毎年3月末払い）、リースするコピー機の見積現金購入価額は¥390,000である。なお、決算日は3月31日（1年決算）である。また、このリース取引はファイナンス・リース取引であり、利子抜き法で会計処理を行う。

ア．リース債務　イ．支払利息　ウ．前払利息　エ．リース資産
オ．機械装置　カ．長期前払利息　キ．支払リース料　ク．備品

解説 09

1．吸収合併

ステップ1 現金を支払ったので、「現金」が減ります。現金は資産（ホームポジション左）なので、減るときは右に書きます。

／ 現金 4,000,000

ステップ2 山梨商店の資産（時価）・負債（時価）が、当社の資産・負債になります。このとき、商品を受け入れる勘定科目は「仕入」なので注意が必要です。

借方		貸方	
受取手形	1,920,000	現金	4,000,000
仕入	2,400,000	買掛金	1,280,000

ステップ3 貸借差額が借方（左側）なので、「のれん」を使います。

4,000,000 + 1,280,000 − 1,920,000 − 2,400,000 = 960,000

借方		貸方	
受取手形	1,920,000	現金	4,000,000
仕入	2,400,000	買掛金	1,280,000
のれん	960,000		

ワンポイント

のれんとは、合併をしたときに受け入れる資産と負債の差額（本問では1,920,000 + 2,400,000 − 1,280,000 = 3,040,000）より多くのお金（本問では4,000,000）を払う場合に発生します。これは、帳簿上の価値は3,040,000ですが、帳簿に計上されていない会社の価値（たとえばブランド力）があると考えられるから発生します。

2．増資

ステップ1 「払込期日までにその全額が申込証拠金として別段預金に払い込まれていた」ときの仕訳は次のとおりです。なお「新株式申込証拠金」は「株式申込証拠金」ともいいます。

1,000株 × ¥3,000 = 3,000,000

別段預金 3,000,000 ／ 新株式申込証拠金 3,000,000

ステップ2 本問では申込期日が到来したため、「払込額を資本金に振り替え」るので、「新株式申込証拠金」を取り崩します。

会社法で認められている最低額(最低限度額ということもあります)

は払込金の半分であり、残額は「資本準備金」です。資本金と資本準備金は純資産（ホームポジション右）なので、増えるときは右に書きます。

3,000,000 ÷ 2 = 1,500,000

新株式申込証拠金 3,000,000 / 資本金 1,500,000
資本準備金 1,500,000

ステップ3 「別段預金は当座預金へと振り替えた」との指示より、次の仕訳になります。

当座預金 3,000,000 ／ 別段預金 3,000,000

ステップ4 増資のための諸費用は「株式交付費」を使います。株式交付費は費用（ホームポジション左）なので、増えるときは左に書きます。
現金で支払ったので「現金」が減ります。現金は資産（ホームポジション左）なので、減るときは右に書きます。

株式交付費 100,000 ／ 現金 100,000

3．固定資産の割賦購入

ステップ1 商品陳列棚を買ったので、「備品」が増えます。備品は資産（ホームポジション左）なので、増えるときは左に書きます。備品の取得原価は現金購入価額を使います。

備品 2,880,000 ／

ステップ2 備品の購入は、主たる営業取引ではないので「営業外支払手形」を使います。営業外支払手形は負債（ホームポジション右）なので、増えるときは右に書きます。

300,000 × 10枚 = 3,000,000

備品 2,880,000 ／ 営業外支払手形 3,000,000

ステップ3 現金購入価額と営業外支払手形の差額は、割賦購入による支払利息総額です。勘定科目の選択肢を見ると前払利息がなく、支払利息があるため、「支払利息」を使います。

3,000,000 − 2,880,000 = 120,000

備品 2,880,000 / 営業外支払手形 3,000,000
支払利息 120,000 /

> **ワンポイント**
> 使用できる勘定科目に「支払利息」がない場合や、「利息相当額については資産勘定で処理する」と指示がある場合には、次の仕訳となります。
> 備品 2,880,000 / 営業外支払手形 3,000,000
> 前払利息 120,000 /

4．固定資産の火災

ステップ1 建物が焼失したので、「建物」「建物減価償却累計額」を取り消します。

建物減価償却累計額 350,000 ／ 建物 1,000,000

ステップ2 当期首から12月31日までの「減価償却費」を計上します。

1,000,000 ÷ 20年 × 9か月 ÷ 12か月 = 37,500

建物減価償却累計額 350,000 / 建物 1,000,000
減価償却費 37,500 /

ステップ3 当社が受け取る保険金の金額が確定していないので、貸借差額を「未決算」とします。「火災未決算」という勘定科目を使うこともありますが、本問では選択肢に「未決算」しかないのでこちらを使います。

1,000,000 − 350,000 − 37,500 = 612,500

建物減価償却累計額 350,000 / 建物 1,000,000
減価償却費 37,500 /
未決算 612,500 /

5．ファイナンス・リース取引　利子抜き法

ステップ1 ファイナンス・リース取引は、リース契約を結んだときに「リース資産」を計上します。利子抜き法なので、取得原価は見積現金購入価額を使います。リース資産は資産（ホームポジション左）なので、増えるときは左に書きます。

リース資産 390,000 ／

ステップ2 「リース債務」が増えます。リース債務は負債（ホームポジション右）なので、増えるときは右に書きます。

リース資産 390,000 ／ リース債務 390,000

ワンポイント

本問がファイナンス・リース取引の利子込み法だった場合の仕訳は次のようになります。
90,000 × 5年 = 450,000
リース資産　450,000 ／ リース債務　450,000

解答 09

	仕訳			
	借方		貸方	
	記号	金額	記号	金額
1	イ ク エ	1,920,000 2,400,000 960,000	ウ オ	4,000,000 1,280,000
2	イ ウ カ	3,000,000 3,000,000 100,000	キ ア ク エ	1,500,000 1,500,000 3,000,000 100,000
3	ウ ア	2,880,000 120,000	オ	3,000,000
4	カ エ キ	350,000 37,500 612,500	ク	1,000,000
5	エ	390,000	ア	390,000

Chapter 1 問題 10

よく出る　答案用紙 P5　解答 P074　目標タイム 10分

次の各取引について仕訳しなさい。ただし、勘定科目は、設問ごとに最も適当と思われるものを選び、答案用紙の（　　）内に記号で解答すること。なお、消費税は指示された問題のみ考慮すること。

1．6月12日、満期保有目的の有価証券として、他社が発行する額面総額¥2,400,000の社債（利率は年0.42％、利払日は3月末と9月末）を額面¥100につき¥99.50の裸相場で買い入れ、代金は直前の利払日の翌日から本日までの期間にかかわる端数利息とともに小切手を振り出して支払った。なお、端数利息の金額については、1年を365日として日割で計算する。

ア．受取利息　イ．未収入金　ウ．満期保有目的債券　エ．現金
オ．未払金　カ．有価証券利息　キ．支払利息　ク．当座預金

2．備品¥1,500,000の取得にあたり、国庫補助金¥600,000を受け取り、これにかかわる会計処理も適切に行われていたが、当該国庫補助金を返還しないことが本日確定したため、直接控除方式により圧縮記帳の処理を行った。

ア．未払金　イ．未収入金　ウ．債権譲渡益　エ．国庫補助金受贈益
オ．固定資産圧縮損　カ．減価償却費　キ．備品　ク．租税公課

3．店舗用の建物の建設工事を建設会社に依頼し、工事の開始にあたって手付金として、工事代金総額¥40,000,000の30％を、約束手形を振り出して支払った。

ア．現金　イ．当座預金　ウ．支払手形　エ．建物　オ．未払金
カ．前払金　キ．建設仮勘定　ク．営業外支払手形

4．当社は、滋賀株式会社を吸収合併し、新たに当社の株式100株（時価@¥32,500）を同社の株主に交付した。同社から承継した資産及び負債は、次のとおりである。なお、株式の交付に伴って増加する株主資本は、すべて資本金とする。

現金（帳簿価額¥2,500,000、時価¥2,500,000）

売掛金（帳簿価額￥1,900,000、時価￥1,900,000）
備品（帳簿価額￥1,500,000、時価￥1,600,000）
借入金（帳簿価額￥3,500,000、時価￥3,500,000）

ア．借入金　イ．仕入　ウ．資本金　エ．売掛金
オ．現金　カ．負ののれん発生益　キ．のれん　ク．備品

5．かねてより顧客から依頼されていたアンケート調査を行い、調査員の給料￥200,000と出張旅費￥50,000、消耗品費￥20,000を仕掛品に振り替えていたが、本日、調査報告書を顧客に引き渡し、￥600,000が普通預金口座に振り込まれた。

ア．旅費交通費　イ．給料　ウ．役務収益　エ．役務原価　オ．仕掛品
カ．売掛金　キ．当座預金　ク．普通預金

解説 10

1．満期保有目的債券の取得　端数利息

ステップ1 満期保有目的債券の取得原価を計算します。満期保有目的債券は資産（ホームポジション左）なので、増えるときは左に書きます。

取得原価　2,400,000 ÷ @100 × @99.50 = 2,388,000

満期保有目的債券 2,388,000 ／

ステップ2 端数利息の金額を計算します。利払日の翌日から本日まで（4/1 ～ 6/12）は73日です。

2,400,000 × 0.42% × 73日 ÷ 365日 = 2,016

端数利息を支払うので「有価証券利息」を減らします。有価証券利息は収益（ホームポジション右）なので、減るときは左に書きます。

満期保有目的債券 2,388,000 ／
有価証券利息 2,016 ／

ステップ3 小切手を振り出したので「当座預金」が減ります。

2,388,000 + 2,016 = 2,390,016

満期保有目的債券 2,388,000 ／ 当座預金 2,390,016
有価証券利息 2,016 ／

ワンポイント

満期保有目的債券の取得と端数利息について、取引の流れと仕訳は次のとおりです。説明のため、問題文に記載されていない文章も加えています。

①X1年6月12日、満期保有目的で社債を買い入れ、端数利息とともに小切手を振り出して支払った。

満期保有目的債券 2,388,000 ／ 当座預金 2,390,016
有価証券利息 2,016 ／

②X1年9月30日、満期保有目的の社債の利息が当座預金口座に入金された。

2,400,000 × 0.42% × 6か月 ÷ 12か月 = 5,040

当座預金 5,040 ／ 有価証券利息 5,040

③X2年3月31日、満期保有目的の社債の利息が当座預金口座に入金された。

2,400,000 × 0.42% × 6か月 ÷ 12か月 = 5,040

当座預金 5,040 ／ 有価証券利息 5,040

④X2年3月31日、決算で満期保有目的の社債（満期日はX6年3月31日）について償却原価法（定額法）を適用する。

（2,400,000 − 2,388,000） ÷ 5年 = 2,400

　満期保有目的債券 2,400 ／ 有価証券利息 2,400
社債や国債の年利率の利息をクーポン利息といいます。満期保有目的債券の場合、クーポン利息と償却原価法の利息の2つを計算することになります。

2．固定資産の圧縮記帳

ステップ1 本日「直接控除方式により圧縮記帳の処理を行った」ので「固定資産圧縮損」を使います。固定資産圧縮損は費用（ホームポジション左）なので、増えるときは左に書きます。

固定資産圧縮損 600,000 ／

ステップ2 直接控除方式なので、「備品」を直接減額します。備品は資産（ホームポジション左）なので、減るときは右に書きます。

固定資産圧縮損 600,000 ／ 備品 600,000

ワンポイント

本問の取引の流れと仕訳は次のとおりです。説明のため、問題文に記載されていない文章も加えています。

①備品￥1,500,000を取得し、現金を支払った。
　備品 1,500,000 ／ 現金 1,500,000
②国庫補助金￥600,000を現金で受け取った。
　現金 600,000 ／ 国庫補助金受贈益 600,000
③備品について直接控除方式により圧縮記帳の処理を行った。
　固定資産圧縮損 600,000 ／ 備品 600,000

3．建設仮勘定

ステップ1 建設工事の代金を前払いしたので、「建設仮勘定」を使います。建設仮勘定は資産（ホームポジション左）なので、増えるときは左に書きます。

　40,000,000 × 30% = 12,000,000

建設仮勘定 12,000,000 ／

ステップ2 店舗用の建物の建設工事のための支払いは、主たる営業取引ではないため、約束手形を振り出したときには「営業外支払手形」を使います。営業外支払手形は負債（ホームポジション右）なので、増えるときは右に書きます。

建設仮勘定 12,000,000 ／ 営業外支払手形 12,000,000

ワンポイント

本問の取引の流れと仕訳は次のとおりです。説明のため、問題文に記載されていない文章も加えています。

①建物の工事の開始にあたって手付金として、工事代金総額¥40,000,000の30％を、約束手形を振り出して支払った。

建設仮勘定 12,000,000 ／ 営業外支払手形 12,000,000

②建物が完成し引き渡しを受けたので、工事代金の残額を、小切手を振り出して支払った。

借方		貸方	
建物	40,000,000	建設仮勘定	12,000,000
		当座預金	28,000,000

4．吸収合併

ステップ1 「株式の交付に伴って増加する株主資本は、すべて資本金とする」との指示より、「資本金」に計上します。資本金は純資産（ホームポジション右）なので、増えるときは右に書きます。

100株×@¥32,500＝3,250,000

／ 資本金 3,250,000

ステップ2 吸収合併により承継した資産・負債を時価で計上します。

借方		貸方	
現金	2,500,000	資本金	3,250,000
売掛金	1,900,000	借入金	3,500,000
備品	1,600,000		

ステップ3 貸借差額が借方（左側）なので、「のれん」を使います。

借方		貸方	
現金	2,500,000	資本金	3,250,000
売掛金	1,900,000	借入金	3,500,000
備品	1,600,000		
のれん	750,000		

5．役務収益・役務原価　仕掛品あり

ステップ1 アンケート調査の調査報告書を顧客に引き渡したので、サービスの提供が完了したため、「役務収益」を計上します。役務収益は収益（ホームポジション右）なので、増えるときは右に書きます。
代金は普通預金口座に振り込まれたので、「普通預金」が増えます。普通預金は資産（ホームポジション左）なので、増えるときは左に書きます。

普通預金　600,000 ／ 役務収益　600,000

ステップ2 調査員の給料と出張旅費、消耗品費は仕掛品に振り替えていたが、サービスの提供が完了したため、仕掛品を役務原価に振り替えます。
「仕掛品」が減ります。仕掛品は資産（ホームポジション左）なので、減るときは右に書きます。
「役務原価」が増えます。役務原価は費用（ホームポジション左）なので、増えるときは左に書きます。

200,000 + 50,000 + 20,000 = 270,000

役務原価　270,000 ／ 仕掛品　270,000

解答 10

	仕訳			
	借方		貸方	
	記号	金額	記号	金額
1	**ウ** **カ**	**2,388,000** **2,016**	**ク**	**2,390,016**
2	**オ**	**600,000**	**キ**	**600,000**
3	**キ**	**12,000,000**	**ク**	**12,000,000**
4	**オ** **エ** **ク** **キ**	**2,500,000** **1,900,000** **1,600,000** **750,000**	**ウ** **ア**	**3,250,000** **3,500,000**
5	**ク** **エ**	**600,000** **270,000**	**ウ** **オ**	**600,000** **270,000**

Chapter 1 問題 11

ときどき出る　答案用紙 P6　解答 P080　目標タイム 10分

次の各取引について仕訳しなさい。ただし、勘定科目は、設問ごとに最も適当と思われるものを選び、答案用紙の（　　）内に記号で解答すること。なお、消費税は指示された問題のみ考慮すること。

1．商品￥400,000をクレジット払いの条件で販売した。信販会社への手数料（販売代金の5%）は販売時に計上し、信販会社に対する債権から控除する。なお、消費税の税率は販売代金に対して10%とし、税抜方式で処理するが、クレジット手数料には消費税は課税されない。
ア．未払消費税　イ．支払手数料　ウ．売掛金　エ．クレジット売掛金
オ．受取手数料　カ．売上　キ．仮受消費税　ク．仮払消費税

2．決算にあたり、当期首に取得した備品（取得原価￥420,000、残存価額ゼロ、耐用年数3年、間接法で記帳）について、定額法により減価償却を行った。なお、税法で認められている耐用年数は5年であるために、税法で認められる償却額を超過した部分については損金に算入することが認められない。なお、法人税等の法定実効税率は30%とし、税効果会計を適用する。
ア．減価償却費　イ．備品減価償却累計額　ウ．繰延税金負債
エ．繰延税金資産　オ．租税公課　カ．法人税等調整額

3．債務保証をしていた取引先が、期日に￥4,000,000の借入金の返済が不能となり、債権者から利息￥200,000を含めて返済を求められたので、小切手を振り出して支払った。なお、当社は保証債務については対照勘定を用いて備忘記録をしている。
ア．当座預金　イ．保証債務　ウ．未払金　エ．未収入金
オ．保証債務見返　カ．現金　キ．未決算

4．沖縄商店から売掛金の決済のために受け取り、すでに熊本銀行で割引に付していた、同店振出し、当店宛の約束手形￥40,000が満期日に支払拒絶されたため、同銀行より償還請求を受け、小切手を振り出して決済した。また、償還請求諸費用￥1,000と満期日後の延滞利息￥500は現

金で支払い、手形金額とともに沖縄商店に対して支払請求した。
ア．受取手形　イ．不渡手形　ウ．売掛金　エ．支払手形
オ．当座預金　カ．現金　キ．支払利息　ク．受取利息

5．前期に1年間の品質保証を付して販売した商品について、顧客より無償修理の申し出があったので、修理業者に修理を依頼し、代金¥240,000は現金で支払った。なお、前期の決算で計上した商品保証引当金の残高は¥150,000である。
ア．売上　イ．売掛金　ウ．現金　エ．修繕費
オ．商品保証費　カ．契約負債　キ．商品保証引当金

解説 11

1. クレジット売掛金の消費税　税抜方式

ステップ1 商品を売ったので、「売上」が増えます。

／ 売上　400,000

ステップ2 販売時に5%の手数料を計上するので、「支払手数料」が増えます。

400,000 × 5% = 20,000

支払手数料　20,000 ／ 売上　400,000

ステップ3 消費税は税抜方式で、受け取るときの消費税なので、「仮受消費税」が増えます。仮受消費税は負債（ホームポジション右）なので、増えるときは右に書きます。なお、「クレジット手数料には消費税は課税されない」と指示があるので、支払手数料に関する消費税は発生しません。

400,000 × 10% = 40,000

支払手数料	20,000	売上	400,000
		仮受消費税	40,000

ステップ4 差額分は「クレジット売掛金」が増えます。クレジット売掛金は資産（ホームポジション左）なので、増えるときは左に書きます。

支払手数料	20,000	売上	400,000
クレジット売掛金	420,000	受消費税	40,000

2. 税効果会計　減価償却費

ステップ1 下書きを書きます。

会計の減価償却費　420,000 ÷ 3年 = 140,000
税法の減価償却費　420,000 ÷ 5年 = 84,000
損金不算入額　140,000 − 84,000 = 56,000
税効果会計　56,000 × 30% = 16,800

ステップ2 通常どおり会計の減価償却費の仕訳を書きます。

減価償却費　140,000 ／ 備品減価償却累計額　140,000

ステップ3 税効果会計の仕訳を書きます。費用である減価償却費を借方（左側）

に書いたので、反対側（右側）に「法人税等調整額」と書きます。

減価償却費 140,000 ／ 備品減価償却累計額 140,000
　　　　　　　　　　　法人税等調整額 16,800

ステップ4 最後に借方（左側）に「繰延税金資産」と書きます。これにより、繰延税金資産が増えたことになります。

減価償却費 140,000 ／ 備品減価償却累計額 140,000
繰延税金資産 16,800 ／ 法人税等調整額 16,800

3．保証債務

ステップ1 小切手を振り出して支払ったので、「当座預金」が減ります。当座預金は資産（ホームポジション左）なので、減るときは右に書きます。

4,000,000 + 200,000 = 4,200,000

／ 当座預金 4,200,000

ステップ2 債権者から返済を求められたので、当社が代わりに支払ったが、債務保証をしていた取引先に4,200,000を請求し、後日回収するため「未収入金」を計上します。未収入金は資産（ホームポジション左）なので、増えるときは左に書きます。

未収入金 4,200,000 ／ 当座預金 4,200,000

ステップ3 債務保証を行ったので、債務保証の契約自体が終了します。債務保証をしたときに計上していた「保証債務」と「保証債務見返」を取り崩します。

保証債務は負債（ホームポジション右）なので、減るときは左に書きます。

保証債務見返は資産（ホームポジション左）なので、減るときは右に書きます。

未収入金 4,200,000 ／ 当座預金 4,200,000
保証債務 4,000,000 ／ 保証債務見返 4,000,000

ワンポイント

保証債務の問題です。細かい論点ですが、簿記2級の試験で出題されますので、内容を忘れた方は取引の流れと仕訳の関係を復習しておきましょう。

①取引先の連帯保証人などになり、債務保証の契約をしたとき
　保証債務見返 4,000,000／保証債務 4,000,000

②取引先が借入金を返済できなかったため、代わりに債務保証したとき

未収入金 4,200,000 ／当座預金　　4,200,000
保証債務 4,000,000 ／保証債務見返 4,000,000

4．不渡手形

ステップ1 熊本銀行より償還請求を受けた40,000について、小切手を振り出して決済したため、「当座預金」が減ります。当座預金は資産（ホームポジション左）なので、減るときは右に書きます。

／ 当座預金　40,000

ステップ2 償還請求諸費用1,000と延滞利息500を現金で支払ったので、「現金」が減ります。

／ 当座預金　40,000
　 現金　　　1,500

ステップ3 受け取った手形が支払拒絶され不渡りとなっており、沖縄商店に対して支払請求する場合、「不渡手形」という勘定科目を使います。不渡手形は資産（ホームポジション左）なので、増えるときは左に書きます。
沖縄商店が負担する償還請求諸費用と延滞利息を合計した金額で仕訳を書きます。

40,000 + 1,000 + 500 = 41,500

不渡手形　41,500 ／ 当座預金　40,000
　　　　　　　　　　 現金　　　1,500

ワンポイント

割引手形の取引の流れと仕訳は次のとおりです。

①約束手形を割り引いたとき
当座預金　　39,600 ／ 受取手形 40,000
手形売却損　　 400 ／

②割り引いた約束手形が不渡りになったとき
不渡手形 41,500 ／ 当座預金 40,000
　　　　　　　　　 現金　　　1,500

③支払請求した金額が返ってきたとき
現金41,500 ／ 不渡手形41,500

5．商品保証引当金

ステップ1 現金を支払ったので、「現金」が減ります。現金は資産（ホームポジション左）なので、減るときは右に書きます。

／ 現金 240,000

ステップ2「前期に品質保証を付して販売した商品」の修理を行ったので、「商品保証引当金」を取り崩します。商品保証引当金は負債（ホームポジション右）なので、減るときは左に書きます。

商品保証引当金 150,000 ／ 現金 240,000

ステップ3 引当金の不足額は、「商品保証費」を計上します。商品保証費は費用（ホームポジション左）なので、増えるときは左に書きます。

240,000 − 150,000 = 90,000

商品保証引当金 150,000 ／ 現金 240,000
商品保証費 90,000 ／

解答 11

	仕訳			
	借方		貸方	
	記号	金額	記号	金額
1	**イ** **エ**	**20,000** **420,000**	**カ** **キ**	**400,000** **40,000**
2	**ア** **エ**	**140,000** **16,800**	**イ** **カ**	**140,000** **16,800**
3	**エ** **イ**	**4,200,000** **4,000,000**	**ア** **オ**	**4,200,000** **4,000,000**
4	**イ**	**41,500**	**オ** **カ**	**40,000** **1,500**
5	**キ** **オ**	**150,000** **90,000**	**ウ**	**240,000**

Chapter 2
第2問対策 現金預金・商品売買

本試験では、現金預金は現金実査と銀行勘定調整表が出題されます。また、商品売買は仕訳と勘定記入が出題されます。

Chapter 2

現金預金・商品売買のまとめ

現金預金は、現金実査と銀行勘定調整表が出題されます。銀行勘定調整表では、当社の帳簿残高と銀行の残高に不一致が生じた原因が問題文に与えられ、決算整理仕訳を記入、または銀行勘定調整表を作成する問題が出題されます。

商品売買は、「3分法」「販売のつど売上原価に振り替える方法」の仕訳と勘定記入が出題されます。

学習のコツ：第2問（20点）でたまに出題されます。出題された場合、簡単ですので、確実に解くことが大切です。

ポイント1

銀行勘定調整表

銀行勘定調整表を記入させる問題が出題されます。加算と減算のどちらに記入するのか、また当社の仕訳が必要な取引は何かを覚えておきましょう。誤記入は加算にも減算にも入る可能性があります。下の銀行勘定調整表は両者区分調整法です。

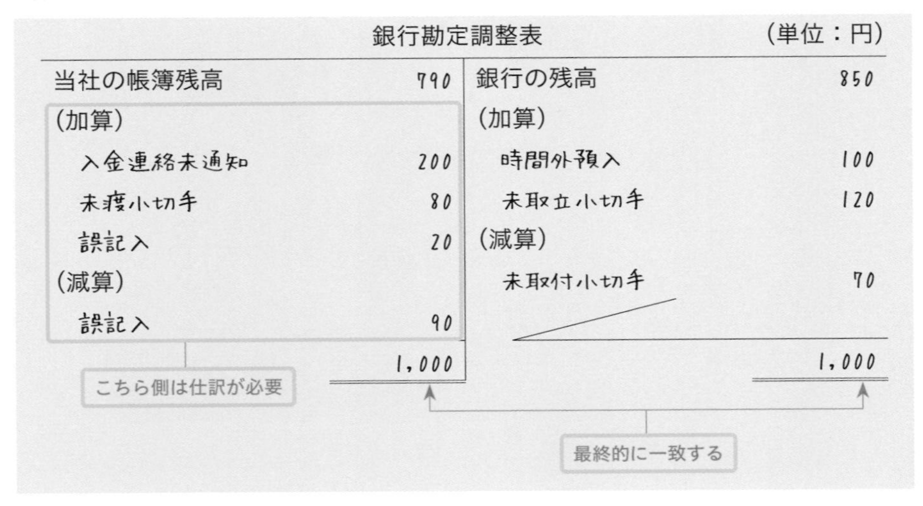

銀行勘定調整表　（単位：円）

当社の帳簿残高	790	銀行の残高	850
（加算）		（加算）	
入金連絡未通知	200	時間外預入	100
未渡小切手	80	未取立小切手	120
誤記入	20	（減算）	
（減算）		未取付小切手	70
誤記入	90		
	1,000		1,000

ポイント２

銀行勘定調整表の種類

　ポイント１で説明した銀行勘定調整表を両者区分調整法といいます。そのほかに企業残高基準法と銀行残高基準法の２種類があります。

〈企業残高基準法〉

銀行勘定調整表　（単位：円）

当社の当座預金残高		790
（加算）		
入金連絡未通知	200	
未渡小切手	80	
誤記入	20	
未取付小切手	70	370
（減算）		
誤記入	90	
時間外預入	100	
未取立小切手	120	310
銀行の残高証明書残高		850

〈銀行残高基準法〉

銀行勘定調整表　（単位：円）

銀行の残高証明書残高		850
（加算）		
誤記入	90	
時間外預入	100	
未取立小切手	120	310
（減算）		
入金連絡未通知	200	
未渡小切手	80	
誤記入	20	
未取付小切手	70	370
当社の当座預金残高		790

ポイント３

商品売買の記帳方法

　販売のつど売上原価に振り替える方法、３分法の仕訳をまとめると次のようになります。

	販売のつど売上原価に振り替える方法	３分法
仕入れたとき	商品800／買掛金800	仕入800／買掛金800
販売したとき	売掛金900／売上900 売上原価600／商品600	売掛金900／売上900
決算整理仕訳 ①売上原価算定	―	仕入100／繰越商品100 繰越商品300／仕入300
②棚卸減耗損	棚卸減耗損100／商品100 売上原価100／棚卸減耗損100	棚卸減耗損100／繰越商品100 仕入100／棚卸減耗損100
③商品評価損	商品評価損70／商品70 売上原価70／商品評価損70	商品評価損70／繰越商品70 仕入70／商品評価損70

Chapter 2
問題 01

あまり出ない | 答案用紙 P7 | 解答 P086 | 目標タイム 10分

銀行勘定調整表と仕訳

当社の次の資料にもとづいて、銀行勘定調整表を作成しなさい（摘要欄は資料Ⅲの選択肢から選ぶこと）。また、期末修正仕訳を示しなさい。ただし、仕訳が不要の場合には「仕訳なし」と記入すること。

当社が関東銀行より取り寄せた当座預金の残高証明書（期末日現在）は、当社の当座預金出納帳の残高と一致していなかった。この不一致の原因は以下の理由によるものであることが判明した。

資料Ⅰ　当社の当座預金出納帳残高￥369,000
資料Ⅱ　関東銀行の残高証明書残高￥404,000
資料Ⅲ　摘要欄に記入する名称…未渡小切手、未取付小切手、未取立小切手、通信費未通知、入金連絡未通知、時間外預入

1．未払金の支払いのために作成した小切手￥21,000が、未渡しのまま出納係の手許にあった。

2．仕入先愛媛商店に対する買掛金の支払いとして、小切手￥30,000を振り出したが、未取付であった。

3．得意先横浜商店より売掛金の回収として、同店振出しの小切手￥19,000を受け取り、ただちに当座預金として預け入れたが、いまだに取り立てられていなかった。

4．通信費￥8,000が当座預金口座から引き落とされていたが、通知が当社に未達であった。

5．得意先埼玉商店に対する受取手形￥25,000が期日決済され取り立てられたが、通知が当社に未達であった。

6．期末日に現金￥14,000を当座預金口座へ預け入れたが、銀行の営業時間終了後であったため、銀行は翌日の入金として処理していた。

銀行勘定調整表の基本問題です。銀行勘定調整表の記入はあまり出題されませんが、解けるようになっておかないと出題されたときに危険です。

ステップ1 不一致の原因を読みながら仕訳を書きます。
ステップ2 銀行勘定調整表を記入します。

1. 未渡小切手

小切手を作成したとき次のように仕訳していたはずです。
未払金 21,000 ／ 当座預金 21,000
小切手が未渡しだったので、この仕訳（当座預金の減少と未払金の減少）を取り消す仕訳を行います。
当座預金 21,000 ／ 未払金 21,000
当社の当座預金が増えますので、銀行勘定調整表の当社残高を加算します。

2. 未取付小切手

当社の小切手を受け取った愛媛商店が、銀行に小切手を換金しに行っていない状態を未取付小切手といいます。本来ならば換金されて当座預金が減っているはずなのに、換金が行われていないため当座預金が減っていないという状態です。当社は「仕訳なし」となり、銀行勘定調整表の銀行残高を減算します。

3. 未取立小切手

銀行が小切手の取り立てを行っていない状態を未取立小切手といいます。本来ならば取り立てが終わっており当座預金が増えているはずなのに、取り立てが行われていないため当座預金が増えていないという状態です。当社は「仕訳なし」となり、銀行勘定調整表の銀行残高を加算します。

4. 通信費未通知

通信費が当座預金口座から引き落とされていた通知が当社に未達であったので、仕訳を書きます。
通信費 8,000 ／ 当座預金 8,000
当社の当座預金が減りますので、銀行勘定調整表の当社残高を

減算します。

5．入金連絡未通知

受取手形が決済された通知が当社に未達であったので、仕訳を書きます。

当座預金　25,000 ／ 受取手形　25,000

当社の当座預金が増えますので、銀行勘定調整表の当社残高を加算します。

6．時間外預入

銀行の処理のタイミングがずれているだけなので、当社は「仕訳なし」となり、銀行勘定調整表の銀行残高を加算します。

解答 01

銀行勘定調整表

摘要	金額	摘要	金額
当社の当座預金出納帳残高	（¥ **369,000**）	銀行の残高証明書残高	（¥ **404,000**）
(加算)		(加算)	
（**未渡小切手**）	（**21,000**）	（**未取立小切手**）	（**19,000**）
（**入金連絡未通知**）	（**25,000**）	（**時間外預入**）	（**14,000**）
（　）	（　）	（　）	（　）
(減算)		(減算)	
（**通信費未通知**）	（**8,000**）	（**未取付小切手**）	（**30,000**）
（　）	（　）	（　）	（　）
（　）	（　）	（　）	（　）
	（¥ **407,000**）		（¥ **407,000**）

期末修正仕訳

	借方科目	金額	貸方科目	金額
1	**当座預金**	**21,000**	**未払金**	**21,000**
2	**仕訳なし**			
3	**仕訳なし**			
4	**通信費**	**8,000**	**当座預金**	**8,000**
5	**当座預金**	**25,000**	**受取手形**	**25,000**
6	**仕訳なし**			

Chapter 2 問題 02

あまり出ない

答案用紙 P8

解答 P092

目標タイム 30分

商品売買の勘定記入

次の商品売買に係る一連の取引について、下記の［資料］にもとづいて、各問に答えなさい。なお、下記1～5に留意すること。

1．当社は、売上収益を認識する基準として出荷基準を、払出単価の決定方法として先入先出法を採用している。
2．当社は、商品売買の記帳に関して、「販売のつど売上原価勘定に振り替える方法」を採用している。
3．当社は、毎月末に実地棚卸を行って棚卸減耗損および商品評価損を把握している。棚卸減耗損および商品評価損はいずれも売上原価に算入する。
4．下記の［資料］以外に商品売買に関連する取引は一切存在しない。
5．月次決算を行うにあたり、便宜上、各勘定を英米式決算法にもとづき締め切っている。

［資料］当期4月の取引

4月1日	前期繰越	A商品　数量1,000個@￥2,000 B商品　数量800個@￥1,500
3日	仕入	仕入先北海道商店よりA商品を@￥2,300にて900個、B商品を@￥1,300にて400個仕入れた。代金は手許にあった他社振出しの約束手形￥1,200,000を譲渡し残額は掛けとした。
8日	売上	得意先沖縄商事にA商品を￥3,600,000（@￥4,500で800個）とB商品を￥3,360,000（@￥2,800で1,200個）で販売し、送料￥8,000を加えた合計額を掛けとした。また、同時に運送業者へ商品を引き渡し、送料￥8,000は現金で支払った。

10日	売上の検収	8日に発送した商品が検収された結果、沖縄商事から商品に問題がなかったことの連絡を受けた。
12日	売掛金回収	売掛金￥1,200,000の回収に関して、電子債権記録機関から取引銀行を通じて債権の発生記録の通知を受けた。
14日	仕入	仕入先東北商店よりA商品を@￥2,200にて400個、B商品を@￥1,700にて900個仕入れ、代金のうち￥900,000は前期に支払っていた手付金を充当し、残額を掛けとした。
15日	仕入返品 仕入	14日に仕入れた商品につき、B商品200個を東北商店に返品し、A商品200個を@￥2,200にて仕入れた。代金については掛け代金で調整した。
20日	売上	得意先九州商事にA商品を￥6,000,000（@￥5,000で1,200個）とB商品を￥900,000（@￥3,000で300個）で販売する契約を締結するとともに、A商品を引き渡した。なお、代金はB商品を引き渡した後に請求する契約となっており、￥900,000についてはまだ顧客との契約から生じた債権となっていない。また、A商品の引き渡しとB商品の引き渡しは、それぞれ独立した履行義務として識別する。
25日	売上	得意先九州商事にB商品を引き渡した。同時に、A商品とB商品の代金の請求書を渡した。
26日	売掛金回収	売掛金￥6,000,000を回収し、当社の当座預金口座に振り込まれた。
28日	手付金の 受領	得意先四国商事にA商品を￥2,500,000（@￥5,000で500個）で販売する契約を締結するとともに、手付金として￥500,000を現金で受け取った。
30日	月次決算	A商品の当月末の実地棚卸数量は500個、正味売却価額は@￥2,100であった。また、B商品の当月末の実地棚卸数量は350個、正味売却価額は@￥1,500であった。

問1　答案用紙の売掛金勘定および商品勘定の記入を示しなさい。

問2　①当月の売上高、②当月の売上原価の金額はそれぞれいくらになるか答えなさい。

解説 02

商品売買に関する総勘定元帳の問題です。量は多いですが、下書きに仕訳と商品有高帳（商品BOX）を書いて解けば正解できます。

ステップ1 下書きに仕訳と商品有高帳（商品BOX）を書きます。

4/3 商品 2,590,000 / 受取手形 1,200,000
　　　　　　　　　　 / 買掛金 1,390,000

4/8 6,960,000 + 8,000 = 6,968,000
売掛金 6,968,000 / 売上 6,968,000
売上原価 3,320,000 / 商品 3,320,000 ← 商品有高帳のA 1,600,000 + B 1,720,000
発送費 8,000 / 現金 8,000

4/12 電子記録債権 1,200,000 / 売掛金 1,200,000

4/14 @2,200 × 400 + @1,700 × 900 = 2,410,000
商品 2,410,000 / 前払金 900,000
　　　　　　　 / 買掛金 1,510,000

4/15 買掛金 340,000 / 商品 340,000
商品 440,000 / 買掛金 440,000

4/20 契約資産 6,000,000 / 売上 6,000,000
売上原価 2,690,000 / 商品 2,690,000 ← 商品有高帳のA 2,690,000

4/25 売掛金 6,900,000 / 売上 900,000
　　　　　　　　　　 / 契約資産 6,000,000
売上原価 510,000 / 商品 510,000 ← 商品有高帳のB 510,000

4/26 当座預金 6,000,000 / 売掛金 6,000,000

4/28 現金 500,000 / 契約負債 500,000

4/30 棚卸減耗損 85,000 / 商品 85,000 ← 商品有高帳のB 85,000
商品評価損 120,000 / 商品 120,000 ← 商品有高帳のA 50,000 + B 70,000
売上原価 85,000 / 棚卸減耗損 85,000
売上原価 120,000 / 商品評価損 120,000

A 先入先出法

借方	貸方	
前期繰越 1,000コ×@2,000 =2,000,000	4/8 800コ×@2,000 =1,600,000	1,600,000
4/3 900コ×@2,300 =2,070,000	4/20 200コ×@2,000 =400,000 900コ×@2,300 =2,070,000 100コ×@2,200 =220,000	2,690,000
4/14 400コ×@2,200 =880,000		
4/15 200コ×@2,200 =440,000	月末 300コ×@2,200 =660,000 200コ×@2,200 =440,000	棚減 0コ 商評 500コ×(2,200−2,100)=△50,000

B 先入先出法

借方	貸方	
前期繰越 800コ×@1,500 =1,200,000	4/8 800コ×@1,500 =1,200,000 400コ×@1,300 =520,000	1,720,000
4/3 400コ×@1,300 =520,000		
4/14 900コ×@1,700 =1,530,000	4/15(返品) 200コ×@1,700 =340,000	
	4/25 300コ×@1,700 =510,000	
	月末 400コ×@1,700 =680,000	棚減 50コ×1,700=△85,000 商評 350コ×(1,700−1,500) =△70,000

4月8日 問題文に「送料￥8,000を加えた合計額を掛けとした」と指示がありますので、売掛金は6,960,000 + 8,000 = 6,968,000を計上し、売上も同額計上します。収益認識基準の影響でこのような問題文の指示が与えられるようになります（売上諸掛は簿記3級の改定内容）。

4月15日 答案用紙の商品勘定の日付を見ると借方と貸方ともに「15」と記入されていますので、仕入返品と仕入の仕訳を別々に書くことがわかります。

4月20日 問題文に「代金はB商品を引き渡した後に請求する契約」と書いてありますので、20日の時点では「売掛金」を使うことができません。このため、B商品を引き渡すまでの間は「契約資産」を使って仕訳を行います。

4月25日 B商品の引き渡しが完了し、代金の請求書を渡したので、「売掛金」を使うことができるようになります。契約資産を取り崩して、売掛金を計上します。

4月28日 商品を販売する前に手付金を受け取った場合、簿記3級では「前受金」を使うと学習しました。簿記2級では収益認識基準が適用されたことにより、「契約負債」を使って仕訳をすることになります。なお、「前受金」を使っても間違いではありませんので、「契約負債」か「前受金」のどちらかで仕訳を書くと覚えておきましょう。

4月30日 商品勘定の日付を見ると「30」が記入された空欄が2行ありますので、棚卸減耗損と商品評価損の仕訳を別々に書くことがわかります。

ステップ2 下書きの仕訳から問1の総勘定元帳へ記入します。相手勘定が複数の場合、諸口を使うのは簿記3級で学習済みです。

ステップ3 下書きの仕訳から問2を計算します。

①当月の売上高

6,968,000（4月8日） + 6,000,000（4月20日） + 900,000（4月25日） = 13,868,000

②当月の売上原価

3,320,000（4月8日） + 2,690,000（4月20日） + 510,000（4月25日） + 85,000（4月30日） + 120,000（4月30日） = 6,725,000

解答 02

問1

総勘定元帳（抜すい）

売 掛 金　5

X1年		摘 要	借 方	X1年		摘 要	貸 方
4	1	前期繰越	2,600,000	4	**12**	**電子記録債権**	**1,200,000**
	8	**売上**	**6,968,000**		**26**	**当座預金**	**6,000,000**
	25	**諸口**	**6,900,000**		30	次月繰越	**9,268,000**
			16,468,000				**16,468,000**

商 品　8

X1年		摘 要	借 方	X1年		摘 要	貸 方
4	1	前期繰越	**3,200,000**	4	**8**	**売上原価**	**3,320,000**
	3	**諸口**	**2,590,000**		15	**買掛金**	**340,000**
	14	**諸口**	**2,410,000**		**20**	**売上原価**	**2,690,000**
	15	**買掛金**	**440,000**		**25**	**売上原価**	**510,000**
					30	**棚卸減耗損**	**85,000**
					30	**商品評価損**	**120,000**
					30	次月繰越	**1,575,000**
			8,640,000				**8,640,000**

問2

①	当月の売上高	¥	**13,868,000**
②	当月の売上原価	¥	**6,725,000**

Chapter 3

第2問対策
固定資産・有価証券

固定資産と有価証券は範囲が広く、出題形式も仕訳・勘定記入・総合問題とさまざまです。どのような問われ方をしても解答できるよう、しっかり学習しましょう。

Chapter 3 固定資産・有価証券のまとめ

固定資産と有価証券は、さまざまな形式で出題されます。Chapter3では総勘定元帳や固定資産管理台帳などの問題について練習しましょう。

学習のコツ：第2問（20点）でたまに出題されます。出題形式が一定でなく、複雑な内容もありますので、しっかり学習時間を確保することが必要です。

ポイント1

総勘定元帳と補助簿の問題が出題されることもあります。

総勘定元帳

総勘定元帳は書き方に特徴があるので、苦手な人は簿記3級を復習しましょう。

備　　品

年	月	日	摘　要	借　方	年	月	日	摘　要	貸　方
X1	4	1	前期繰越	1,240,000	X1	4	1	諸口	400,000
					X2	3	31	次期繰越	840,000
				1,240,000					1,240,000

補助簿

会社では帳簿の他に、固定資産管理台帳、有価証券管理台帳などの補助簿を用意して、仕訳には書かれない用途や数量などの情報を管理することがあります。

固定資産管理台帳　　X15年3月31日

取得年月日	用途	期末数量	耐用年数	取得原価
建物				
X1. 4. 1	本社建物	1	25年	6,000,000
備品				
X8. 4. 1	備品X	10	8年	750,000
X12. 4. 1	備品Y	5	6年	500,000

ポイント2

貸借対照表と損益計算書に表示する場所を覚えることも大切です。

貸借対照表

流動資産
　現金預金
　短期貸付金
　有価証券

固定資産
有形固定資産
　建物
　構築物
　車両
　備品
　土地
　リース資産
　建設仮勘定

無形固定資産
　特許権
　商標権
　のれん
　ソフトウェア
　ソフトウェア仮勘定

投資その他の資産
　投資有価証券
　関係会社株式
　長期貸付金

損益計算書

Ⅰ売上高
Ⅱ売上原価
　1.期首商品棚卸高
　2.当期商品仕入高
　　　合　計
　3.期末商品棚卸高
　　売上総利益
Ⅲ販売費及び一般管理費
　1.減価償却費
　2.のれん償却
　3.ソフトウェア償却
　　営業利益
Ⅳ営業外収益
　1.有価証券評価益
　2.有価証券利息
　3.受取配当金
Ⅴ営業外費用
　1.有価証券売却損
　　経常利益
Ⅵ特別利益
　1.固定資産売却益
　2.負ののれん発生益
Ⅶ特別損失
　1.投資有価証券売却損
　2.関係会社株式売却損
　3.固定資産除却損
　4.火災損失
　　税引前当期純利益
　　法人税、住民税及び事業税
　　当期純利益

Chapter 3 問題 01

とときどき出る | 答案用紙 P9 | 解答 P101 | 目標タイム 15分

固定資産の勘定記入

備品の取引にかかわる次の［資料］にもとづいて、下記の設問に答えなさい。なお、当社は減価償却の記帳を間接法で行っている。会計期間は1年（決算日は12月31日）であり、総勘定元帳は英米式決算法によって締め切っている。

［資料］

X1年1月1日

備品A（取得原価￥400,000、耐用年数5年、残存価額ゼロ、定額法により減価償却を行う）および備品B（取得原価￥640,000、耐用年数8年、償却率年25％の200％定率法により減価償却を行う）を現金で購入した。

X1年10月1日

備品C（取得原価￥200,000、残存価額ゼロ、見積総利用可能時間50,000時間の生産高比例法により減価償却を行う）を現金で購入した。

X1年12月31日

決算日につき備品A、備品B、備品Cの減価償却を行う。なお、当期における備品Cの利用時間は3,000時間であった。

X2年1月1日

備品Aを￥200,000で売却し、代金は現金で受け取った。

X2年12月31日

決算日につき備品B、備品Cの減価償却を行う。なお、当期における備品Cの利用時間は15,000時間であった。

X3年1月1日

備品Bを除却した。なお、備品Bの見積処分価額は￥90,000である。

問1　X1年度における備品の減価償却費の総額を答えなさい。

問2　X2年1月1日における備品Aの売却損の金額を答えなさい。

問3　X2年度における備品の減価償却費の総額を答えなさい。

問4　X2年度における備品勘定および備品減価償却累計額勘定への記入を完成しなさい。

問5　X3年1月1日における備品Bの除却損の金額を答えなさい。

問6　備品Bの取得時に国庫補助金￥140,000を受け取り、圧縮記帳を直接控除法で行っていた場合、X2年度における備品の減価償却費の総額がいくらになるか答えなさい。

解説 01

固定資産の減価償却と売却、除却に関する計算と総勘定元帳に記入する問題です。本問は決算日が12月31日なので注意しましょう。

問1

ステップ1 下書きを書きます。備品Bは200％定率法で、償却率は1÷8年×200％＝25％と計算することもできますが、本問では［資料］に与えられている償却率年25％を使います。

備品A　400,000÷5年＝80,000
備品B　640,000×25％＝160,000
備品C　200,000×3,000時間÷50,000時間＝12,000

ステップ2 X1年度における備品の減価償却費の総額は次のとおりです。
80,000＋160,000＋12,000＝252,000

問2

ステップ1 下書きを書きます。

X2.1.1　備品A

減価償却累計額　80,000	備品　400,000
現金　200,000	
固定資産売却損　120,000	

ステップ2 下書きより、売却損の金額は120,000です。

問3

ステップ1 下書きを書きます。

備品B　(640,000 − 160,000) × 25% = 120,000

備品C　200,000 × 15,000時間 ÷ 50,000時間 = 60,000

ステップ2 X2年度における備品の減価償却費の総額は次のとおりです。

120,000 + 60,000 = 180,000

問4

ステップ [資料] および問1から問3の計算結果より、備品勘定と備品減価償却累計額勘定を記入します。

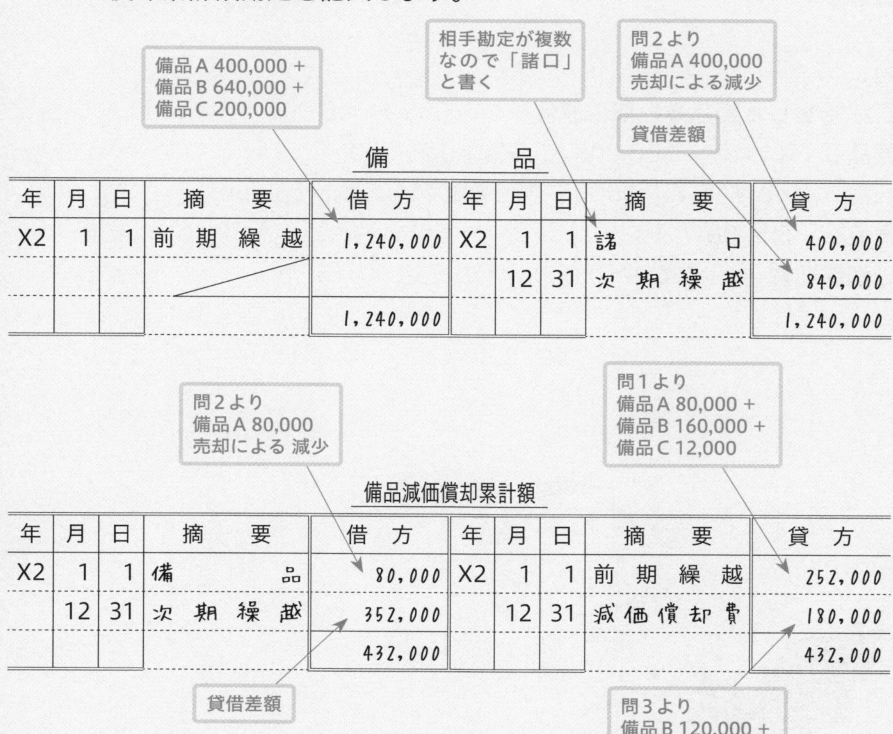

備　　品

年	月	日	摘　　要	借　方	年	月	日	摘　　要	貸　方
X2	1	1	前期繰越	1,240,000	X2	1	1	諸口	400,000
						12	31	次期繰越	840,000
				1,240,000					1,240,000

備品減価償却累計額

年	月	日	摘　　要	借　方	年	月	日	摘　　要	貸　方
X2	1	1	備品	80,000	X2	1	1	前期繰越	252,000
	12	31	次期繰越	352,000		12	31	減価償却費	180,000
				432,000					432,000

問5

ステップ1 下書きを書きます。

160,000＋120,000

減価償却累計額 280,000	備品 640,000
貯蔵品 90,000	
固定資産除却損 270,000	

差し引き

ステップ2 下書きより、除却損の金額は270,000です。

問6

圧縮記帳した備品Bの取得原価　640,000 − 140,000 = 500,000

備品B　X1年度　500,000 × 25% = 125,000

X2年度（500,000 − 125,000）× 25% = 93,750

備品C　60,000（問3より）

減価償却費　93,750 + 60,000 = 153,750

解答 01

問1　¥　**252,000**

問2　¥　**120,000**

問3　¥　**180,000**

問4

備　　品

年	月	日	摘　要	借　方	年	月	日	摘　要	貸　方
X2	1	1	前期繰越	**1,240,000**	X2	1	1	**諸　口**	**400,000**
						12	31	**次期繰越**	**840,000**
				1,240,000					**1,240,000**

備品減価償却累計額

年	月	日	摘　要	借　方	年	月	日	摘　要	貸　方
X2	1	1	**備　品**	**80,000**	X2	1	1	前期繰越	**252,000**
	12	31	**次期繰越**	**352,000**		12	31	**減価償却費**	**180,000**
				432,000					**432,000**

問5　¥　**270,000**

問6　¥　**153,750**

Chapter 3
問題 02

あまり出ない　答案用紙 P9　解答 P106　目標タイム 15分

リース取引

広島株式会社がリース取引によって調達している備品の状況は、以下のとおりである。

名称	リース開始日	リース期間	リース料支払日	年額リース料	見積現金購入価額
備品A	X1年 4月1日	5年	毎年 3月末日	2,000千円	8,800千円
備品B	X1年10月1日	4年	毎年 9月末日	3,600千円	13,200千円
備品C	X2年 1月1日	6年	毎年12月末日	3,000千円	16,200千円

備品Bにかかるリース取引はオペレーティング・リース取引である。また、備品Aと備品Cにかかるリース取引は、ファイナンス・リース取引と判定された。これらの備品の減価償却は、リース期間を耐用年数とし、残存価額をゼロとする定額法で行い、間接法で記帳する。

以上から、ファイナンス・リース取引の会計処理を（1）利子込み法で行った場合と、（2）利子抜き法で行った場合とに分けて、答案用紙に示すX1年度（X1年4月1日からX2年3月31日）の財務諸表上の各金額を求めなさい。ただし、利子抜き法による場合、利息の期間配分は定額法によって行い、未払いがある場合は未払利息勘定を使う。

解説 02

リースの総合問題です。まずは下書きに仕訳を書いて、必要な金額を計算しましょう。

ステップ1 オペレーティング・リースである備品Bは（1）でも（2）でも同じ仕訳です。リース料支払日が毎年9月末日なので当期に支払いは発生しませんが、リース開始日から決算日までに6か月が経過しているので、当期分の支払リース料を計上します。

備品B
支払リース料 1,800 ［1］ / 未払リース料 1,800

ステップ2 ファイナンス・リースである備品Aと備品Cについて、（1）利子込み法の場合の仕訳を書きます。利子込み法では、リース料の総額を取得原価とします。

(1) 利子込み法
備品A
(i) リース料総額 2,000×5年＝10,000
(ii) リース資産・リース債務 10,000
(iii) 1回分のリース料支払額
　リース債務 2,000
　支払利息 なし

リース開始日：リース資産 10,000 ［2］ / リース債務 10,000 ［3］
リース料支払日：リース債務 2,000 / 現金預金 2,000 ［4］
決算日：リース資産の減価償却 10,000÷5年＝2,000
　減価償却費 2,000 ［5］ / 減価償却累計額 2,000

備品C
(i) リース料総額 3,000×6年＝18,000
(ii) リース資産・リース債務 18,000

(iii) 1回分のリース料支払額
　リース債務 3,000
　支払利息 なし

リース開始日：リース資産 18,000 ⑥ / リース債務 18,000 ⑦
リース料支払日：当期の支払いはないので仕訳なし
決算日：リース資産の減価償却 18,000 ÷ 6年 × $\frac{3か月}{12か月}$ = 750
　減価償却費 750 ⑧ / 減価償却累計額 750

ステップ3 下書きより、利子込み法の解答は次のようになります。
（1）①リース資産　②10,000 + ⑥18,000 = 28,000
（1）②減価償却費　⑤2,000 + ⑧750 = 2,750
（1）③リース債務　③10,000 − ④2,000 + ⑦18,000 = 26,000
（1）⑤支払リース料　①1,800

ステップ4 ファイナンス・リースである備品Aと備品Cについて、（2）利子抜き法の場合の仕訳を書きます。利子抜き法では、見積現金購入価額を取得原価とします。リース料総額と見積現金購入価額との差額は利息相当額で、支払利息として計上します。

(2) 利子抜き法
備品A
(i) リース料総額 2,000 × 5年 = 10,000
(ii) リース資産・リース債務 8,800（見積現金購入価額）
(iii) 支払利息相当額 10,000 − 8,800 = 1,200
(iv) 1回分のリース料支払額
　リース債務 8,800 ÷ 5年 = 1,760
　支払利息 1,200 ÷ 5年 = 240

リース開始日：リース資産 8,800 ⑨ / リース債務 8,800 ⑩
リース料支払日：リース債務 1,760 ⑪ / 現金預金 2,000
　支払利息 240 ⑫
決算日：リース資産の減価償却 8,800 ÷ 5年 = 1,760

減価償却費 1,760 / 減価償却累計額 1,760 ⑬

支払利息の未払い

3月末支払いなので、未払いは発生しない。

備品C

(i) リース料総額　3,000 × 6回 = 18,000

(ii) リース資産・リース債務　16,200（見積現金購入価額）

(iii) 支払利息相当額　18,000 − 16,200 = 1,800

(iv) 1回分のリース料支払額

リース債務　16,200 ÷ 6年 = 2,700

支払利息　1,800 ÷ 6年 = 300

リース開始日：リース資産 16,200 ⑭ / リース債務 16,200 ⑮

リース料支払日：当期の支払いはないので仕訳なし

決算日：リース資産の減価償却　$16,200 \div 6年 \times \frac{3か月}{12か月} = 675$

⑯ 減価償却費 675 / 減価償却累計額 675

支払利息の未払い　$300 \times \frac{3か月}{12か月} = 75$

⑰ 支払利息 75 / 未払利息 75

〈備品Cのリース債務と支払利息について〉

リース債務は負債の勘定科目で、リース会社にお金を支払ったときに減額します。リース債務は未払金や借入金と同じ扱いで、お金を支払ったときに残高が減る勘定科目です。備品Cのリース料支払日が毎年12月末日なので、当期に支払いは発生しません。このため、当期は「仕訳なし」となります。

支払利息は費用の勘定科目で、時の経過とともに1か月分の利息、2か月分の利息と費用の金額が増えていくものです。リース取引に関する支払利息も借入金の支払利息と同じ扱いです。備品Cは当期のリース開始日X2年1月1日から決算日X2年3月31日までに3か月が経過しているので、3か月分の支払利息が発生しています。しかし、決算日において、リース取引に関する支払利息が未払いの

状況ですので、当期分の支払利息を計上し、未払利息を計上します。理解が難しいと感じる方は、備品Cのリース債務を「借入金」、支払利息は「借入金の支払利息」と置き換えて仕訳を見てみると理解しやすいです。

ステップ5 下書きより、利子抜き法の解答は次のようになります。

(2) ①リース資産　⑨8,800 + ⑭16,200 = 25,000
(2) ②減価償却費　⑬1,760 + ⑯675 = 2,435
(2) ③リース債務　⑩8,800 − ⑪1,760 + ⑮16,200 = 23,240
(2) ④支払利息　⑫240 + ⑰75 = 315
(2) ⑤支払リース料　①1,800

解答 02

（単位：千円）

	(1) 利子込み法	(2) 利子抜き法
①リース資産（取得原価）	**28,000**	**25,000**
②減価償却費	**2,750**	**2,435**
③リース債務	**26,000**	**23,240**
④支払利息	−	**315**
⑤支払リース料	**1,800**	**1,800**

Chapter 3
問題 03

ときどき出る　答案用紙 P10　解答 P113　目標タイム 25分

固定資産の総合問題

次の固定資産に関する取引（X29年4月1日からX30年3月31日までの会計期間）の［資料］にもとづいて、問1 ~問3に答えなさい。ただし、減価償却に係る記帳は直接法によることとし、決算にあたっては英米式決算法にもとづき締め切ること。日付は採点対象外であるので、記入しなくてもよい。

［資料］固定資産関連取引

取引日	摘　　要	内　　容
4月1日	前期繰越	建物（取得：X20年4月1日　取得価額：￥24,000,000　残存価額：ゼロ　耐用年数：40年　定額法）
同　上	リース取引開始	自動車のリース契約を締結し、ただちに引き渡しを受け、使用を開始した。 ・年間リース料：￥360,000（後払い） ・見積現金購入価額：￥1,600,000 ・リース期間：5年 ・減価償却：残存価額ゼロ　定額法 ・リース取引の会計処理：ファイナンス・リース取引に該当し、利子込み法を適用する。
5月20日	国庫補助金受入	機械装置の購入に先立ち、国から補助金￥2,000,000が交付され、同額が当社の普通預金口座に振り込まれた。
8月1日	機械装置購入	機械装置（残存価額：ゼロ　耐用年数5年　200%定率法）￥5,000,000を購入し、ただちに使用を開始した。代金のうち、￥800,000は現金で支払い、残額は小切手を振り出して支払った。
8月2日	圧縮記帳処理	上記機械装置に関し、5月20日に受け取った国庫補助金に係る圧縮記帳を直接控除方式にて行った。

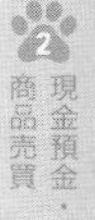

9月12日	修繕工事完了	建物の修繕工事が完了し、工事代金￥600,000は小切手を工事業社に振り出した。なお、前期末に修繕引当金￥550,000を設定している。
10月1日	土地購入	子会社（当社の持株割合60％）から土地（子会社の帳簿価額：￥6,000,000）を￥8,000,000で購入した。代金は後日2回に分けて支払うこととした。
12月1日	土地代金一部支払	上記の土地代金のうち￥4,000,000を子会社に小切手を振り出した。
3月31日	リース料支払	上記のリース取引につき、年間のリース料を普通預金口座から振り込んだ。
同　上	決算整理手続	決算に際して、固定資産の減価償却を行う。ただし、期中に取得した機械装置については月割計算にて減価償却費を算定すること。

問1　総勘定元帳における建物勘定、機械装置勘定およびリース資産勘定への記入を行いなさい。

問2　上記機械装置の会計上の耐用年数は5年であるが、税法上は8年である。そのため、税効果会計を適用した場合に必要となる仕訳を示しなさい。法人税、住民税および事業税の法定実効税率は30％である。なお、勘定科目は下記の中から最も適当と思われるものを選ぶこと。

問3　X30年3月期の連結財務諸表を作成するにあたり、親子会社間における土地の売買取引に係る連結修正仕訳を、(1) 未実現損益の消去と (2) 債権債務の相殺消去に分けて示しなさい。なお、勘定科目は次の中から最も適当と思われるものを選ぶこと。

土　地	未収入金	未払金
繰延税金資産	固定資産売却益	法人税等調整額
非支配株主持分	非支配株主に帰属する当期純利益	親会社株主に帰属する当期純利益

解説 03

固定資産の総合問題です。問1は勘定記入、問2は税効果会計の仕訳、問3は連結会計の仕訳を答える必要があります。幅広い出題ですが、問題の難易度は基本レベルです。減価償却の記帳は直接法である点に注意しましょう。

ステップ1 下書きに仕訳を書きます。建物、機械装置、リース資産の勘定科目には、下線を引いておくと集計が楽になります。

4月1日 建物勘定の前期繰越
建物の期首減価償却累計額相当額
24,000,000 ÷ 40年 × 9年 ＝ 5,400,000
建物の帳簿価額 24,000,000 − 5,400,000 ＝ 18,600,000 ❶

4月1日 リース取引（利子込み法）
リース料総額 360,000 × 5年 ＝ 1,800,000
❻ リース資産 1,800,000 ／ リース債務 1,800,000

5月20日 普通預金 2,000,000 ／ 国庫補助金受贈益 2,000,000

8月1日 ❸ 機械装置 5,000,000 ／ 現金 800,000
当座預金 4,200,000

❹

8月2日 固定資産圧縮損 2,000,000 ／ 機械装置 2,000,000

9月12日 修繕引当金 550,000 ／ 当座預金 600,000
修繕費 50,000

10月1日 土地 8,000,000 ／ 未払金 8,000,000

12月1日 未払金 4,000,000 ／ 当座預金 4,000,000

3月31日 リース債務 360,000 ／ 普通預金 360,000

3月31日 決算整理

建物 定額法 残0 耐40年

24,000,000÷40年＝600,000

減価償却費 600,000 / 建物 600,000 ❷

リース資産 定額法 残0 耐5年

1,800,000÷5年＝360,000

減価償却費 360,000 / リース資産 360,000 ❼

機械装置 200%定率法 耐5年

償却率 1÷5年×200%＝0.4

圧縮記帳後の取得原価

5,000,000−2,000,000＝3,000,000

$3,000,000 \times 0.4 \times \frac{8か月}{12か月} = 800,000$

減価償却費 800,000 / 機械装置 800,000 ❺

ステップ2 問1を記入します。下書きの❶〜❼の金額を書き写します。次期繰越は借方と貸方の差額で計算し、記入します。

総勘定元帳

建物

年	月	日	摘要	借方	年	月	日	摘要	貸方
29	4	1	前期繰越	❶ 18,600,000	30	3	31	減価償却費	❷ 600,000
						3	31	次期繰越	18,000,000
				18,600,000					18,600,000

機械装置

年	月	日	摘要	借方	年	月	日	摘要	貸方
29	8	1	諸口	❸ 5,000,000	29	8	2	固定資産圧縮損	❹ 2,000,000
					30	3	31	減価償却費	❺ 800,000
						3	31	次期繰越	2,200,000
				5,000,000					5,000,000

リース資産

年	月	日	摘要	借方	年	月	日	摘要	貸方
29	4	1	リース債務	❻ 1,800,000	30	3	31	減価償却費	❼ 360,000
						3	31	次期繰越	1,440,000
				1,800,000					1,800,000

ステップ3 問2の税効果会計の仕訳を書きます。

① 会計上の減価償却費 ❺ 800,000

② 税法上の減価償却費

償却率 $1 \div 8年 \times 200\% = 0.25$

$3{,}000{,}000 \times 0.25 \times \frac{8か月}{12か月} = 500{,}000$

③ 減価償却費の税効果会計

$(800{,}000 - 500{,}000) \times$ 実効税率 $30\% = 90{,}000$

繰延税金資産 90,000 / 法人税等調整額 90,000

ステップ4 問3の連結会計の連結修正仕訳を書きます。

(1) 未実現損益の消去

子会社から親会社に土地を売却しているため、アップストリームです。アップストリームの場合、土地の未実現利益の消去に加えて、非支配株主持分の調整をする必要があります。

(2) 債権債務の相殺消去

親会社は子会社に対する「未払金」のうち残高が残っているものについて、連結修正仕訳で相殺消去します。子会社は「未収入金」が相殺消去の対象です。

(1)

アップストリーム
土地を売却

親会社 ← 子会社

土地 8,000,000　　土地 6,000,000

固定資産売却益 8,000,000－6,000,000＝2,000,000

非支配株主持分の調整 2,000,000×40％＝800,000

非支配株主の持分割合
100％－60％＝40％

固定資産売却益 2,000,000／土地 2,000,000

非支配株主持分 800,000／非支配株主に帰属する当期純利益 800,000

(2) 未払金の残高 8,000,000－4,000,000＝4,000,000

未払金 4,000,000／未収入金 4,000,000

解答 03

問1

総勘定元帳

建物

年	月	日	摘要	借方	年	月	日	摘要	貸方
29	4	1	前期繰越	**18,600,000**	**30**	**3**	**31**	**減価償却費**	**600,000**
						3	**31**	**次期繰越**	**18,000,000**
				18,600,000					**18,600,000**

機械装置

年	月	日	摘要	借方	年	月	日	摘要	貸方
29	**8**	**1**	**諸口**	**5,000,000**	**29**	**8**	**2**	**固定資産圧縮損**	**2,000,000**
					30	**3**	**31**	**減価償却費**	**800,000**
						3	**31**	**次期繰越**	**2,200,000**
				5,000,000					**5,000,000**

リース資産

年	月	日	摘要	借方	年	月	日	摘要	貸方
29	**4**	**1**	**リース債務**	**1,800,000**	**30**	**3**	**31**	**減価償却費**	**360,000**
						3	**31**	**次期繰越**	**1,440,000**
				1,800,000					**1,800,000**

問2

借方科目	金額	貸方科目	金額
繰延税金資産	**90,000**	**法人税等調整額**	**90,000**

問3（1）未実現損益の消去

借方科目	金額	貸方科目	金額
固定資産売却益	**2,000,000**	**土地**	**2,000,000**
非支配株主持分	**800,000**	**非支配株主に帰属する当期純利益**	**800,000**

（2）債権債務の相殺消去

借方科目	金額	貸方科目	金額
未払金	**4,000,000**	**未収入金**	**4,000,000**

Chapter 3 問題 04

ときどき出る　答案用紙 P11　解答 P124　目標タイム 15分

有価証券の総合問題

有価証券の取引にかかわる次の［資料］にもとづいて、問1、問2に答えなさい。なお、利息は便宜上すべて月割で計算し、総勘定元帳は英米式決算法によって締め切るものとする。また、売買目的有価証券は分記法で記帳する。会計期間はX1年4月1日からX2年3月31日までの1年間である。

［資料］X1年度における有価証券の取引

4月1日　当社は期首時点で有価証券を保有していない。

5月1日　売買目的で額面総額￥600,000の国債（利率は年0.4%、利払いは9月末と3月末の年2回、償還日はX6年3月31日）を額面@￥100につき@￥98.00で購入し、代金は1か月分の端数利息とともに小切手を振り出して支払った。

7月1日　満期保有目的で額面総額￥1,200,000のA社社債（利率は年0.6%、利払いは6月末の年1回、償還日はX6年6月30日）を額面@￥100につき@￥98.50で購入し、代金は小切手を振り出して支払った。なお、額面金額と取得価額の差額は金利の調整の性格を有すると認められる。

9月30日　売買目的で保有する国債の利払日となり、6か月分の利息が当座預金の口座に振り込まれた。

1月1日　売買目的で保有する国債のうち、額面総額￥200,000分を額面@￥100につき@￥98.60で売却し、代金は3か月分の端数利息とともに受け取り、当座預金の口座に預け入れた。

3月31日　売買目的で保有する国債の利払日となり、6か月分の利息が当座預金の口座に振り込まれた。また、決算にあたり、次の決算整理を行う。

（1）売買目的で保有する国債の決算日における時価は、額面@￥100につき@￥98.80である。時価への評価替えを行う。

(2) 満期保有目的で保有するA社社債について、当期分の利息を計上する(経過勘定は未収有価証券利息を使う)とともに、償却原価法(定額法)で評価する。

問1 答案用紙の売買目的有価証券勘定、満期保有目的債券勘定および有価証券利息勘定へ記入しなさい。

問2 当期の有価証券売却損益について、答案用紙の(　　)に「損」または「益」の語句を記入するとともに、金額を答えなさい。

解説 04

有価証券の総合問題です。資料は多いですが、すべて学習済みの内容なので1つずつ落ち着いて仕訳を書きましょう。

Chapter3-03の固定資産の勘定記入では「前期繰越」が答案用紙に印字してあったので解きやすかったですが、本問のように自分で記入する問題もあります。簿記3級の復習にはなりますが、勘定への記入もできるように学習しましょう。

ステップ1 ［資料］を見ながら下書きに仕訳を書きます。

5月1日
600,000 × @¥98.00 ÷ @¥100 = 588,000
600,000 × 0.4% × 1か月 ÷ 12か月 = 200
売買目的有価証券 588,000 / 当座預金 588,200
有価証券利息 200

7月1日
1,200,000 × @¥98.50 ÷ @¥100 = 1,182,000
満期保有目的債券 1,182,000 / 当座預金 1,182,000

9月30日
600,000 × 0.4% × 6か月 ÷ 12か月 = 1,200
当座預金 1,200 / 有価証券利息 1,200

1月1日
588,000 × 200,000 ÷ 600,000 = 196,000 （帳簿価額）
200,000 × @¥98.60 ÷ @¥100 = 197,200 （売却額）
200,000 × 0.4% × 3か月 ÷ 12か月 = 200 （端数利息）
197,200 + 200 = 197,400
197,400 − 196,000 − 200 = 1,200 （売却益）

当座預金 197,400 | 売買目的有価証券 196,000
有価証券利息 200
有価証券売却益 1,200

3月31日
600,000－200,000＝400,000
1月1日の売却後に残っている国債の額面総額
400,000×0.4%×6か月÷12か月＝800
当座預金 800 / 有価証券利息 800

3月31日 (1) 時価評価
588,000－196,000＝392,000
売却後に残っている国債の帳簿価額
400,000×@¥98.80÷@¥100＝395,200
392,000 ─(+3,200)→ 395,200
売買目的有価証券 3,200 / 有価証券評価益 3,200

3月31日 (2)
利息
1,200,000×0.6%×9か月÷12か月＝5,400
未収有価証券利息 5,400 / 有価証券利息 5,400
償却原価法
1,200,000－1,182,000＝18,000
5年×12か月＝60か月
18,000×9か月÷60か月＝2,700
満期保有目的債券 2,700 / 有価証券利息 2,700

5月1日

購入した売買目的有価証券は、額面総額ではなく支払った金額（取得価額）で仕訳します。本問では588,000となります。
1か月分の端数利息も支払ったということで、端数利息を計算します。1年で600,000 × 0.4% = 2,400なので1か月分の端数利息の金額は次のように計算します。
600,000 × 0.4% × 1か月 ÷ 12か月 = 200
有価証券利息を左に書き、当座預金を右に書くことで端数利息を支払った仕訳は書くことができます。試験のときには「有価証券利息は売買目的有価証券と同じ側に書く」と覚えておけば速く解くことができますが、なぜ有価証券利息を左に書くのか説明します。
この端数利息は前回の利払日翌日X1年4月1日から購入したX1年5月1日までの1か月間の利息です。国債は国が発行しており、国は、利払日時点で国債を持っている者に対して6か月分の利息を支払います。したがって当社としては次の利払日X1年9月30日に6か月分（X1年4月1日からX1年9月30日の6か月）の利息を国から受け取ることができます。しかしX1年4月1日からX1年5月1日までの1か月間は、当社が国債を持っていた期間ではありません。有価証券利息は収益の勘定科目でホームポジション右側なので、X1年9月30日に6か月分を右に書き、X1年5月1日に1か月分を左に書くことで、当社が持っていたX1年5月1日からX1年9月30日の5か月分だけ有価証券利息が計上できるのです。

7月1日

購入した満期保有目的債券は、額面総額ではなく支払った金額（取得価額）で仕訳します。本問では1,182,000となります。
ちょうど利払日の翌日にA社社債を購入したので、端数利息はありません。

9月30日

上記5月1日で説明したように、国は、利払日時点で国債を持っている者に対して6か月分の利息を支払います。9月30日に国債を持っているのは当社なので、当社は6か月分の有価証券利息を受け取ります。

1月1日

国債600,000のうち200,000を売却しました。売買目的有価証券の帳簿価額は588,000なので、帳簿価額でいうと588,000×200,000÷600,000＝196,000を売却したことになります。売買目的有価証券が減るので、右に196,000と書きます。
端数利息は3か月分で、売却した額面200,000についてのみ受け取るので200,000×0.4％×3か月÷12か月＝200です。この端数利息は前回の利払日翌日X1年10月1日から本日X2年1月1日までの3か月間、当社が国債を持っていたことにより受け取ることができる利息です。右に有価証券利息200と書きます。利払日ではないので国から受け取るのではなく、国債を売却した相手から受け取ることになります。
売却代金は200,000×@￥98.60÷@￥100＝197,200、端数利息200とともに受け取ると書いてあるので197,200＋200＝197,400を当座預金に預け入れたことがわかります。左に当座預金197,400と書きます。
貸借差額が右側なので、収益である有価証券売却益を使います。

3月31日

3月31日は期末日ですが、ちょうど国債の利払日なので6か月分の利息を受け取る仕訳を書きます。この利息を受け取る仕訳は、たとえば3月1日利払日であっても3月20日利払日であっても、その日の取引に関する仕訳として書くので期中仕訳になります。(1) (2)は決算整理仕訳です。
また、売買目的有価証券のうち額面200,000については1月1日に売却しているので、3月31日利払日には国から額面400,000についてだけ、6か月分の利息を受け取ることになります。400,000×0.4％×6か月÷12か月＝800

3月31日　決算（1）

決算整理仕訳で売買目的有価証券の時価評価をします。
　帳簿価額　588,000－196,000＝392,000
　時価　400,000×@￥98.80÷@￥100＝395,200
帳簿価額より時価の方が高くなっているので、売買目的有価証券を増やします。左に売買目的有価証券3,200と書きます。時価評価により売買目的有価証券の価値が高くなっていることがわかったので相手勘定科目は有価証券評価益です。

3月31日　決算（2）

〈未収有価証券利息〉

簿記3級で学習した経過勘定の決算整理仕訳です。A社社債は利払日が6月末なので、当期に利息を受け取っていません。しかしX1年7月1日からX2年3月31日までの9か月間A社社債を持っていたので、9か月分の有価証券利息を計上します。1,200,000 × 0.6% × 9か月 ÷ 12か月 = 5,400なので右に有価証券利息5,400と書きます。実際にお金を受け取ったわけではないので相手勘定科目は資産の勘定科目である未収有価証券利息と書きます。未収収益と書く場合もありますが、本問では問題文に指示があるので未収有価証券利息という勘定科目を使います。

〈償却原価法〉

償却原価法の決算整理仕訳を書きます。帳簿価額1,182,000を償還日までの期間にわたって額面1,200,000に近づけます。A社社債を取得したX1年7月1日から償還日X6年6月30日までの期間は60か月です。そのうち当期は9か月持っていたので、9か月分だけ満期保有目的債券を増やします。左に満期保有目的債券2,700と書きます。相手勘定科目は有価証券利息です。

当期はA社社債を9か月しか持っていなかったので、全体を60か月とした方が計算しやすいですが、年で計算した方がわかりやすい方は次のように計算することもできます。

18,000 ÷ 5年 × 9か月 ÷ 12か月 = 2,700

ステップ2 問1について、売買目的有価証券と満期保有目的債券は資産の勘定科目なので開始記入と繰越記入が必要で、損益振替は不要です。

①開始記入

本問では「4月1日　当社は期首時点で有価証券を保有していない。」と書いてあるので、前期から引き継ぐ売買目的有価証券と満期保有目的債券の残高はなく、「前期繰越」を記入しません。

②仕訳の転記

下書きに書いた期中仕訳と決算整理仕訳を、売買目的有価証券勘定と満期保有目的債券勘定へ転記します。

売買目的有価証券

日付			摘要	借方	日付			摘要	貸方
X1	5	1	当座預金	588,000	X2	1	1	当座預金	196,000
X2	3	31	有価証券評価益	3,200					

満期保有目的債券

日付			摘要	借方	日付			摘要	貸方
X1	7	1	当座預金	1,182,000					
X2	3	31	有価証券利息	2,700					

③損益振替

売買目的有価証券と満期保有目的債券は資産の勘定科目なので、損益振替は不要です。

④繰越記入

売買目的有価証券と満期保有目的債券の残高を計算し「次期繰越」として記入します。

売買目的有価証券　588,000 + 3,200 − 196,000 = 395,200

満期保有目的債券　1,182,000 + 2,700 = 1,184,700

また、借方と貸方の合計欄を記入します。繰越記入のさいに翌期の「前期繰越」を書く場合もありますが、本問では合計欄の下に行がないので記入する必要はないとわかります。

売買目的有価証券

日付			摘要	借方	日付			摘要	貸方
X1	5	1	当座預金	588,000	X2	1	1	当座預金	196,000
X2	3	31	有価証券評価益	3,200	X2	3	31	次期繰越	395,200
				591,200					591,200

満期保有目的債券

日付			摘要	借方	日付			摘要	貸方
X1	7	1	当座預金	1,182,000	X2	3	31	次期繰越	1,184,700
X2	3	31	有価証券利息	2,700					
				1,184,700					1,184,700

ワンポイント

開始記入・繰越記入・損益振替

勘定科目は性質により5つに分類されますが、勘定記入においてその勘定科目が「収益・費用」であるか「資産・負債・純資産」であるかによって手続きが大きく異なります。

その勘定科目の前期末の残高を当期へ引き継ぐのが開始記入、当期末の残高を次期へ引き継ぐのが繰越記入です。資産・負債・純資産の勘定科目は前期末の残高を当期首へ、当期末の残高を次期首へ引き継ぐので、開始記入と繰越記入が必要です。収益・費用の勘定科目は期末の残高をすべて損益勘定へ振り替えてしまうので、決算整理仕訳が終わると残高は0になります。したがって、前期から引き継ぐ残高も、次期へ引き継ぐ残高もなく、開始記入と繰越記入は行いません。

当期1年間に発生した収益と費用の金額を損益という勘定科目に振り替え、損益勘定で利益の金額を計算し、利益の金額を繰越利益剰余金に振り替える仕訳が損益振替です。資産・負債・純資産の勘定科目は利益の計算に関係がないので損益振替を行いません。収益・費用の勘定科目は損益振替の仕訳が必要で、その仕訳について勘定記入を行います。

ステップ3 問1について、有価証券利息は収益の勘定科目なので開始記入と繰越記入は不要で、損益振替が必要です。

①開始記入

有価証券利息は収益の勘定科目なので、開始記入は不要です。

②仕訳の転記

下書きに書いた期中仕訳と決算整理仕訳を、有価証券利息勘定へ転記します。

有価証券利息

日	付		摘要	借方	日	付		摘要	貸方
X1	5	1	当座預金	200	X1	9	30	当座預金	1,200
					X2	1	1	当座預金	200
					X2	3	31	当座預金	800
					X2	3	31	未収有価証券利息	5,400
					X2	3	31	満期保有目的債券	2,700

③損益振替

有価証券利息は収益の勘定科目なので、損益振替の仕訳を書きます。有価証券利息の残高を計算します。右側に残高があるので左側に10,100と書いて有価証券利息の残高を0にして、損益勘定へ振り替えます。有価証券利息勘定への転記もします。

△200＋1,200＋200＋800＋5,400＋2,700＝10,100
有価証券利息 10,100 / 損益 10,100

④繰越記入

有価証券利息は収益の勘定科目なので、繰越記入は不要です。合計欄を記入します。

有価証券利息

日	付		摘要	借方	日	付		摘要	貸方
X1	5	1	当座預金	200	X1	9	30	当座預金	1,200
X2	3	31	損益	10,100	X2	1	1	当座預金	200
					X2	3	31	当座預金	800
					X2	3	31	未収有価証券利息	5,400
					X2	3	31	満期保有目的債券	2,700
				10,300					10,300

ステップ4 問2について、ステップ1の1月1日の仕訳を見て記入します。

解答 04

問1

売買目的有価証券

日付			摘要	借方	日付			摘要	貸方
X1	5	1	当座預金	588,000	X2	1	1	当座預金	196,000
X2	3	31	有価証券評価益	3,200	X2	3	31	次期繰越	395,200
				591,200					591,200

満期保有目的債券

日付			摘要	借方	日付			摘要	貸方
X1	7	1	当座預金	1,182,000	X2	3	31	次期繰越	1,184,700
X2	3	31	有価証券利息	2,700					
				1,184,700					1,184,700

有価証券利息

日付			摘要	借方	日付			摘要	貸方
X1	5	1	当座預金	200	X1	9	30	当座預金	1,200
X2	3	31	損益	10,100	X2	1	1	当座預金	200
					X2	3	31	当座預金	800
					X2	3	31	未収有価証券利息	5,400
					X2	3	31	満期保有目的債券	2,700
				10,300					10,300

問2　有価証券売却（**益**）　¥　**1,200**

Chapter 4

第3問対策
精算表・決算整理後残高試算表

試験でたまに出題される精算表と決算整理後残高試算表。
決算整理仕訳が書けるかどうかが問われます。
高得点を目指して頑張りましょう。

Chapter 4

精算表・決算整理後残高試算表のまとめ

問題文に決算整理前残高試算表が与えられ、決算整理事項から決算整理仕訳を行い、精算表や決算整理後残高試算表を作成する問題です。簿記3級の知識が問われることもありますので、得点が伸びない人は一度簿記3級の精算表・決算整理後残高試算表の復習をしてみましょう。

学習のコツ：第3問（20点）でたまに出題されます。簿記2級試験に合格するためには8～9割を得点できるレベルまで何度も演習が必要です。精算表・決算整理後残高試算表の書き方は簡単なので学習時間はそれほどかかりません。

決算整理仕訳のパターン

決算整理前に判明した未処理事項

①銀行勘定調整表
②期中の仕訳の修正（勘定の間違い、金額の誤り）、追加の仕訳

期末決算整理事項

①棚卸資産　棚卸減耗損、商品評価損
②貸倒引当金の繰り入れ
③売買目的有価証券の時価評価
④満期保有目的債券の償却原価法
⑤その他有価証券の時価評価
⑥有形固定資産の減価償却　定額法、200%定率法、生産高比例法
⑦リース資産の減価償却　定額法
⑧無形固定資産の償却　ソフトウェア、のれん、特許権、商標権
⑨外貨建て現金預金、債権、債務の換算
⑩その他の引当金の繰り入れ
⑪商品の延長保証（契約負債）の取り崩し
⑫経過勘定（未払費用、前払費用、未収収益、前受収益）
⑬消費税の確定
⑭税効果会計
⑮法人税等の確定

ワンポイント

日商簿記２級の試験では、計算用紙を使って計算や下書きを行い、そこで得られた仕訳や金額を答案用紙に書くことになります。本書の問題を解くさいにも、答案用紙とは別に、白紙やノートなどを用意して計算や下書きを書く練習をしてください。
試験でも計算用紙を使いますが、統一試験（紙の試験）とネット試験でもらえる計算用紙の形式が違うので、別々にご紹介します。

統一試験（紙の試験）

統一試験（紙の試験）では問題用紙、答案用紙、計算用紙が同じ冊子に綴じこまれており切り離すことができません。そこで、計算や下書きは問題用紙や答案用紙の余白部分や、計算用紙を広げた部分に書くと見やすいです。試験会場の机が狭く計算用紙を広げられない場合には、計算用紙を折って使うと省スペースになります。

ネット試験

ネット試験ではA4サイズの白紙を２枚もらえます。A4サイズの下書き用紙を半分に折って使うと、スペースを有効利用し、たくさん書くことができます。

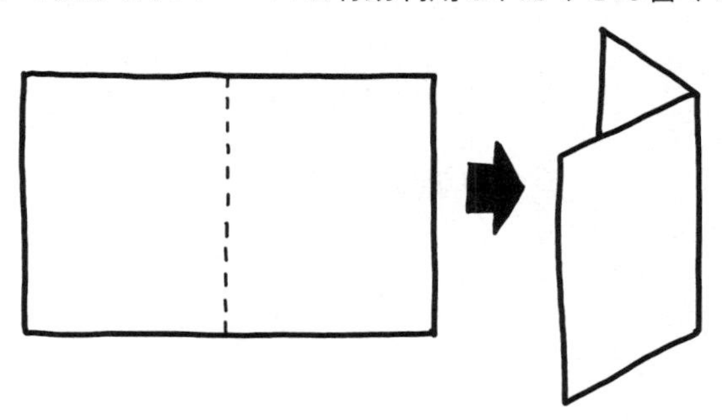

Chapter 4
問題 01

ときどき出る　答案用紙 P12　解答 P138　目標タイム 30分

決算整理後残高試算表

次に示した徳島株式会社の［資料Ⅰ］、［資料Ⅱ］および［資料Ⅲ］にもとづいて、問1、問2に答えなさい。なお、会計期間はX7年4月1日からX8年3月31日までの1年間である。

［資料Ⅰ］

決算整理前残高試算表
X8年3月31日
（単位：円）

借　方	勘定科目	貸　方
6,318,000	現金預金	
760,000	売掛金	
810,000	繰越商品	
13,200,000	建物	
4,400,000	備品	
2,800,000	土地	
240,000	特許権	
1,976,000	満期保有目的債券	
	買掛金	460,000
	貸倒引当金	6,800
	短期借入金	1,000,000
	建物減価償却累計額	3,520,000
	備品減価償却累計額	800,000
	資本金	20,000,000
	繰越利益剰余金	2,281,200
	売上	18,920,000
	有価証券利息	20,000
11,405,000	仕入	
4,800,000	給料	
294,000	通信費	
5,000	支払利息	
47,008,000		47,008,000

［資料Ⅱ］未処理事項

1．商品¥80,000を掛けで販売し、先方による検収が3月中に完了していたが、未処理であった。なお、収益の認識は検収基準にもとづいている。

2．X8年3月28日に、土地の一部を売却していたが、未処理であった。当該土地の取得原価は¥1,200,000、売却額は¥1,500,000であり、代金は4月末に受け取る契約である。

［資料Ⅲ］決算整理事項

1．商品の期末棚卸高は次のとおりである。なお、未処理事項1については帳簿棚卸高および実地棚卸高から控除済みである。

帳簿棚卸高	数量	1,500個	原価	@¥600
実地棚卸高	数量	1,200個	時価	@¥900
		200個	時価	@¥400

2．売掛金残高の2%について、貸倒引当金を差額補充法により設定する。

3．有形固定資産の減価償却は次の要領で行う。

建物：定額法（耐用年数30年　残存価額ゼロ）

備品：200%定率法（耐用年数5年）

なお、備品のうち¥2,400,000は当期首に取得しており、耐用年数5年、200%定率法で償却を行っているが、税法で認められている耐用年数は8年であり、法定実効税率30%として税効果会計を適用する。

4．満期保有目的債券は、E社が発行する社債であり、X6年4月1日に¥100あたり¥98.5で取得したものである。額面総額と取得価額の差額は金利の調整と認められるため、償却原価法（定額法）を適用する。なお、クーポン利息は適正に処理している。

E社社債：額面金額¥2,000,000、年利率1.0%、利払日3月末
　　　　　償還日X11年3月31日

5．特許権は、X5年4月1日に取得したものであり、取得後8年間にわたって定額法で償却している。

6．短期借入金はX7年5月1日に返済日X8年4月末、年利率2.4%の条件で借り入れたものであり、決算にあたって利息の未払分を計上する。

7．次期の6月における従業員に対する賞与の支給に備え、当期の負担分を

¥60,000と見積もり、賞与引当金を計上する。

8．法人税等の当期の負担額は¥348,000である。

問1　答案用紙の決算整理後残高試算表を完成しなさい。

問2　当期純利益または当期純損失の金額を答えなさい。なお、当期純損失の場合は金額の頭に△を付すこと。

解説 01

決算整理後残高試算表を作成する問題です。簿記3級で学習した内容ですが簿記2級でも出題されますので、練習しておきましょう。

決算整理前残高試算表の金額に、未処理事項と決算整理事項で書いた仕訳を加減算すると決算整理後残高試算表の金額になります。

ステップ1 下書きに仕訳を書きます。

［資料Ⅱ］1．売上の未処理

「収益の認識は検収基準」なので、3月中に先方の検収が完了した時点で当社は売上の仕訳を書くべきでしたが、未処理であったので仕訳を書きます。

［資料Ⅱ］2．土地売却の未処理

X8年3月28日に土地売却の仕訳を書くべきでしたが、未処理であったので仕訳を書きます。代金は4月末に受け取るので「未収入金」を使います。土地の取得原価（帳簿価額）よりも売却額の方が高いので、差額は「土地売却益」となります。「固定資産売却益」という勘定科目を使うこともありますが、本問では答案用紙に「土地売却（　）」という欄があるので「土地売却益」を使うことがわかります。

［Ⅱ］1、売掛金 80,000 / 売上 80,000
　　2、未収入金 1,500,000 / 土地 1,200,000
　　　　　　　　　　　　　 / 土地売却益 300,000

［資料Ⅲ］1．棚卸商品の決算整理仕訳

棚卸減耗損と商品評価損の下書きを書きます。「未処理事項1については帳簿棚卸高および実地棚卸高から控除済み」なので、未処理事項1の仕訳は反映させなくてよいことがわかります。

仕訳の1行目の金額810,000は［資料Ⅰ］繰越商品の金額です。

帳簿棚卸数量1,500個より実地棚卸数量1,200個＋200個＝1,400個の方が少ないので、100個分は棚卸減耗損にします。

実地棚卸高のうち1,200個については、原価より時価が高い（仕入原価より販売価格が高いのは通常の状況）ので商品評価損は計上しません。200個については原価より時価が低いので商品評価損を計上します。

［資料Ⅲ］ 2．貸倒引当金の決算整理仕訳

計算において［資料Ⅱ］1．で書いた仕訳を反映させるのを忘れないようにしましょう。

［Ⅲ］1、帳簿
1,500コ×@600
＝900,000

- 棚卸減耗損 100コ×@600 ＝60,000
- 商品評価損 200コ×(@600−@400) ＝40,000
- 通常 1,200コ

仕入 810,000 / 繰越商品 810,000
繰越商品 900,000 / 仕入 900,000
棚卸減耗損 60,000 / 繰越商品 60,000
商品評価損 40,000 / 繰越商品 40,000

2、売掛金 (760,000＋80,000)×2%＝16,800
貸倒引当金 6,800 ―＋10,000→ 16,800
貸倒引当金繰入 10,000 / 貸倒引当金 10,000

［資料Ⅲ］ 3．減価償却費の決算整理仕訳

〈減価償却費について〉

建物と備品について減価償却を行います。

備品は200%定率法ですが、償却率が書いていないので自分で計算します。200%定率法の償却率の計算式は「1÷耐用年数×200%」です。［資料Ⅰ］より備品の残高は4,400,000とわかりますが、そのうち2,400,000は当期首に取得しているので、下書きに「新」と書きます。「新」の備品減価償却累計額はゼロで、「新」は税効果会計を適用します。残り2,000,000は前期以前に取得しているので、下書きに「旧」と書きます。「旧」の備品減価償却累計額は［資料Ⅰ］の備品減価償却累計額800,000です。

〈税効果会計について〉

税法では耐用年数8年で計算するので、耐用年数8年の場合の償却率を計算し、税法の減価償却費を計算します。会計上の減価償却費960,000と税法上の減価償却費600,000の差額に法定実効税率30%をかけて、税効果会計の金額を計算します。減価償却費の税効果会計の仕訳では、繰延税金資産を借方（左側）に書き、反対側に法人税等調整額を書きます。

3、建物 13,200,000 ÷ 30年 = 440,000

備品 償却率 1 ÷ 5年 × 200% = 0.4

4,400,000 − 2,400,000 = 2,000,000

(旧) (2,000,000 − 800,000) × 0.4 = 480,000
(新) (2,400,000 − 0) × 0.4 × 12か月/12か月 = 960,000
} 1,440,000

減価償却費 1,880,000 / 建物減価償却累計額 440,000
　　　　　　　　　　　/ 備品減価償却累計額 1,440,000

[税効果] 償却率 1 ÷ 8年 × 200% = 0.25

(新) (2,400,000 − 0) × 0.25 × 12か月/12か月 = 600,000

(960,000 − 600,000) × 30% = 108,000

繰延税金資産 108,000 / 法人税等調整額 108,000

[資料Ⅲ] 4．満期保有目的債券の決算整理仕訳

問題文に指示があるので、満期保有目的債券について償却原価法の仕訳を書きます。償却原価法で計上される利息はクーポン利息ではない点に注意が必要です。

クーポン利息とは、有価証券を保有していることで受け取ることができる利息のことで、本問では年利率1.0%の利息がクーポン利息です。3月末の有価証券利息の受け取りは期中取引として仕訳済みで、決算整理前残高試算表に有価証券利息2,000,000 × 1.0% = 20,000が計上されており、決算整理仕訳は不要です。

［資料Ⅲ］ 5．特許権の決算整理仕訳

特許権は無形固定資産です。建物などの有形固定資産と違い、無形固定資産の償却は「残存価額ゼロ、計算方法は定額法のみ、仕訳の書き方は直接法のみ」で行います。

仕訳の書き方が直接法のみなので、減価償却累計額を使わず、資産である特許権を直接減額する方法で仕訳します。

特許権償却 ／ 特許権

本問では特許権をX5年4月1日に取得しているので、前期末まで2回この仕訳を書いた結果、［資料Ⅰ］特許権240,000となっているはずです。取得後8年間で償却と指示があるので、当期を含めて240,000を6年間で償却することになります。

4、 2,000,000 × 98.5 ÷ 100 = 1,970,000
(2,000,000 − 1,970,000) ÷ 5年 = 6,000

×6/4/1　×7/3/31　当期　×8/3/31　×9/3/31　×10/3/31　×11/3/31

1,970,000 +6,000　1,976,000 +6,000

満期保有目的債券 6,000 / 有価証券利息 6,000

5、 ×5 4/1　×6 3/31　×7 3/31　×8 3/31　×9 3/31　×10 3/31　×11 3/31　×12 3/31　×13 3/31

2年償却済

240,000 → 残り6年で償却

240,000 ÷ 6年 = 40,000

特許権償却 40,000 / 特許権 40,000

［資料Ⅲ］ 6．経過勘定（未払利息）の決算整理仕訳

利息が未払いということで、借入日X7年5月1日から当期末X8年3月31日までの11か月分の支払利息と未払利息を計上します。未払利息は未払費用という勘定科目を使うこともありますが、本問では答案用紙に「(　　) 利息」があるので、未払利息を使うことがわかります。

［資料Ⅲ］7．賞与引当金の決算整理仕訳

賞与引当金を60,000計上する仕訳を書きます。相手勘定科目は賞与引当金繰入です。

［資料Ⅲ］8．法人税等の決算整理仕訳

本問では与えられている法人税等の金額を使って仕訳を書きます。［資料Ⅰ］に仮払法人税等がないので、法人税の中間納付はなかったと判断できます。したがって相手勘定科目は全額、未払法人税等になります。

6、$1{,}000{,}000 \times 2.4\% \times \frac{11か月}{12か月} = 22{,}000$

支払利息 22,000 / 未払利息 22,000

7、賞与引当金繰入 60,000 / 賞与引当金 60,000

8、法人税等 348,000 / 未払法人税等 348,000

ステップ2 答案用紙に、決算整理前残高試算表の金額（欄外の黒字部分）とステップ1決算整理仕訳の金額（欄外の赤字部分）を書き込みます。決算整理前残高試算表や決算整理仕訳で借方（左側）にある金額は借方に、貸方（右側）にある金額は貸方に書くのがポイントです。

決算整理後残高試算表

X8年3月31日

（単位：円）

	借方	勘定科目	貸方	
6,318,000		現金預金		
760,000 + 80,000		売掛金		
810,000 + 900,000		繰越商品		+ 810,000 + 60,000 + 40,000
+ 1,500,000		（未収入金）		
13,200,000		建物		
4,400,000		備品		
2,800,000		土地		+ 1,200,000
240,000		特許権		+ 40,000
1,976,000 + 6,000		満期保有目的債券		
+ 108,000		（繰延税金資産）		
		買掛金		460,000
		未払法人税等		+ 348,000
		（未払）利息		+ 22,000
		貸倒引当金		6,800 + 10,000
		賞与引当金		+ 60,000
		短期借入金		1,000,000
		建物減価償却累計額		3,520,000 + 440,000
		備品減価償却累計額		800,000 + 1,440,000
		資本金		20,000,000
		繰越利益剰余金		2,281,200
		売上		18,920,000 + 80,000
		有価証券利息		20,000 + 6,000
		土地売却（益）		+ 300,000
11,405,000 + 810,000		仕入		+ 900,000
+ 60,000		棚卸減耗損		
+ 40,000		（商品評価損）		
4,800,000		給料		
+ 60,000		賞与引当金繰入		
+ 1,880,000		（減価償却費）		
+ 40,000		特許権償却		
+ 10,000		貸倒引当金繰入		
294,000		通信費		
5,000 + 22,000		支払利息		
+ 348,000		法人税等		
		法人税等調整額		+ 108,000

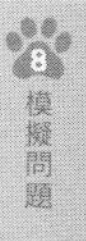

ステップ3 ステップ2の金額を集計し、答案用紙の決算整理後残高試算表に記入します。たとえば、売掛金、繰越商品、貸倒引当金、仕入は次のように計算します。

売掛金　760,000 + 80,000 = 840,000（借方）

繰越商品　810,000 + 900,000 − 810,000 − 60,000 − 40,000
= 800,000（借方）

貸倒引当金　6,800 + 10,000 = 16,800（貸方）

仕入　11,405,000 + 810,000 − 900,000 = 11,315,000（借方）

ステップ4 問2について、収益と費用の勘定科目を集計し、当期純利益または当期純損失を計算します。収益の金額が費用の金額より大きいので、差額は当期純利益となります。

❶収益　売上19,000,000 + 有価証券利息26,000 + 土地売却益300,000 = 19,326,000

❷費用　仕入11,315,000 + 棚卸減耗損60,000 + 商品評価損40,000 + 給料4,800,000 + 賞与引当金繰入60,000 + 減価償却費1,880,000 + 特許権償却40,000 + 貸倒引当金繰入10,000 + 通信費294,000 + 支払利息27,000 + 法人税等348,000 − 法人税等調整額※108,000 = 18,766,000

※法人税等調整額は貸方に残高があるため、法人税等からマイナスする。

❸当期純利益　収益19,326,000 − 費用18,766,000 = 560,000

解答 01

問1

決算整理後残高試算表
X8年3月31日　　　　　　　　　　　　（単位：円）

借方	勘定科目	貸方
6,318,000	現金預金	
840,000	売掛金	
800,000	繰越商品	
1,500,000	（**未収入金**）	
13,200,000	建物	
4,400,000	備品	
1,600,000	土地	
200,000	特許権	
1,982,000	満期保有目的債券	
108,000	（**繰延税金資産**）	
	買掛金	**460,000**
	未払法人税等	**348,000**
	（**未払**）利息	**22,000**
	貸倒引当金	**16,800**
	賞与引当金	**60,000**
	短期借入金	**1,000,000**
	建物減価償却累計額	**3,960,000**
	備品減価償却累計額	**2,240,000**
	資本金	**20,000,000**
	繰越利益剰余金	**2,281,200**
	売上	**19,000,000**
	有価証券利息	**26,000**
	土地売却（**益**）	**300,000**
11,315,000	仕入	
60,000	棚卸減耗損	
40,000	（**商品評価損**）	
4,800,000	給料	
60,000	賞与引当金繰入	
1,880,000	（**減価償却費**）	
40,000	特許権償却	
10,000	貸倒引当金繰入	
294,000	通信費	
27,000	支払利息	
348,000	法人税等	
	法人税等調整額	**108,000**
49,822,000		**49,822,000**

問2　（　　　**560,000**）円

Chapter 4
問題 02

ときどき出る　答案用紙 P13　解答 P146　目標タイム 30分

精算表

次の［決算整理事項等］にもとづいて、答案用紙の精算表を完成しなさい。なお、会計期間はX3年4月1日から翌年3月31日までの1年間である。

［決算整理事項等］

1．手形￥10,000を取引銀行で割り引き、割引料￥330を差し引いた手取額は当座預金としていたが、この取引は未記帳であった。

2．仕入先から「商品の注文が一定数量以上であったため、掛代金を￥2,500免除する」との連絡を受け、免除後の掛代金￥247,500について小切手を振り出して支払っていたが未処理であった。

3．ファイナンス・リース取引について、当期3月末に支払期日が到来したリース料￥600が当座預金口座から引き落とされていたが未処理であった。当該リース契約はX3年4月1日に契約したもので、リース期間は6年、リース料は年額￥600（毎年3月末に6回払い）の条件で締結されたものであり、利子込み法で処理している。

4．売掛金期末残高のうち、期中に外貨建て（ドル建て）で生じた売掛金（輸出時の為替相場：1ドル￥100）が￥18,000である。決算時の為替相場は1ドル￥106となっている。

5．売上債権について、貸倒引当金の設定を差額補充法により次のように行う。
得意先K社に対する売掛金￥5,500については、債権額から担保処分見込額￥3,500を控除した残額の50％の金額を貸倒引当金として設定することにした。その他の売上債権については、貸倒実績率2％として貸倒引当金を設定する。

6．商品の期末帳簿棚卸高は￥58,900、実地棚卸高は￥53,900であった。棚卸減耗損は、売上原価の内訳として表示する。

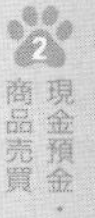

7．固定資産の減価償却は次のとおり行う。

建　物：定額法（耐用年数20年　残存価額ゼロ）

備　品：200％定率法（取得日X2年4月1日　耐用年数5年）

車　両：車両はリース資産（リース契約については［決算整理事項等］3.を参照）であり、リース期間を耐用年数とし、減価償却は定額法で行う。

8．売買目的有価証券の期末における時価は￥30,000、その他有価証券の期末における時価は￥71,000であった。

9．のれんはX1年4月1日に他企業を買収したさいに生じたものであり、10年間にわたって毎期均等額を償却しており、今期も同様に償却する。

10．退職給付引当金の当期繰入額は￥19,000であった。

精算表の作成問題です。外貨建て売上債権やリース資産など、幅広い内容が出題されています。復習して解けるようにしておきましょう。

ステップ1 下書きに仕訳を書きます。

1．受取手形の割り引きの未処理

「手形を割り引き」したので、「受取手形」が減ります。割引料は手形売却損を使います。残額は当座預金ですが、精算表の勘定科目は「現金預金」を使用しているため、現金預金（現金と預金口座を合算した勘定科目）を使います。

2．仕入割戻の未処理

問題文の「商品の注文が一定数量以上であったため、掛代金を￥2,500免除する」という文言より、仕入割戻とわかります。買掛金250,000のうち、仕入割戻2,500は「仕入」を減らし、残り247,500は当座預金で支払っているので、「現金預金」を減らします。

3．ファイナンス・リース取引（利子込み法）の支払いの未処理

ファイナンス・リース取引（利子込み法）のリース料の支払いが未処理の問題です。リース料を支払ったので「リース債務」を減らします。また当座預金が減ったので、「現金預金」を減らします。なお、利子込み法の場合、リース資産とリース債務の金額に利息の金額を含めて計上するため、「支払利息」という勘定科目は出てきません。

	借方	金額	貸方	金額
1.	現金預金	9,670	受取手形	10,000
	手形売却損	330		
2.	買掛金	250,000	仕入	2,500
			現金預金	247,500
3.	リース債務	600	現金預金	600

4．外貨建て売掛金の換算替え

決算日に外貨建て売掛金を持っている場合、決算日の為替相場で換算替えをします。

5．貸倒引当金の決算整理仕訳

まずはＫ社に対する売掛金を抜き出して個別評価を行い、残った売掛金と受取手形について一括評価を行います。個別評価1,000と一括評価28,000の合計29,000を貸倒引当金繰入に計上します。ステップ1の1．と4．で行われた受取手形や売掛金の修正を反映するのを忘れないようにしましょう。

6．棚卸商品の決算整理仕訳

繰越商品と仕入の決算整理仕訳を書きます。

問題文の「棚卸減耗損は売上原価の内訳として表示する」という指示より、

仕入　5,000 ／ 棚卸減耗損　5,000

という仕訳をして、仕入勘定に5,000加算します。なお、本問では精算表に売上原価勘定がないので、仕入勘定で売上原価を表示しています（忘れた人は簿記３級のテキストを復習しましょう）。

4. ¥18,000 ÷ 100円/ドル = 180ドル
180ドル × 106円/ドル = ¥19,080

18,000 —(+1,080)→ 19,080

売掛金 1,080 / 為替差損益 1,080 ← 為替差益でもよい

5. K社 (5,500 − 3,500) × 50% = 1,000
受取手形 (660,600 − 10,000) × 2% = 13,012
売掛金 (753,820 + 1,080 − 5,500) × 2% = 14,988
（合計）29,000

20,000 —(+9,000)→ 29,000

貸倒引当金繰入 9,000 / 貸倒引当金 9,000

6. 帳簿 58,900 —△5,000→ 実地 53,900

仕入 61,000 / 繰越商品 61,000

繰越商品 58,900 / 仕入 58,900

棚卸減耗損 5,000 / 繰越商品 5,000

仕入 5,000 / 棚卸減耗損 5,000

7．減価償却費の決算整理仕訳

〈備品〉

200％定率法で減価償却と書いてありますが、償却率が与えられていません。この場合には、自分で償却率を計算する必要があります。200％定率法の償却率は「1 ÷ 耐用年数 × 200％」で計算することができますので、本問では次のようになります。

1 ÷ 5年 × 200％ = 0.4

〈車両〉

減価償却費の決算整理仕訳を書きます。リース資産の減価償却は、リース期間を耐用年数、残存価額をゼロとして計算します。

8．有価証券の決算整理仕訳

売買目的有価証券、その他有価証券は決算日の時価で評価替えします。その他有価証券評価差額金は、貸借対照表に表示される点に注意が必要です。

9．のれん償却の決算整理仕訳

問題文の「のれんはX1年4月1日に生じたもので、10年間にわたって毎期均等額を償却している」との指示より、精算表の残高試算表欄にある「のれん」10,000はすでに2年間償却が行われた金額であることがわかります。残り8年で償却します。

10．退職給付費用の決算整理仕訳

退職給付引当金の相手勘定科目は「退職給付引当金繰入」ではなく「退職給付費用」である点に注意してください。

7、建物　定額　20年　残存0

5,000,000 ÷ 20年 = 250,000

備品　200%定率

償却率　1 ÷ 5年 × 200% = 0.4

(700,000 − 280,000) × 0.4 = 168,000

車両　定額　6年　残存0

3,600 ÷ 6年 = 600

減価償却費 418,600	建物累 250,000
	備品累 168,000
	リース資産累 600

8. 売買目的

32,000 —(△2,000)→ 30,000

有価証券評価損 2,000 / 売買目的有価証券 2,000

その他

75,000 —(△4,000)→ 71,000

その他有価証券評価差額金 4,000 / その他有価証券 4,000

9、X1.4.1　X2.4.1　X3.4.1　X4.3.31

X1.4.1〜X3.4.1：2年　当期

10,000　残り8年で償却

10,000 ÷ 8年 = 1,250

のれん償却 1,250 / のれん 1,250

10、退職給付費用 19,000 / 退職給付引当金 19,000

ステップ2 精算表の「修正記入」欄に下書きの仕訳金額を写します。

ステップ3 精算表の「貸借対照表」欄と「損益計算書」欄を記入します。

①現金預金と繰越商品と仕入は2行になっており、次のように計算します。

現金預金　549,480 + 9,670 − 247,500 − 600 = 311,050

繰越商品　61,000 + 58,900 − 61,000 − 5,000 = 53,900

仕入　2,686,000 + 61,000 + 5,000 − 2,500 − 58,900
　= 2,690,600

②収益と費用の差額がプラスなので、当期純利益となります。

収益　3,800,000 + 1,080 = 3,801,080

費用　2,690,600 + 457,000 + 330 + 9,000 + 418,600
　+ 2,000 + 1,250 + 19,000 = 3,597,780

当期純利益　収益3,801,080 − 費用3,597,780 = 203,300

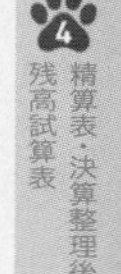

解答 02

精　算　表

(単位:円)

勘定科目	残高試算表		修正記入		損益計算書		貸借対照表	
	借方	貸方	借方	貸方	借方	貸方	借方	貸方
現金預金	549,480		9,670	247,500			311,050	
				600				
受取手形	660,600			10,000			650,600	
売掛金	753,820		1,080				754,900	
売買目的有価証券	32,000			2,000			30,000	
繰越商品	61,000		58,900	61,000			53,900	
				5,000				
建物	5,000,000						5,000,000	
備品	700,000						700,000	
リース資産	3,600						3,600	
のれん	10,000			1,250			8,750	
その他有価証券	75,000			4,000			71,000	
買掛金		829,400	250,000					579,400
貸倒引当金		20,000		9,000				29,000
リース債務		3,600	600					3,000
建物減価償却累計額		500,000		250,000				750,000
備品減価償却累計額		280,000		168,000				448,000
退職給付引当金		400,000		19,000				419,000
資本金		5,000,000						5,000,000
繰越利益剰余金		155,500						155,500
売上		3,800,000				3,800,000		
仕入	2,686,000		61,000	2,500	2,690,600			
			5,000	58,900				
給料	457,000				457,000			
合計	10,988,500	10,988,500						
手形（**売却損**）			330		330			
（**為替差損益**）				1,080		1,080		
貸倒引当金繰入			9,000		9,000			
棚卸減耗損			5,000	5,000				
減価償却費			418,600		418,600			
リース資産減価償却累計額				600				600
有価証券（**評価損**）			2,000		2,000			
その他有価証券評価差額金			4,000				4,000	
のれん（**償却**）			1,250		1,250			
退職給付費用			19,000		19,000			
当期純（**利益**）					203,300			203,300
合計			845,430	845,430	3,801,080	3,801,080	7,587,800	7,587,800

Chapter 5

第2問・第3問対策
財務諸表

損益計算書と貸借対照表の解き方は精算表と同じですが、
勘定科目名や表の形式が少し違うので、慣れておきましょう。
また、株主資本等変動計算書の書き方も練習しましょう。

財務諸表のまとめ

日商簿記２級で出題される財務諸表は、損益計算書、貸借対照表、株主資本等変動計算書の３つです。

よく出題されるのは問題文の決算整理事項から決算整理仕訳を行い、損益計算書と貸借対照表に記入させる問題です。精算表と同じように解きますが、表の形式と勘定科目名が若干異なります。簿記で最も重要な報告書です。

学習のコツ：損益計算書と貸借対照表は第３問（20点）でよく出題されます。答案用紙の形式が精算表と若干違うだけで難しくはありません。株主資本等変動計算書は第２問（20点）でよく出題されます。とても簡単ですので短時間で満点が取れます。

出題パターンは、問題文から決算整理仕訳を書いて、損益計算書と貸借対照表に記入させる問題です。答案用紙が損益計算書だけの場合や貸借対照表だけの場合もありますが、解き方は同じです。

ポイント１

損益計算書

損益計算書とは、当期の収益と費用の内訳を記載した報告書です。

①経費のほとんどは販売費及び一般管理費に記載されます。

②受取利息、有価証券利息、有価証券売却益、有価証券評価益は営業外収益に記載されます。固定資産売却益、投資有価証券売却益は特別利益に記載されます。

③支払利息、手形売却損、有価証券売却損、有価証券評価損は営業外費用に記載されます。固定資産売却損、投資有価証券売却損、火災損失は特別損失に記載されます。

④損益計算書の利益の名前（売上総利益、営業利益など）を答えさせる問題が出題されますので、場所と名称を覚えておきましょう。

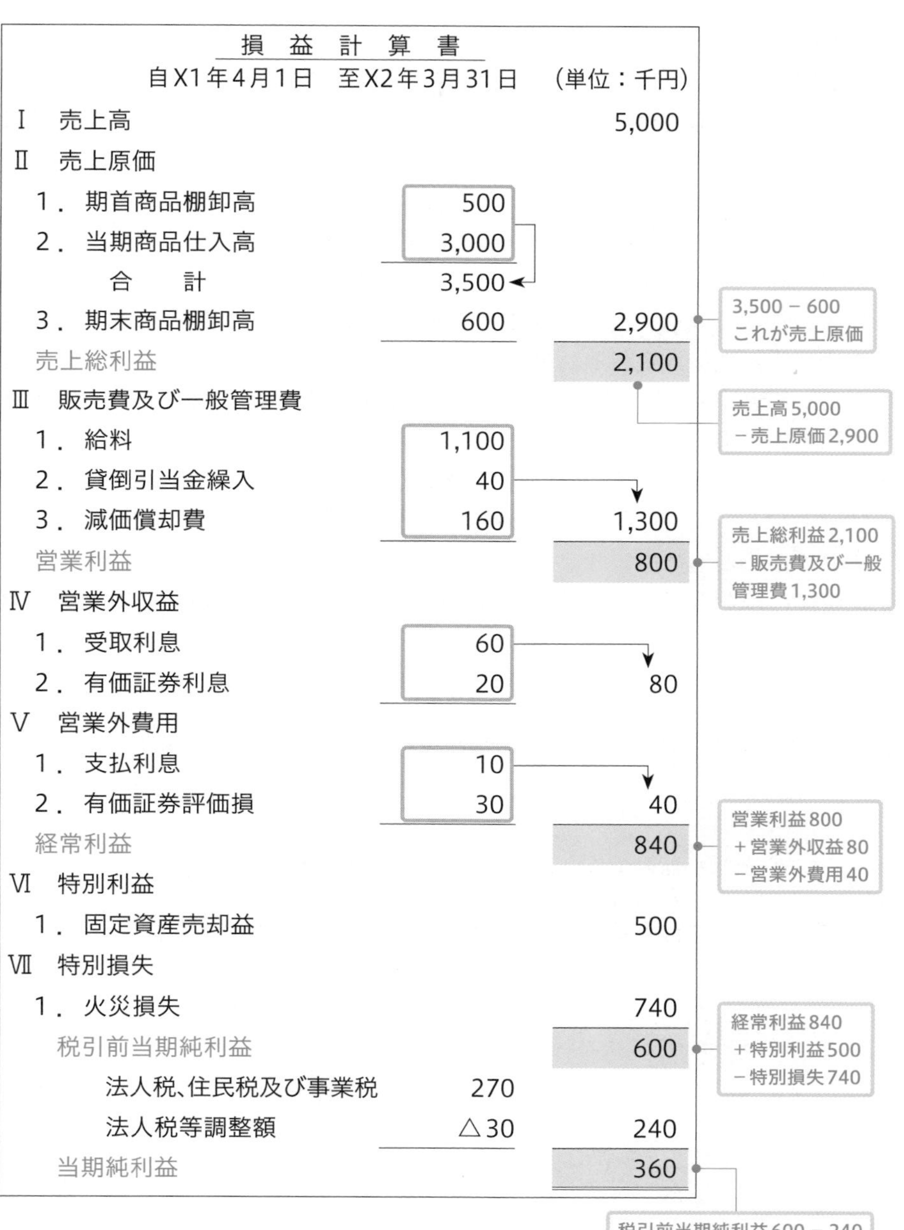

損益計算書

自X1年4月1日　至X2年3月31日　（単位：千円）

Ⅰ	売上高		5,000
Ⅱ	売上原価		
	1．期首商品棚卸高	500	
	2．当期商品仕入高	3,000	
	合　計	3,500	
	3．期末商品棚卸高	600	2,900
	売上総利益		2,100
Ⅲ	販売費及び一般管理費		
	1．給料	1,100	
	2．貸倒引当金繰入	40	
	3．減価償却費	160	1,300
	営業利益		800
Ⅳ	営業外収益		
	1．受取利息	60	
	2．有価証券利息	20	80
Ⅴ	営業外費用		
	1．支払利息	10	
	2．有価証券評価損	30	40
	経常利益		840
Ⅵ	特別利益		
	1．固定資産売却益		500
Ⅶ	特別損失		
	1．火災損失		740
	税引前当期純利益		600
	法人税、住民税及び事業税	270	
	法人税等調整額	△30	240
	当期純利益		360

ポイント2

貸借対照表

貸借対照表とは、当期末の資産、負債及び純資産の内訳を記載した報告書です。

①受取手形、売掛金、現金預金は必ず流動資産に記載されます。

②支払手形、買掛金は必ず流動負債に記載されます。

③有価証券、前払費用、貸付金、借入金などは1年基準で流動・固定に分けます。たとえば返済期日が期末日の翌日から1年以内（翌期に返済）の借入金は「短期借入金」として流動負債に記載し、返済期日が期末日の翌日から1年超（翌々期以降に返済）の借入金は「長期借入金」として固定負債に記載します。

④固定資産を有形固定資産（建物、備品、土地）、無形固定資産（のれん、ソフトウェア）、投資その他の資産（投資有価証券、長期貸付金）の3つに分けることもできます。

⑤純資産の部のⅡ評価・換算差額等には、その他有価証券評価差額金の金額を書きます。

損益計算書と貸借対照表の科目名も覚えなきゃダメなの？

最近の試験では、科目名や記載する場所が厳密に問われる傾向があるんだ。
科目名はもちろん、記載する場所もしっかり覚えようね

貸借対照表

X2年3月31日　　（単位：千円）

資産の部			負債の部		
Ⅰ　流動資産			Ⅰ　流動負債		
1．現金預金		6,970	1．支払手形		800
2．受取手形	1,000		2．買掛金		1,190
3．売掛金	2,000		3．短期借入金		2,600
貸倒引当金	△ 120	2,880	4．前受収益		10
4．有価証券		1,450	5．未払法人税等		240
5．商品		600	流動負債合計		4,840
6．前払費用		20	Ⅱ　固定負債		
流動資産合計		11,920	1．長期借入金		6,000
Ⅱ　固定資産			2．退職給付引当金		1,500
有形固定資産			固定負債合計		7,500
1．建物	4,000		負債合計		12,340
減価償却累計額	△2,800	1,200	純資産の部		
2．備品	1,000		Ⅰ　株主資本		
減価償却累計額	△ 600	400	1．資本金		3,000
3．土地		1,100	2．資本剰余金		
無形固定資産			(1) 資本準備金	1,000	
1．のれん		300	(2) その他資本剰余金	200	1,200
2．ソフトウェア		500	3．利益剰余金		
投資その他の資産			(1) 利益準備金	200	
1．投資有価証券		1,590	(2) 別途積立金	1,000	
2．関係会社株式		400	(3) 繰越利益剰余金	1,100	2,300
3．長期貸付金		1,500	株主資本合計		6,500
4．繰延税金資産		30	Ⅱ　評価・換算差額等		100
固定資産合計		7,020	純資産合計		6,600
資産合計		18,940	負債及び純資産合計		18,940

ポイント3

株主資本等変動計算書

株主資本等変動計算書とは、貸借対照表の「純資産の部」を切り取って、当期の増加と減少の内訳を記載した報告書です。株主資本等変動計算書には、株主資本、評価・換算差額等、新株予約権の増減内訳が記載されます。なお、評価・換算差額等は「その他有価証券評価差額金」のみが試験範囲で、それ以外の評価・換算差額等と新株予約権は日商簿記2級の範囲外です。

①当期首残高は前期末残高を記入します。
②当期変動額は純資産に関する仕訳の金額を記入します。
③合計を記入します。合計の金額がゼロの場合、「0」または「－」を記入します。
④当期末残高は当期の貸借対照表の各勘定科目の残高と一致します。

〈期中の取引〉

1．剰余金の配当

繰越利益剰余金	110	未払配当金	100
		利益準備金	10

※剰余金の配当には、その他資本剰余金を財源とする配当と繰越利益剰余金を財源とする配当の2種類があります。

2．別途積立金の積立て

繰越利益剰余金　20 ／ 別途積立金　20

3．新株の発行

当座預金	1,200	資本金	600
		資本準備金	600

4．吸収合併

当座預金	80	買掛金	40
仕入	210	借入金	155
売掛金	45	資本金	100
建物	200	資本準備金	300
のれん	60		

5．その他有価証券評価差額金

再振替仕訳　　その他有価証券評価差額金 30 ／ その他有価証券 30

決算整理仕訳　その他有価証券 100 ／ その他有価証券評価差額金 100

6．損益振替

損益　360 ／ 繰越利益剰余金　360

株主資本等変動計算書

自X1年4月1日　至X2年3月31日

（単位：千円）

	株主資本									その他有価証券評価差額金
	資本金	資本剰余金			利益剰余金				株主資本合計	
		資本準備金	その他資本剰余金	資本剰余金合計	利益準備金	その他利益剰余金		利益剰余金合計		
						別途積立金	繰越利益剰余金			
当期首残高	2,300	100	200	300	190	980	870	2,040	4,640	30
当期変動額										
剰余金の配当					10		△110	△100	△100	
別途積立金の積立て						20	△20	−	−	
新株の発行	600	600		600					1,200	
吸収合併	100	300		300					400	
当期純利益							360	360	360	
当期変動額合計	700	900	−	900	10	20	230	260	1,860	70
当期末残高	3,000	1,000	200	1,200	200	1,000	1,100	2,300	6,500	100

なお、「剰余金の配当」と「別途積立金の積立て」を合わせて、「剰余金の配当等」として記入する問題も出題されます。答案用紙の形式に従いましょう。

Chapter 5 問題 01

よく出る

答案用紙 P14　解答 P159　目標タイム 15分

株主資本等変動計算書

次の［資料］にもとづいて、答案用紙の株主資本等変動計算書を完成しなさい。金額が負の値のときは、金額の前に△を付して示すこと。なお、会計期間はX1年4月1日からX2年3月31日までの1年間である。

［資料］

1．前期の貸借対照表

貸　借　対　照　表

X1年3月31日　　（単位：千円）

資　産	金　額	負債・純資産	金　額
現金預金	19,800	買掛金	61,000
受取手形	63,000	資本金	240,000
売掛金	54,000	資本準備金	6,000
商品	6,200	その他資本剰余金	5,000
建物	100,000	利益準備金	3,000
備品	40,000	別途積立金	500
車両	50,000	繰越利益剰余金	26,500
投資有価証券	10,000	その他有価証券評価差額金	1,000
	343,000		343,000

なお、X1年3月31日現在の発行済株式総数は12,000株である。

2．X1年6月24日に開催された株主総会において、次の事項が承認された。

（1）1株につき￥200の配当金を株主に支払う。このうち1,000千円はその他資本剰余金を財源とし、残額は繰越利益剰余金を財源とする。

（2）株主への配当に伴い、会社法で規定する額の準備金を計上する。

（3）繰越利益剰余金を処分し、別途積立金300千円を積み立てる。

3．X1年12月5日に増資を行い、新株3,000株（1株の払込金額￥2,000）を発行した。払込金額は全額当座預金に預け入れた。なお、資本金は会社法で規定する最低額を計上した。

4．X2年2月1日に株式会社東西商会を吸収合併し、新たに当社の株式4,000株（時価@￥7,000）を同社の株主に交付した。同社から承継した諸資産（時価）は98,000千円、諸負債（時価）は72,000千円であった。なお、株式の交付に伴って増加する株主資本は、吸収合併契約書に記載のとおり、資本金10,000千円、資本準備金14,000千円、その他資本剰余金4,000千円とした。

5．投資有価証券はその他有価証券のみである。取得価額9,000千円、当期末の時価は11,500千円であり、決算整理にて再振替仕訳と決算整理仕訳を行った。

6．当期末に決算を行い、当期純利益3,600千円を計上した。

解説 01

株主資本等変動計算書の問題です。仕訳は第１問対策ですべて学習済みですので、ここでは株主資本等変動計算書の書き方をマスターしましょう。

ステップ 1 下書きに仕訳を書きます。千円単位に注意しましょう。

[資料]

2. 配当金の金額は@ 200 × 12,000 株 = 2,400 千円ですので、貸方に「未払配当金」を書きます。

／ 未払配当金　2,400

会社法で規定する額とは「準備金（資本準備金と利益準備金）の金額が資本金の４分の１になるまでは、配当金の10分の１を準備金に積み立てる」ということなので、次のように計算します。

a. 資本金 240,000 ÷ 4 −（資本準備金 6,000 + 利益準備金 3,000）= 51,000 千円

b. 配当金 2,400 ÷ 10 = 240 千円

a ＞ b なので、準備金を合計 240 千円積み立てます。その他資本剰余金を財源とする配当額は 1,000 千円であり、その 10 分の１である 100 千円を資本準備金に積み立てます。その他資本剰余金を（1,000 + 100）= 1,100 千円取り崩します。また、繰越利益剰余金を財源とする配当額は（2,400 − 1,000）= 1,400 千円であり、その 10 分の１である 140 千円を利益準備金に積み立てます。繰越利益剰余金を（1,400 + 140）= 1,540 千円取り崩します。P.153 の株主資本等変動計算書を見るとわかるように、その他資本剰余金と資本準備金は同じ「資本剰余金」のグループ、繰越利益剰余金と利益準備金は同じ「利益剰余金」のグループなので、特に指示がない場合は、財源と同じグループ内の準備金を積み立てます。

借方		貸方	
その他資本剰余金	1,100	未払配当金	2,400
繰越利益剰余金	1,540	資本準備金	100
		利益準備金	140

別途積立金を積み立てるので、貸方に「別途積立金」を書きます。繰越利益剰余金を取り崩すので、借方の繰越利益剰余金を（1,540 + 300）= 1,840 に書き換えます。

借方		貸方	
その他資本剰余金	1,100	未払配当金	2,400
繰越利益剰余金	1,840	資本準備金	100
		利益準備金	140
		別途積立金	300

3. 会社法で規定する最低額（最低限度額ということもあります）とは「払込金額の50%を資本金に計上し、残りは資本準備金に計上する」という意味です。また、払込金額は全額当座預金としたので、仕訳は次のようになります。

払込金額　@2,000 × 3,000株 = 6,000千円

借方		貸方	
当座預金	6,000	資本金	3,000
		資本準備金	3,000

4. 吸収合併（株式を渡す場合）の仕訳を書きます。当社の株式を発行し、「資本金10,000千円、資本準備金14,000千円、その他資本剰余金4,000千円とした」ので、貸方に書きます。次に株式会社東西商会の諸資産と諸負債を時価で計上します。

借方		貸方	
諸資産	98,000	諸負債	72,000
		資本金	10,000
		資本準備金	14,000
		その他資本剰余金	4,000

差額が借方なので、「のれん」と書きます。

借方		貸方	
諸資産	98,000	諸負債	72,000
のれん	2,000	資本金	10,000
		資本準備金	14,000
		その他資本剰余金	4,000

5. 決算整理にて再振替仕訳を行うと指示があるので、「その他有価証券評価差額金」を1,000→0千円まで取り崩します。貸方に「その他有価証券」を書きます。

その他有価証券評価差額金　1,000 ／ その他有価証券　1,000

決算整理仕訳を行うので、その他有価証券が9,000→11,500千円となるように、2,500千円増やします。借方に「その他有価証券」、貸方に「その他有価証券評価差額金」を書きます。

その他有価証券　2,500 ／ その他有価証券評価差額金　2,500

6. 当期純利益は損益勘定から繰越利益剰余金へ振り替えます。

損益　3,600 ／ 繰越利益剰余金　3,600

ステップ2 ［資料］1. の前期の貸借対照表の純資産の部分を見て、答案用紙の株主資本等変動計算書「当期首残高」の行を記入します。

貸　借　対　照　表

X1年3月31日　（単位：千円）

資　産	金　額	負債・純資産	金　額
現　金　預　金	19,800	買　掛　金	61,000
受　取　手　形	63,000	資　本　金	240,000
売　掛　金	54,000	資 本 準 備 金	6,000
商　品	6,200	その他資本剰余金	5,000
建　物	100,000	利 益 準 備 金	3,000
備　品	40,000	別 途 積 立 金	500
車　両	50,000	繰越利益剰余金	26,500
投 資 有 価 証 券	10,000	その他有価証券評価差額金	1,000
	343,000		343,000

株主資本等変動計算書

自X1年4月1日　至X2年3月31日　（単位：千円）

	株主資本									
		資本剰余金			利益剰余金					
						その他利益剰余金				
	資本金	資本準備金	その他資本剰余金	資本剰余金合計	利益準備金	別途積立金	繰越利益剰余金	利益剰余金合計	株主資本合計	その他有価証券評価差額金
当期首残高	240,000	6,000	5,000	11,000	3,000	500	26,500	30,000	281,000	1,000

ステップ3 仕訳の純資産にかかわる金額を答案用紙の株主資本等変動計算書「当期変動額」の行へ記入します。その他有価証券評価差額金は(2,500 − 1,000) = 1,500千円を当期変動額合計に記入します。

株主資本等変動計算書

自X1年4月1日　至X2年3月31日　（単位：千円）

	株主資本									
		資本剰余金			利益剰余金					
						その他利益剰余金				
	資本金	資本準備金	その他資本剰余金	資本剰余金合計	利益準備金	別途積立金	繰越利益剰余金	利益剰余金合計	株主資本合計	その他有価証券評価差額金
当期首残高	240,000	6,000	5,000	11,000	3,000	500	26,500	30,000	281,000	1,000
当期変動額										
剰余金の配当等		100	△1,100		140	300	△1,840			
新株の発行	3,000	3,000								
吸収合併	10,000	14,000	4,000							
当期純利益							3,600			
当期変動額合計										1,500
当期末残高										

ステップ4「資本剰余金合計」「利益剰余金合計」「当期変動額合計」を記入します。

資本剰余金合計＝資本準備金＋その他資本剰余金

利益剰余金合計＝利益準備金＋別途積立金＋繰越利益剰余金

当期変動額合計＝剰余金の配当等＋新株の発行＋吸収合併＋当期純利益

株主資本等変動計算書

自X1年4月1日　至X2年3月31日　(単位：千円)

	株主資本									その他有価証券評価差額金
	資本金	資本剰余金			利益剰余金				株主資本合計	
		資本準備金	その他資本剰余金	資本剰余金合計	利益準備金	その他利益剰余金		利益剰余金合計		
						別途積立金	繰越利益剰余金			
当期首残高	240,000	6,000	5,000	11,000	3,000	500	26,500	30,000	281,000	1,000
当期変動額										
剰余金の配当等		100	△1,100	△1,000	140	300	△1,840	△1,400		
新株の発行	3,000	3,000		3,000						
吸収合併	10,000	14,000	4,000	18,000						
当期純利益							3,600	3,600		
当期変動額合計	13,000	17,100	2,900	20,000	140	300	1,760	2,200		1,500
当期末残高										

ステップ5「当期末残高」「株主資本合計」を記入します。

当期末残高＝当期首残高＋当期変動額合計

株主資本合計＝資本金＋資本剰余金合計＋利益剰余金合計

解答 01

株主資本等変動計算書

自X1年4月1日　至X2年3月31日　(単位：千円)

	株主資本									その他有価証券評価差額金
	資本金	資本剰余金			利益剰余金				株主資本合計	
		資本準備金	その他資本剰余金	資本剰余金合計	利益準備金	その他利益剰余金		利益剰余金合計		
						別途積立金	繰越利益剰余金			
当期首残高	240,000	6,000	5,000	11,000	3,000	500	26,500	30,000	281,000	1,000
当期変動額										
剰余金の配当等		100	△1,100	△1,000	140	300	△1,840	△1,400	△2,400	
新株の発行	3,000	3,000		3,000					6,000	
吸収合併	10,000	14,000	4,000	18,000					28,000	
当期純利益							3,600	3,600	3,600	
当期変動額合計	13,000	17,100	2,900	20,000	140	300	1,760	2,200	35,200	1,500
当期末残高	253,000	23,100	7,900	31,000	3,140	800	28,260	32,200	316,200	2,500

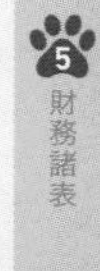

Chapter 5
問題 02

よく出る　答案用紙 P15　解答 P171　目標タイム 30分

損益計算書

次の［資料］にもとづいて、答案用紙の損益計算書を完成しなさい。会計期間はX3年3月31日を決算日とする1年間である。なお、税効果会計により法人税、住民税及び事業税から減算する場合には、金額の前に△を付けること。

［資料1］決算整理前残高試算表

決算整理前残高試算表

X3年3月31日　（単位：円）

借　方	勘定科目	貸　方
360,200	現金	
8,013,000	当座預金	
9,508,000	売掛金	
200,000	クレジット売掛金	
	貸倒引当金	57,000
227,000	売買目的有価証券	
510,000	繰越商品	
180,000	仮払法人税等	
4,800,000	建物	
	建物減価償却累計額	1,440,000
1,200,000	車両	
	車両減価償却累計額	270,000
270,000	リース資産	
135,000	ソフトウェア	
57,000	満期保有目的債券	
	買掛金	3,931,000
	リース債務	270,000
	退職給付引当金	560,000
	資本金	10,000,000
	繰越利益剰余金	7,155,450
	売上	56,980,000
	有価証券利息	2,400
43,120,000	仕入	
11,681,650	給料	
14,000	支払保険料	
390,000	火災損失	
80,665,850		80,665,850

[資料2] 決算整理事項その他

1. 売掛金のうち¥8,000は得意先が倒産したため回収不能であることが判明した。なお、¥5,000は前期から繰り越したものであり、残りの¥3,000は当期の売上取引から生じたものである。

2. ファイナンス・リース取引について、当期首にリース契約(リース期間3年間、リース料年額¥100,000、支払日毎年3月末、リース資産の見積現金購入価額¥270,000)を結んでおり、利子抜き法で処理していた。決算日にリース料の支払日が到来していたが、その支払いをしていなかった。

3. 商品の期末棚卸高は次のとおりである。なお、商品評価損と棚卸減耗損は売上原価に表示するが、棚卸減耗損のうち20%については原価性がないため、営業外費用に表示すること。

帳簿棚卸高	数量	500個	原価	@¥800	
実地棚卸高	数量	480個	うち	450個の正味売却価額	@¥900
				30個の正味売却価額	@¥700

4. 期末残高に対し、クレジット売掛金については0.5%、売掛金については1%を差額補充法により貸倒引当金を設定する。

5. 有形固定資産の減価償却は次の要領で行う。

建物:耐用年数は30年、残存価額ゼロとして、定額法で計算する。
車両:残存価額ゼロとして、生産高比例法で計算する。車両の総走行可能距離は400,000km、当期の走行距離は80,000kmであった。
リース資産:耐用年数はリース期間、残存価額ゼロとして、定額法で計算する。

6. ソフトウェアはX1年4月1日に取得しており、10年間の定額法で償却をしている。

7．次の有価証券について、決算整理を行う。

	帳簿価額	時　価	保有目的
A社株式	¥227,000	¥228,500	売　買　目　的
B社社債 ※	¥ 57,000	¥ 57,900	満期保有目的

※B社社債はX2年4月1日に購入し、額面金額¥60,000、1口あたりの額面は@¥100、年利率4%、利払日は年1回3月末、満期日はX6年3月末である。X3年3月31日のクーポン利息については計上済みである。なお、取得価額と額面金額との差額は金利の調整と認められるため、償却原価法（定額法）を適用する。

8．退職給付の見積もりを行った結果、当期の退職給付費用は¥90,000と見積もられた。

9．保険料はかねてより毎年同額を6月1日に向こう1年分をまとめて支払っている。未経過分の前払計上を月割計算にて行う。

10．法人税、住民税及び事業税について決算整理を行い、当期の納税額¥303,000を計上する。仮払法人税等¥180,000は中間納付にかかわるものである。なお、当期の費用計上額のうち¥10,000は、税務上の課税所得の計算にあたって損金算入が認められてないため、将来減算一時差異として税効果会計を適用する。法人税等の法定実効税率は30%である。

損益計算書の作成問題です。時間内に9割以上正解できるように練習しましょう。

ステップ1 下書きに仕訳を書きます。損益計算書は下書きの書き方が重要です。

[資料2] 決算整理事項その他

1. 貸倒れの未処理

前期以前の売掛金の貸倒れは貸倒引当金を取り崩します。一方、当期の売掛金には貸倒引当金を設定していませんので、貸倒損失として仕訳をします。

1. 貸倒引当金	5,000	売掛金	8,000
貸倒損失	3,000		

2. ファイナンス・リース取引（利子抜き法）の未払い

①リース債務は負債の勘定科目で、リース会社にお金を支払ったときに減額します。リース債務は未払金や借入金と同じ扱いで、お金を支払ったときに残高が減る勘定科目です。リース料支払日が毎年3月末日ですが、リース料の支払いを行っていないため、リース債務270,000は減らさずに、そのまま貸借対照表の負債に表示されます。

②利子抜き法の場合、リース資産とリース債務の金額に利息の金額を含めずに計上し、利息の金額は「支払利息」に計上します。支払利息は費用の勘定科目で、時の経過とともに1か月分の利息、2か月分の利息と費用の金額が増えていくものです。リース取引に関する支払利息も借入金の支払利息と同じ扱いです。当期のリース開始日である当期首X2年4月1日から決算日X3年3月31日までに1年が経過しているので、1年分の支払利息が発生しています。しかし、決算日において、リース取引に関する支払利息が未払いの状況ですので、当期分の支払利息を計上し、未払利息を計上します。

2、リース料総額 100,000×3年＝300,000
リース資産の見積購入価額 270,000
支払利息相当額 300,000－270,000＝30,000
1年あたりの支払利息 30,000÷3年＝10,000

① リース債務の支払い ⟶ X3年3月31日 に支払っていない
仕訳なし

② 支払利息の決算整理仕訳
支払利息 10,000 / 未払利息 10,000

3．棚卸商品の決算整理仕訳

棚卸減耗損と商品評価損の下書きを書きます。問題文に「棚卸減耗損のうち20％については原価性がないため、営業外費用に表示」と指示がありますので、棚卸減耗損の80％を損益計算書の売上原価に表示し、残り20％を損益計算書の営業外費用に表示します。なお、下書きのような決算整理仕訳（正確な仕訳）を書いてもよいですが、次のように簡略化して書くと効率的です。

棚卸減耗損（売上原価）	12,800	繰越商品	19,000
棚卸減耗損（営業外費用）	3,200		
商品評価損（売上原価）	3,000		

3、500コ×@800＝400,000
- 棚卸減耗損 20コ×@800＝16,000
  - 16,000×20％＝3,200 営業外
  - 16,000×80％＝12,800 売上原価
- 商品評価損 30コ×(@800－@700)＝3,000
- 通常 450コ

残高試算表「繰越商品」

仕入 510,000 / 繰越商品 510,000
繰越商品 400,000 / 仕入 400,000

帳簿棚卸高

棚卸減耗損 16,000 / 繰越商品 16,000
商品評価損 3,000 / 繰越商品 3,000

仕入 12,800 / 棚卸減耗損 12,800
仕入 3,000 / 商品評価損 3,000

4．貸倒引当金の決算整理仕訳

計算においてステップ1の1．貸倒れの未処理の仕訳を反映させるのを忘れないようにしましょう。

5．減価償却費の決算整理仕訳

建物、車両、リース資産について減価償却を行います。リース資産は見積現金購入価額を使って減価償却費の計算を行う点に注意が必要です。

6．ソフトウェア償却の決算整理仕訳

ソフトウェアの償却は直接法で行います。したがって決算整理前残高試算表のソフトウェア135,000は、X1年4月1日からX2年3月31日までの1年分償却が終わった後の金額であり、残り9年で償却を行います。

ワンポイント

建物、機械など形のある固定資産を有形固定資産、特許権、商標権、のれん、ソフトウェアなど形のない固定資産を無形固定資産といいます。有形固定資産と無形固定資産では償却計算に違いがあります。ソフトウェアは、問題文に特に指示がなくても無形固定資産の条件で計算・仕訳するので、注意しましょう。

	有形固定資産	無形固定資産
残存価額	有形固定資産ごとに異なるので指示に従う	0円
計算方法	定額法、定率法、生産高比例法	定額法のみ
仕訳の書き方	直接法、間接法	直接法のみ※

※直接法とは「減価償却累計額」という勘定科目を使わず、ソフトウェアなどの固定資産の勘定科目から償却額を直接減額する方法のこと。

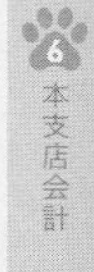

4. クレジット 200,000 × 0.5% = 1,000
売掛金 (9,508,000 − 8,000) × 1% = 95,000 } 96,000

貸引 57,000 △ 5,000 = 52,000 —(+44,000)→ 96,000

貸倒引当金繰入 44,000 / 貸倒引当金 44,000

5. 建物　耐30年　残0　定額法
(4,800,000 − 0) ÷ 30年 = 160,000

車両　残0　生産高比例法
$(1,200,000 - 0) \times \frac{80,000}{400,000} = 240,000$

リース資産　耐3年　残0　定額法
(270,000 − 0) ÷ 3年 = 90,000

減価償却費 490,000 / 建物−累計額 160,000
車両−累計額 240,000
リース資産−累計額 90,000

6. X1/4/1　X2/4/1　当期　X3/3/31
? → 150,000 (135,000 + 15,000)
? → △15,000 (135,000 ÷ 9年)
135,000 (コレを あと9年で償却)
△15,000
120,000

ソフトウェア償却 15,000 / ソフトウェア 15,000

7．有価証券の決算整理仕訳

売買目的有価証券は時価で評価替え、満期保有目的債券は償却原価法を行います。

クーポン利息とは、有価証券を保有している場合に受け取ることができる利息のことで、本問では年利率4%の利息がクーポン利息です。また、償却原価法で計上される利息はクーポン利息ではない点に注意が必要です。3月末の有価証券利息の受け取りは期中取引として仕訳済みで、決算整理前残高試算表に有価証券利息60,000 × 4% = 2,400が計上されており、決算整理仕訳は不要です。

9．経過勘定（前払保険料）の決算整理仕訳

問題文の「かねてより毎年同額を6月1日に…支払っている」との指示より、保険の契約は前期から継続していることがわかります。このため、前期末に前払保険料の決算整理仕訳が行われ、①当期首に再振替仕訳が行われています。また、②当期6月1日に保険料の支払いを行っています。つまり、期中に①と②の仕訳が記帳済みで、決算整理前残高試算表の支払保険料14,000は14か月分計上されていることがわかります。

①**再振替仕訳**　支払保険料　2か月分／前払保険料　2か月分

②**支払時**　支払保険料　12か月分／現金　12か月分

したがって、翌期に対応する2か月分について、支払保険料を前払保険料に振り替えます。本問は簿記3級の内容です。

7、A　227,000 →(+1,500) 228,500

売買目的有価証券 1,500／有価証券評価益 1,500

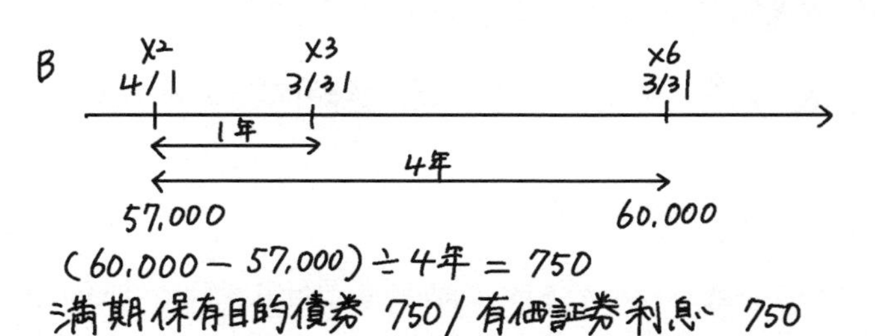

8、退職給付費用 90,000／退職給付引当金 90,000

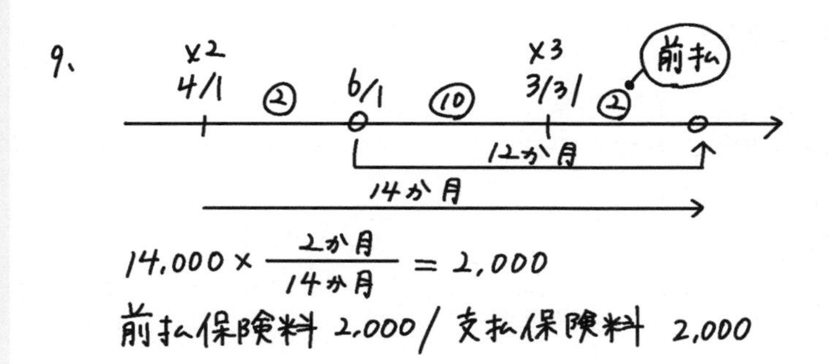

10. 法人税等と法人税等調整額

法人税等の納税額303,000を「法人税等」に計上します。180,000は中間納付で前払いしたので「仮払法人税等」を取り崩します。残り123,000は未払なので「未払法人税等」に計上します。

問題文に「税務上の課税所得の計算にあたって損金算入が認められてない」「将来減算一時差異として税効果会計を適用する」と指示があり、これは「損金不算入額」のことを示しています。損金不算入額について税効果会計を適用するのは、「貸倒引当金」「減価償却費」の2つで、「繰延税金資産」と「法人税等調整額」を使って仕訳を書くことがわかります。

10、法人税等 303,000 / 仮払法人税等 180,000
　　　　　　　　　　 / 未払法人税等 123,000

法人税等調整額 10,000 × 30% = 3,000

繰延税金資産 3,000 / 法人税等調整額 3,000

ワンポイント

問題文を読んでわからなくなった方は、簿記2級では基本的に「繰延税金資産」「法人税等調整額」しか出てこない、と覚えておきましょう。例外として、その他有価証券の税効果会計だけは「繰延税金負債」が出てくることがありますが、損益計算書の問題では出題されることは少ないです。なぜなら、「法人税等調整額」という勘定科目を使わないため、損益計算書の作成に勘定科目が出てこないためです。税効果会計が苦手な方は一度テキストを復習しましょう。

ステップ2 答案用紙の損益計算書を記入します。まずは勘定科目が空欄になっている部分を記入します。

損益計算書の空欄	記入する勘定科目
Ⅲ販売費及び一般管理費の3	決算整理仕訳1の「貸倒損失」は販売費及び一般管理費に表示するので、ここに記入します。

損益計算書の空欄	記入する勘定科目
Ⅲ販売費及び一般管理費の6	減価償却費を除く（　　）償却という勘定科目を探すと決算整理仕訳6の「ソフトウェア」償却があります。ソフトウェア償却は販売費及び一般管理費に表示するので、ここに記入します。
Ⅳ営業外収益の1	収益の勘定科目を探します。すでに損益計算書に記入してある「売上高」「有価証券評価益」を除くと、残高試算表と決算整理仕訳7の「有価証券利息」があります。 有価証券利息は営業外収益に表示するので、ここに記入します。
Ⅴ営業外費用の1	問題文に「棚卸減耗損の20%については原価性がないため、営業外費用に表示する」と指示がありますので、「棚卸減耗損」を記入します。

ステップ3 損益計算書の金額を記入します。［資料1］決算整理前残高試算表と下書きの決算整理仕訳を加算減算して、損益計算書の金額を計算します。下書きの仕訳1～10が下記の決算整理仕訳欄の❶～❿に対応しています。

	残高試算表	決算整理仕訳・計算	損益計算書
Ⅰ売上高	56,980,000		56,980,000
Ⅱ売上原価			
1 期首商品棚卸高		❸+510,000	510,000
2 当期商品仕入高	43,120,000		43,120,000
合　計		510,000 + 43,120,000	43,630,000
3 期末商品棚卸高		❸+400,000	400,000
差　引		43,630,000△400,000	43,230,000
4 棚卸減耗損		❸+12,800	12,800
5 商品評価損		❸+3,000	3,000
売上原価の合計		43,230,000 + 12,800 + 3,000	43,245,800
売上総利益		56,980,000△43,245,800	13,734,200
Ⅲ販売費及び一般管理費			
1 給料	11,681,650		11,681,650
2 支払保険料	14,000	❾△2,000	12,000
3 貸倒損失		❶+3,000	3,000

	残高試算表	決算整理仕訳・計算	損益計算書
4 貸倒引当金繰入		❹＋44,000	44,000
5 減価償却費		❺＋490,000	490,000
6 ソフトウェア償却		❻＋15,000	15,000
7 退職給付費用		❽＋90,000	90,000
販管費の合計		11,681,650＋12,000 ＋3,000＋44,000 ＋490,000＋15,000 ＋90,000	12,335,650
営業利益		13,734,200△12,335,650	1,398,550
Ⅳ営業外収益			
1 有価証券利息	2,400	❼＋750	3,150
2 有価証券評価益		❼＋1,500	1,500
営業外収益の合計		3,150＋1,500	4,650
Ⅴ営業外費用			
1 棚卸減耗損		❸＋16,000△12,800	3,200
2 支払利息		❷＋10,000	10,000
営業外費用の合計		3,200＋10,000	13,200
経常利益		1,398,550＋4,650△13,200	1,390,000
Ⅵ特別損失			
1 火災損失	390,000		390,000
税引前当期純利益		1,390,000△390,000	1,000,000
法人税、住民税及び事業税		❿＋303,000	303,000
法人税等調整額		❿△3,000	△3,000
法人税等の合計		303,000△3,000	※　300,000
当期純利益		1,000,000△300,000	700,000

※会社が実際に納税する法人税等の金額（税務会計で計算した法人税等）は303,000であり、企業会計で計算した「税引前当期純利益1,000,000×法定実効税率30％＝300,000」と不一致になっている。法人税等調整額3,000を法人税等から減算することで法人税等の合計額300,000となり、「税引前当期純利益1,000,000×法定実効税率30％＝300,000」と一致する。これにより、税効果会計の目的である「税引前当期純利益」と「法人税等の法定実効税率」と「法人税等の合計」の関係が損益計算書で正しく表示されるようになる。

解答 02

損益計算書
自X2年4月1日　至X3年3月31日　(単位：円)

Ⅰ 売上高		(56,980,000)
Ⅱ 売上原価		
1 期首商品棚卸高	(510,000)	
2 当期商品仕入高	(43,120,000)	
合計	(43,630,000)	
3 期末商品棚卸高	(400,000)	
差引	(43,230,000)	
4 棚卸減耗損	(12,800)	
5 商品評価損	(3,000)	(43,245,800)
売上総利益		(13,734,200)
Ⅲ 販売費及び一般管理費		
1 給料	(11,681,650)	
2 支払保険料	(12,000)	
3 (**貸倒損失**)	(3,000)	
4 貸倒引当金繰入	(44,000)	
5 減価償却費	(490,000)	
6 (**ソフトウェア**) 償却	(15,000)	
7 退職給付費用	(90,000)	(12,335,650)
営業利益		(1,398,550)
Ⅳ 営業外収益		
1 (**有価証券利息**)	(3,150)	
2 有価証券評価益	(1,500)	(4,650)
Ⅴ 営業外費用		
1 (**棚卸減耗損**)	(3,200)	
2 支払利息	(10,000)	(13,200)
経常利益		(1,390,000)
Ⅵ 特別損失		
1 火災損失		(390,000)
税引前当期純利益		(1,000,000)
法人税等	(303,000)	
法人税等調整額	(△3,000)	(300,000)
当期純利益		(700,000)

Chapter 5

問題 03

よく出る　答案用紙 P16　解答 P179　目標タイム 30分

貸借対照表

次の［資料］にもとづいて、答案用紙の貸借対照表を完成しなさい。なお、会計期間はX９年４月１日からX10年３月31日までの１年間である。

［資料１］決算整理前残高試算表

決算整理前残高試算表

X10年3月31日　（単位：円）

借　方	勘定科目	貸　方
646,000	現金	
6,560,000	当座預金	
440,000	受取手形	
820,000	売掛金	
	貸倒引当金	14,000
60,000	繰越商品	
138,000	仮払法人税等	
6,000,000	建物	
	建物減価償却累計額	1,600,000
1,200,000	備品	
	備品減価償却累計額	432,000
1,576,000	満期保有目的債券	
	買掛金	1,140,000
	長期借入金	1,600,000
	退職給付引当金	520,000
	資本金	10,200,000
	利益準備金	120,000
	繰越利益剰余金	405,000
	売上	15,992,000
	有価証券利息	16,000
13,654,000	仕入	
936,000	給料	
9,000	支払利息	
32,039,000		32,039,000

［資料2］未処理事項

1．手形￥100,000を取引銀行で割り引き、割引料￥400を差し引いた手取額は当座預金としていたが、この取引は未記帳である。

2．前期に貸倒れ処理していた売掛金の一部￥12,000が当期に回収され、現金で受け取っていたが、この取引は未記帳である。

3．建物￥3,600,000についてX10年3月1日に引き渡しを受け、小切手を振り出して支払ったが、この取引も未記帳である。

［資料3］決算整理事項

1．受取手形と売掛金の期末残高に対して2％の貸倒れを見積もる。貸倒引当金は差額補充法によって設定する。

2．商品の期末棚卸高は次のとおりである。

帳簿棚卸高：数量480個、帳簿価額@￥100
実地棚卸高：数量470個、正味売却価額@￥90

3．満期保有目的債券は、当期の4月1日に他社が発行した社債（額面総額￥1,600,000、利率年1％、利払日は9月末と3月末の年2回、償還期間は5年）を発行と同時に取得したものである。額面総額と取得価額の差額は金利の調整を表しているので、償却原価法（定額法）により評価する。

4．有形固定資産の減価償却は次の要領で行う。

建物：耐用年数30年、残存価額ゼロ、定額法で計算
備品：耐用年数10年、残存価額ゼロ、200％定率法で計算

なお、当期に新たに取得した建物についても、耐用年数30年、残存価額ゼロとして、定額法を用いて月割で計算する。

5．長期借入金は、当期の9月1日に借入期間5年、利率年2.4％、利払いは年1回（8月末）の条件で借り入れたものである。決算にあたって、借入利息の未払分を月割計算で計上する。

6．退職給付引当金の当期繰入額は￥185,000である。

7．法人税、住民税及び事業税の当期の納税額は￥250,000である。なお、仮払法人税等￥138,000は中間納付にかかわるものである。

解説 03

貸借対照表の基本的な問題です。時間内に素早く正確に解くことが重要ですので、何度も繰り返して解くスピードを身につけましょう。

ステップ1 下書きに仕訳を書きます。

［資料2］未処理事項

1. 「手形を割り引き」したので、受取手形が減ります。割引料は手形売却損を使います。
   当座預金への振込額　100,000 − 400 = 99,600
2. 前期に貸倒れ処理していた売掛金を当期回収した場合、「償却債権取立益」を使います。これは簿記3級の内容です。
3. X10年3月1日に建物を取得した取引の仕訳を書きます。この建物についても［資料3］決算整理事項4. で減価償却をしますが、減価償却の金額がX10年3月1日から3月31日までの1か月分になる点に注意が必要です。

［資料2］未処理事項

1、当座預金 99,600 / 受取手形 100,000
　 手形売却損 400 /

2、現金 12,000 / 償却債権取立益 12,000

3、建物 3,600,000 / 当座預金 3,600,000

［資料3］決算整理事項

1. 受取手形は［資料2］未処理事項1. で残高が減少していますので、反映してから貸倒引当金の金額を計算する点に注意が必要です。貸倒引当金は答案用紙の形式に合わせて、受取手形と売掛金を別々に計算しておきます。
2. 本問は貸借対照表の問題ですので、棚卸減耗損と商品評価損を「売上原価に含めて表示する」という指示がありません。

解答に影響がありませんので、下書きでは独立して表示する場合の仕訳を書いています。

3. 満期保有目的債券は償却原価法を行います。当期の取得価額は［資料1］の満期保有目的債券1,576,000を使います。額面総額と取得価額の差額を償還期間5年間で割り、1年あたりの償却額を計算し、次に当期の保有期間X9年4月1日からX10年3月31日までの12か月分の償却額を計算します。

［資料3］決算整理事項

この金額を貸借対照表の受取手形に対する貸倒引当金に記入する

1、受取手形 (440,000−100,000)×2%＝6,800
売掛金 820,000×2%＝16,400 } 23,200

この金額を貸借対照表の売掛金に対する貸倒引当金に記入する

貸引 14,000 —+9,200→ 23,200

貸倒引当金繰入 9,200 / 貸倒引当金 9,200

2、帳簿 480コ×@100
＝48,000
— 棚卸減耗損
(480コ−470コ)×@100＝1,000
— 商品評価損
470コ×(@100−@90)＝4,700

仕入 60,000 / 繰越商品 60,000
繰越商品 48,000 / 仕入 48,000
棚卸減耗損 1,000 / 繰越商品 5,700
商品評価損 4,700 /

3、
1年あたりの償却額 (1,600,000−1,576,000)÷5年＝4,800
当期の償却額 4,800×12か月÷12か月＝4,800
満期保有目的債券 4,800 / 有価証券利息 4,800

4. ［資料2］未処理事項3. で新しく取得した建物の減価償却を忘れないように注意しましょう。備品について、200％定率法で減価償却と書いてありますが、償却率が与えられていません。この場合には、自分で償却率を計算する必要があります。200％定率法の償却率は「1 ÷ 耐用年数 × 200％ ＝ 償却率」で計算します。

5. 長期借入金の利払いは年1回8月末なので、X9年9月1日からX10年3月31日まで7か月分の利息はまだ支払っていません。当期の7か月分の支払利息を計算し、借方に「支払利息」を書き、貸方に「未払費用」を書きます。答案用紙の貸借対照表の流動負債を見ると空欄になっていますが、「(　　) 利息」ではなく「(　　) 費用」と書いてあります。このため仕訳でも「未払利息」ではなく「未払費用」を使います。

6. 退職給付引当金の相手勘定科目は「退職給付引当金繰入」ではなく、「退職給付費用」を使う点に注意が必要です。

7. 法人税等の決算整理仕訳を書きます。中間納付があるので、仮払法人税等138,000を取り崩し、差額112,000を未払法人税等に計上します。

4、
旧建物　6,000,000 ÷ 30年 ＝ 200,000
新建物　3,600,000 ÷ 30年 × 1か月 ÷ 12か月 ＝ 10,000
} 210,000

備品　償却率　1 ÷ 10年 × 200％ ＝ 0.2
(1,200,000 － 432,000) × 0.2 ＝ 153,600

減価償却費 363,600	建物－累計額 210,000
	備品－累計額 153,600

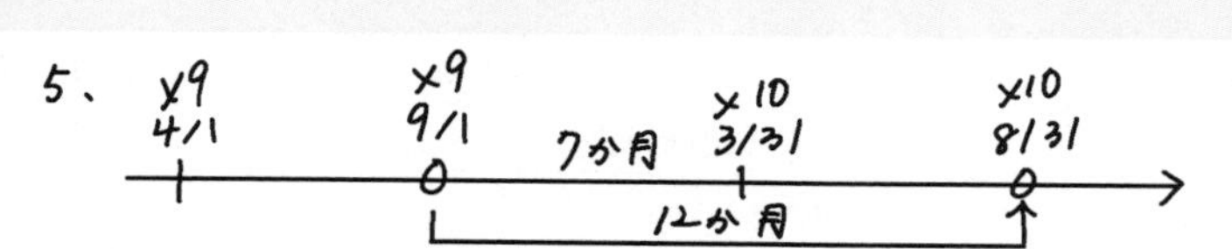

1,600,000 × 2.4% × 7か月 ÷ 12か月 = 22,400

支払利息 22,400 / 未払費用 22,400

6、退職給付費用 185,000 / 退職給付引当金 185,000

7、法人税等 250,000 / 仮払法人税等 138,000
未払法人税等 112,000

ステップ2 答案用紙の貸借対照表を記入します。まずは勘定科目が空欄になっている部分を記入します。

貸借対照表の空欄	記入する勘定科目
Ⅰ流動負債の2 (　　)費用	決算整理仕訳5の「未払費用」は、流動負債の勘定科目なので、ここに記入します。
Ⅰ流動負債の3 (　　　　)	決算整理仕訳7の「未払法人税等」は、流動負債の勘定科目なので、ここに記入します。

ステップ3 貸借対照表の金額を記入します。

勘定科目	A決算整理前残高 ([資料1]より)	B決算整理仕訳・計算 (下書きより)	C貸借対照表 (A + B)
現金	646,000	[2] 2 + 12,000	658,000
当座預金	6,560,000	[2] 1 + 99,600 [2] 3 △3,600,000	3,059,600
受取手形	440,000	[2] 1 △100,000	340,000
貸倒引当金	※1　?	[3] 1下書き6,800	6,800
差　引		340,000△6,800	333,200
売掛金	820,000		820,000
貸倒引当金	※1　?	[3] 1下書き16,400	16,400
差　引		820,000△16,400	803,600
商品	60,000	[3] 2 △60,000 + 48,000 △5,700	42,300
建物	6,000,000	[2] 3 + 3,600,000	9,600,000

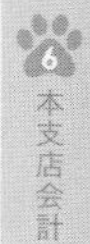

減価償却累計額	1,600,000	［3］4 + 210,000	1,810,000
差　引		9,600,000△1,810,000	7,790,000
備品	1,200,000		1,200,000
減価償却累計額	432,000	［3］4 + 153,600	585,600
差　引		1,200,000△585,600	614,400
満期保有目的債券	1,576,000	［3］3 + 4,800	1,580,800
資産合計		※2	14,881,900
買掛金	1,140,000		1,140,000
（未払）費用		［3］5 + 22,400	22,400
（未払法人税等）		［3］7 + 112,000	112,000
長期借入金	1,600,000		1,600,000
退職給付引当金	520,000	［3］6 + 185,000	705,000
負債合計		※3	3,579,400
資本金	10,200,000		10,200,000
利益準備金	120,000		120,000
繰越利益剰余金	405,000	※4　資産と負債・純資産の差額で計算	982,500
純資産合計		※5	11,302,500
負債・純資産合計		※6	14,881,900

※1　決算整理前残高試算表の貸倒引当金14,000は受取手形と売掛金に対するもので、内訳は不明。このため、決算整理前残高に決算整理仕訳を加算して計算することはできない。問題文に貸倒引当金は受取手形と売掛金の残高の2%と指示があるため、それぞれの残高の2%を掛けるとそれぞれの貸倒引当金の金額を求めることができる。

※2　658,000 + 3,059,600 + 333,200 + 803,600 + 42,300 + 7,790,000 + 614,400 + 1,580,800 = 14,881,900

※3　1,140,000 + 22,400 + 112,000 + 1,600,000 + 705,000 = 3,579,400

※4　資産合計14,881,900 − 負債合計3,579,400 − 資本金10,200,000 − 利益準備金120,000 = 982,500。なお、下書きに損益計算書を作成し、決算整理前残高405,000 + 当期純利益577,500 = 982,500で計算してもよい。

※5　資本金10,200,000 + 利益準備金120,000 + 繰越利益剰余金982,500

= 11,302,500

※6　負債合計3,579,400 + 純資産合計11,302,500 = 14,881,900

解答 03

貸借対照表

X10年3月31日　　　　(単位：円)

資産の部			負債の部		
I 流動資産			I 流動負債		
1. 現金		(658,000)	1. 買掛金		(1,140,000)
2. 当座預金		(3,059,600)	2.(**未払**) 費用		(**22,400**)
3. 受取手形	(340,000)		3.(**未払法人税等**)		(**112,000**)
貸倒引当金	(△ 6,800)	(333,200)	II 固定負債		
4. 売掛金	(820,000)		1. 長期借入金		(1,600,000)
貸倒引当金	(△ 16,400)	(803,600)	2. 退職給付引当金		(**705,000**)
5. 商品		(42,300)	負債合計		(3,579,400)
II 固定資産			純資産の部		
1. 建物	(9,600,000)		1. 資本金		(10,200,000)
減価償却累計額	(△1,810,000)	(7,790,000)	2. 利益剰余金		
2. 備品	(1,200,000)		(1)利益準備金	(120,000)	
減価償却累計額	(△585,600)	(614,400)	(2)繰越利益剰余金	(982,500)	(1,102,500)
3. 満期保有目的債券		(1,580,800)	純資産合計		(11,302,500)
資産合計		(14,881,900)	負債・純資産合計		(14,881,900)

Chapter 5

問題 04

ときどき出る　答案用紙 P17　解答 P192　目標タイム 35分

財務諸表

次の（A）決算整理前残高試算表と（B）決算整理事項にもとづいて、損益計算書と貸借対照表を完成しなさい。なお、会計期間はX2年4月1日からX3年3月31日までの1年であり、税効果会計を適用すること。

（A）決算整理前残高試算表

決算整理前残高試算表　（単位：千円）

借方科目	金額	貸方科目	金額
現金	108,700	支払手形	294,700
当座預金	315,730	買掛金	387,230
受取手形	88,800	貸倒引当金	8,200
売掛金	516,300	長期借入金	400,000
繰越商品	210,000	建物減価償却累計額	90,000
仮払金	40,000	備品減価償却累計額	8,000
建物	700,000	資本金	500,000
備品	20,000	資本準備金	100,000
土地	450,000	利益準備金	10,000
建設仮勘定	100,000	繰越利益剰余金	436,550
その他有価証券	72,000	売上	4,766,300
繰延税金資産	11,550	為替差損益	1,300
仕入	3,265,100	固定資産売却益	20,300
給料	862,850		
広告宣伝費	75,100		
水道光熱費	25,650		
支払保険料	42,000		
支払利息	28,800		
災害損失	90,000		
	7,022,580		7,022,580

(B) 決算整理事項

1. 銀行から受け取った残高証明書の残高と不一致があったため原因を調査したところ、次のことが判明した。
   ①広告宣伝費の支払いとして振り出した小切手4,900千円が銀行に未呈示であった。
   ②売掛金6,700千円が当座預金口座に入金されたさいに、誤って7,600千円と誤記入していた。

2. 得意先に対する掛代金（前期販売分）の一部6,000千円が回収不能であることが判明したので、貸倒れとして処理する。

3. かねて建設中であった建物の工事が完了し、10月1日に引き渡しを受けたが未処理であった。この建物の工事代金の残金200,000千円はX3年5月1日に支払いの予定である。なお、建設中の建物はこの他にない。

4. 買掛金期末残高のうち、期中に外貨建て（ドル建て）で生じた買掛金（輸入時の為替相場：1ドル¥100）が6,000千円ある。決算日の為替相場は1ドル¥105となっている。

5. 売上債権について、貸倒実績率2%として貸倒引当金の設定を差額補充法により行う。

6. 期末商品棚卸高は、次のとおりである。棚卸減耗損は売上原価の内訳科目として表示する。なお、時価の下落は臨時の事象により生じており、かつ、評価損の金額は多額であると認められる。
   帳簿棚卸高　数量　6,000個　原価　@30千円
   実地棚卸高　数量　5,500個　時価　@10千円

7. 固定資産の減価償却は次のとおり行う。
   建　物：定額法（耐用年数20年　残存価額ゼロ）
   備　品：200%定率法（取得日　X1年4月1日　耐用年数5年）
   なお、当期に新たに取得した建物についても、耐用年数20年、残存価額ゼロとして、定額法を用いて月割で計算する。

8. 当期に購入したその他有価証券は次のとおりである（法定実効税率は30%である)。期首の再振替仕訳は適切に行われており、帳簿価額は取得価額と一致している。

	帳簿価額	時　　価
A社株式	30,000千円	34,000千円
B社株式	42,000千円	41,000千円

9．支払保険料はX2年8月1日に向こう1年分の保険料を支払ったものである。

10．仮払金は、法人税等の中間納付税額を計上したものである。法人税等の課税見込額は63,000千円である。

11．当期の税効果会計上の一時差異は、次のとおりである（法定実効税率は30%である）。

	期　首	期　末
貸倒引当金損金算入限度超過額	4,500千円	6,000千円
減価償却費限度超過額	34,000千円	42,500千円
合　　計	38,500千円	48,500千円

解説 04

税効果会計が出てくる財務諸表の問題です。税効果会計の仕訳、法人税等調整額の書き方、繰延税金資産と繰延税金負債の相殺について、本問で理解を深めておきましょう。

ステップ1 下書きに仕訳を書きます。

(B) 決算整理事項

1. ①小切手を渡した相手方が銀行に小切手を持って行っていないため、未呈示小切手（未取付小切手）となっています。当社は仕訳不要です。

②売掛金の入金を修正します。次の手順で訂正仕訳を書きます。

誤　現金預金 7,600 ／ 売掛金 7,600

正　現金預金 6,700 ／ 売掛金 6,700

訂正仕訳　売掛金 900 ／ 現金預金 900

2. 前期に発生した売掛金の貸倒れなので、貸倒引当金を取り崩します。

3. 建設仮勘定100,000と5月1日に支払う200,000の合計を「建物」に計上します。代金200,000千円については翌期5月末に支払うので、当期末では未払いの状況です。このため、「未払金」を使います。

4. 外貨建ての買掛金の換算替えを行います。買掛金の円換算額が6,000千円から6,300千円に増えるので、貸方に買掛金300と書きます。借方に為替差損益300と書きます。外貨建債権債務の換算は、「ドル建ての買掛金が日本円でいくらになったか」を考え、買掛金がいくら増えた（減った）かが重要です。本問では買掛金が300千円増えたので、「将来の支払いが増えて損をした、費用300千円増えてしまった」という状況になります。

5. 貸倒引当金は答案用紙の形式に合わせて、売掛金と受取手形を別々に計算しておきます。ステップ1の2. の決算整理仕訳で貸倒引当金が6,000減っていますので、下書きの貸倒引当金の残高に反映させます。貸倒引当金の残高を8,200 − 6,000 =

2,200に修正することで反映させています。

1、売掛金　900 / 現金預金　900

2、貸倒引当金　6,000 / 売掛金　6,000

3、建物　300,000 / 建設仮勘定　100,000
　　　　　　　　　　/ 未払金　200,000

4、
買掛金　60千ドル　6,000千円 —+300→ 60×105＝6,300千円
為替差損益　300 / 買掛金　300

5、
受取手形　88,800×2%＝1,776
売掛金　(516,300＋900－6,000)×2%＝10,224
} 12,000

貸倒引当金　8,200－6,000＝2,200 —+9,800→ 12,000

貸倒引当金繰入　9,800 / 貸倒引当金　9,800
(販売費及び一般管理費)

6. 問題文に「時価の下落は臨時の事象」「評価損の金額は多額」という指示があるので、商品評価損は特別損失として計上します。棚卸減耗損と商品評価損は原則として売上原価に算入され、その内訳項目として損益計算書に計上されます。しかし「原価性がないため、営業外費用に表示すること」と指示があれば営業外費用に、「臨時で巨額の費用」と指示があれば特別損失に計上することになります。

ワンポイント

損益計算書における費用の区分は次のようになっています。
〈売上原価〉売った商品の原価。
〈販売費及び一般管理費＞給料や広告宣伝費など、会社の営業活動によって生じた費用。
〈営業外費用〉支払利息や有価証券評価損など、会社の通常の活動から生じてはいるが、商品を売るための営業活動ではない費用。主に金銭の貸付や有価証券の売却・時価評価により生じた費用が含まれる。
〈特別損失〉めったに発生しない費用。臨時で巨額（多額ともいう）の費用は特別損失に計上される。

6、期末 6,000コ × @30
= 180,000 ─┬─ 棚卸減耗損
(6,000 − 5,500)コ × @30 = 15,000
└─ 商品評価損
5,500コ × (@30 − @10) = 110,000

仕入 210,000 / 繰越商品 210,000
繰越商品 180,000 / 仕入 180,000
棚卸減耗損 15,000 / 繰越商品 15,000
商品評価損 110,000 / 繰越商品 110,000 ← 商品評価損は特別損失
仕入 15,000 / 棚卸減耗損 15,000 ← 売上原価に振り替える仕訳

7. 新しく完成した建物の減価償却を忘れないように注意しましょう。備品について、200％定率法の償却率は「1 ÷ 耐用年数 × 200％ = 償却率」で計算します。

8. 税効果会計がある場合のその他有価証券の評価替えの仕訳を書きます。減価償却や貸倒引当金の税効果会計と違い、その他有価証券の税効果会計では「法人税等調整額」は使わず、「その他有価証券評価差額金」を使います。また、その他有価証券の税効果会計では、その他有価証券の時価が上がった場合に「繰延税金負債」、時価が下がった場合に「繰延税金資産」を使います。

ワンポイント

解き方のコツとしては、①その他有価証券の時価評価の仕訳を書くときに「その他有価証券評価差額金が貸方（右側）」の場合、同じく貸方（右側）に繰延税金●●を書く、②負債のホームポジションは貸方（右側）なので、貸方（右側）に書くときは「繰延税金負債」を書くこと、この流れで理解しましょう。

9. 当期X2年8月1日に初めて契約しており、問題文に「保険料は毎期同額を支払っている」とは書いてありません。このため、前期以前の取引は考慮する必要はなく、翌期の4か月分の保険料を前払費用に振り替えます。

10. 決算整理前残高試算表の仮払金40,000を取り崩し、法人税等を63,000計上します。差額の23,000が未払法人税等となります。

63,000 − 40,000 = 23,000

7. 建物 定額 20年 残存ゼロ

旧 700,000 ÷ 20年 = 35,000

新 300,000 ÷ 20年 × $\frac{6か月}{12か月}$ = 7,500

} 42,500

備品 200%定率 償却率40% ― 1 ÷ 5年 × 200%

(20,000 − 8,000) × 40% = 4,800

減価償却費 47,300 | 建物 累計額 42,500
備品 累計額 4,800

8.

その他有価証券 72,000 —+3,000→ 75,000

繰延税金負債 3,000 × 30% = 900

その他有価証券 3,000 | その他有価証券評価差額金 2,100
繰延税金負債 900

9. 42,000 × $\frac{4か月}{12か月}$ = 14,000

前払費用 14,000 / 支払保険料 14,000

10. 法人税等 63,000 | 仮払金 40,000
未払法人税等 23,000

11. 貸倒引当金と減価償却費に関する税効果会計の決算整理仕訳です。見慣れない問題文の形式で、初めて見ると解き方がわからなかったと思います。試験で出題される可能性がありますので、どのように解くのか本問の解説を読んで理解しておきましょう。

〈貸倒引当金損金算入限度超過額・減価償却費限度超過額〉

貸倒引当金損金算入限度超過額とは、貸倒引当金の税効果会計の対象となる損金不算入額のことです。減算一時差異ということもあります。本問のように試験の問題文では用語の表現が違うことがありますが、貸倒引当金の損金不算入額と読み替えて問題を解きましょう。同様に減価償却費限度超過額とは、減価償却費の税効果会計の対象となる損金不算入額のことです。

〈期首の金額と期末の金額の意味〉

貸倒引当金と減価償却費は、決算整理仕訳を書くタイミングで税効果会計を適用します。たとえば、建物の場合、取得した期、翌期、翌々期と毎年税効果会計を適用することになります。そのため、繰延税金資産の金額が年度によって増加したり減少したりします。

ここで、決算整理事項11. の「期首」を見てみると貸倒引当金損金算入限度超過額4,500千円、減価償却費限度超過額34,000千円と書いてあります。この「期首」というのは、「前期末の損金不算入額」という意味で、前期末に決算整理仕訳の対象となった「貸倒引当金の損金不算入額4,500千円」「減価償却費の損金不算入額34,000千円」ということです。前期末の決算整理仕訳を書くと次のようになります。

(1) 前期末の決算整理仕訳

①貸倒引当金の税効果会計

4,500千円×30%=1,350千円

繰延税金資産 1,350 / 法人税等調整額 1,350

②減価償却費の税効果会計

34,000千円×30%=10,200千円

繰延税金資産 10,200 / 法人税等調整額 10,200

一方、決算整理事項11. の「期末」を見てみると貸倒引当金損金算入限度超過額6,000千円、減価償却費限度超過額42,500千円と書いてあり、これは当期末の決算整理仕訳の対象となる「貸倒引当金の損金不算入額6,000千円」「減価償却費の損金不算入額42,500千円」ということです。当期末の決算整理仕訳を書くと次のように

なります。

（2）当期末の決算整理仕訳

①貸倒引当金の税効果会計

当期末の繰延税金資産の金額を計算すると6,000千円×30％＝1,800千円です。繰延税金資産は資産の勘定科目ですので、前期末の残高を繰り越します。つまり（1）前期末の決算整理仕訳①で繰延税金資産1,350千円が計上済みなので、繰延税金資産の残高は1,350千円となっています。当期末に繰延税金資産の残高を1,800千円にするために、1,800千円－1,350千円＝450千円を追加で計上すればよいことになります。

繰延税金資産　450／法人税等調整額　450

②減価償却費の税効果会計

減価償却費も同様で、繰延税金資産の金額42,500千円×30％＝12,750千円のうち、（1）前期末の決算整理仕訳②で繰延税金資産10,200千円が計上済みです。このため、当期末に12,750千円－10,200千円＝2,550千円を追加で計上すればよいことになります。

繰延税金資産　2,550／法人税等調整額　2,550

残高試算表の繰延税金資産11,550のうち、貸倒引当金から発生するのは1,350

決算整理後の残高

11. 4,500×30％＝1,350 —＋450→ 6,000×30％＝1,800

繰延税金資産 450／法人税等調整額 450

残高試算表の繰延税金資産11,550のうち、減価償却から発生するのは10,200

決算整理後の残高

34,000×30％＝10,200 —＋2,550→ 42,500×30％＝12,750

繰延税金資産 2,550／法人税等調整額 2,550

〈同一区分の相殺〉

ここで発生した繰延税金資産とP.186の8.で発生した繰延税金負債は、相殺して貸借対照表に表示するというルールがあります。このルールに従って、貸借対照表の固定資産の部に、繰延税金資産

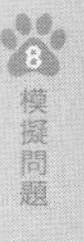

のみが計上されます。相殺の仕訳を書くと、次のようになります。

繰延税金負債 900 / 繰延税金資産 900

ワンポイント

税効果会計について、次の①と②の仕訳を書く方法でも正しいです。最終的に、決算整理後の繰延税金資産の金額は、期末の一時差異×法定実効税率の金額となります。

①資料（A）決算整理前の繰延税金資産11,550を取り崩し
法人税等調整額 11,550 ／ 繰延税金資産 11,550

②決算整理後の残高を計上
資料（B）11の一時差異の期末48,500 × 30% = 14,550
繰延税金資産 14,550 ／ 法人税等調整額 14,550

ステップ2 決算整理前残高試算表の金額を損益計算書の横に写します（欄外の黒字部分）。

ステップ3 下書きの仕訳の金額を横に写します（欄外の赤字部分）。

ステップ4 損益計算書の残りの部分を記入します。各勘定科目について欄外の黒字と赤字の金額を合算してカッコ内に記入し、利益などの金額を計算することで損益計算書を完成させます（P.190のカッコ内の黒字部分）。

損益計算書の一番下にある当期純利益140,000を貸借対照表の繰越利益剰余金に＋140,000として記入します。理由は、簿記3級で学習した損益振替を行うためです。損益振替というのは、当期に発生したすべての収益から費用をマイナスして得られた金額（つまり当期純利益）を繰越利益剰余金に振り替える仕訳です。

損益 140,000 ／ 繰越利益剰余金 140,000

Chapter5-03は貸借対照表のみを作成する問題だったので、計算を簡単にするため繰越利益剰余金を差額で計算しました。本来の作成手順としては、本問のように先に損益計算書を作成し、損益計算書で得られた当期純利益の金額を損益振替することで貸借対照表の繰越利益剰余金を計算します。

損益計算書

自X2年4月1日　至X3年3月31日　（単位：千円）

計算	科目		
4,766,300	Ⅰ　売上高		（4,766,300）
	Ⅱ　売上原価		
＋210,000	1　期首商品棚卸高	（210,000）	
3,265,100	2　当期商品仕入高	（3,265,100）	
	合計	（3,475,100）	
＋180,000	3　期末商品棚卸高	（180,000）	
	差引	（3,295,100）	
＋15,000	4　棚卸減耗損	（15,000）	（3,310,100）
	売上総利益		（1,456,200）
	Ⅲ　販売費及び一般管理費		
862,850	1　給料	（862,850）	
75,100	2　広告宣伝費	（75,100）	
25,650	3　水道光熱費	（25,650）	
42,000 △14,000	4　支払保険料	（28,000）	
＋9,800	5（貸倒引当金繰入）	（9,800）	
＋47,300	6　減価償却費	（47,300）	（1,048,700）
	営業利益		（407,500）
	Ⅳ　営業外収益		
1,300 △300	1（為替差益）		（1,000）
	Ⅴ　営業外費用		
28,800	1　支払利息		（28,800）
	経常利益		（379,700）
	Ⅵ　特別利益		
20,300	1　固定資産売却益		（20,300）
	Ⅶ　特別損失		
＋110,000	1（商品評価損）	（110,000）	
90,000	2　災害損失	（90,000）	（200,000）
	税引前当期純利益		（200,000）
＋63,000	法人税、住民税及び事業税	（63,000）	
△450 △2,550	（法人税等調整額）	（△3,000）	（60,000）
	当期純利益		（140,000）

損益計算書では「為替差益」「為替差損」を使う

ステップ5 決算整理前残高試算表の金額を貸借対照表の横に写します（欄外の黒字部分）。

決算整理前残高試算表の貸倒引当金は受取手形と売掛金の内訳がわからないので、下書きの金額を直接記入します。繰延税金資産は固定資産に表示するので、固定資産の空欄に記入します。

ステップ6 下書きの仕訳の金額を横に写します（欄外の赤字部分）。

ステップ7 最後に貸借対照表の残りの部分を記入します。

貸借対照表

X3年3月31日　　　　(単位：千円)

欄外	資産の部		
	Ⅰ 流動資産		
0 + 315,730 △900	現金預金		(　　)
88,800	受取手形	(　　)	
	貸倒引当金	(△1,776)	(　　)
,300 + 900 △6,000	売掛金	(　　)	
	貸倒引当金	(△10,224)	(　　)
210,000 + 180,000 15,000 △110,000	商品		(　　)
+ 14,000	前払費用		(　　)
	流動資産合計		(　　)
	Ⅱ 固定資産		
0 + 300,000	建物	(　　)	
00 + 42,500)	減価償却累計額	(△　　)	(　　)
20,000	備品	(　　)	
00 + 4,800)	減価償却累計額	(△　　)	(　　)
450,000	土地		(　　)
00 + 3,000	投資有価証券		(　　)
,550 + 450 550 △900	(繰延税金資産)		(　　)
	固定資産合計		(　　)
	資産合計		(　　)

負債の部			欄外
Ⅰ 流動負債			
支払手形		(　　)	294,700
買掛金		(　　)	387,230 + 300
(未払金)		(　　)	+ 200,000
未払法人税等		(　　)	+ 23,000
流動負債合計		(　　)	
Ⅱ 固定負債			
(長期借入金)		(　　)	400,000
固定負債合計		(　　)	
負債合計		(　　)	
純資産の部			
Ⅰ 株主資本			
1. 資本金		(　　)	500,000
2. 資本剰余金			
資本準備金		(　　)	100,000
3. 利益剰余金			
利益準備金	(　　)		10,000
繰越利益剰余金	(　　)	(　　)	436,550 + 140,000
株主資本合計		(　　)	
Ⅱ 評価・換算差額等			
(その他有価証券評価差額金)		(　　)	+ 2,100
純資産合計		(　　)	
負債・純資産合計		(　　)	

解答 04

損益計算書

自X2年4月1日　至X3年3月31日　（単位：千円）

Ⅰ 売上高		（ 4,766,300 ）
Ⅱ 売上原価		
1 期首商品棚卸高	（ 210,000 ）	
2 当期商品仕入高	（ 3,265,100 ）	
合計	（ 3,475,100 ）	
3 期末商品棚卸高	（ 180,000 ）	
差引	（ 3,295,100 ）	
4 棚卸減耗損	（ 15,000 ）	（ 3,310,100 ）
売上総利益		（ 1,456,200 ）
Ⅲ 販売費及び一般管理費		
1 給料	（ 862,850 ）	
2 広告宣伝費	（ 75,100 ）	
3 水道光熱費	（ 25,650 ）	
4 支払保険料	（ 28,000 ）	
5 （**貸倒引当金繰入**）	（ 9,800 ）	
6 減価償却費	（ 47,300 ）	（ 1,048,700 ）
営業利益		（ 407,500 ）
Ⅳ 営業外収益		
1 （**為替差益**）		（ 1,000 ）
Ⅴ 営業外費用		
1 支払利息		（ 28,800 ）
経常利益		（ 379,700 ）
Ⅵ 特別利益		
1 固定資産売却益		（ 20,300 ）
Ⅶ 特別損失		
1 （**商品評価損**）	（ 110,000 ）	
2 災害損失	（ 90,000 ）	（ 200,000 ）
税引前当期純利益		（ 200,000 ）
法人税、住民税及び事業税	（ 63,000 ）	
（**法人税等調整額**）	（ △3,000 ）	（ 60,000 ）
当期純利益		（ 140,000 ）

（注）税効果会計により法人税、住民税及び事業税からマイナスする場合には、金額の前に△をつけること。

貸借対照表

X3年3月31日　(単位：千円)

資産の部			負債の部		
I 流動資産			I 流動負債		
現金預金		(423,530)	支払手形		(294,700)
受取手形	(88,800)		買掛金		(387,530)
貸倒引当金	(△ 1,776)	(87,024)	**(未払金)**		(200,000)
売掛金	(511,200)		未払法人税等		(23,000)
貸倒引当金	(△ 10,224)	(500,976)	流動負債合計		(905,230)
商品		(55,000)	II 固定負債		
前払費用		(14,000)	**(長期借入金)**		(400,000)
流動資産合計		(1,080,530)	固定負債合計		(400,000)
II 固定資産			負債合計		(1,305,230)
建物	(1,000,000)		純資産の部		
減価償却累計額	(△132,500)	(867,500)	I 株主資本		
備品	(20,000)		1. 資本金		(500,000)
減価償却累計額	(△ 12,800)	(7,200)	2. 資本剰余金		
土地		(450,000)	資本準備金		(100,000)
投資有価証券		(75,000)	3. 利益剰余金		
(繰延税金資産)		(13,650)	利益準備金	(10,000)	
固定資産合計		(1,413,350)	繰越利益剰余金	(576,550)	(586,550)
			株主資本合計		(1,186,550)
			II 評価・換算差額等		
			(その他有価証券評価差額金)		(2,100)
			純資産合計		(1,188,650)
資産合計		(2,493,880)	負債・純資産合計		(2,493,880)

ワンポイント

答えがすぐ出るので優先して解答する部分

- 売上高、期首商品棚卸高、当期商品仕入高、期末商品棚卸高、棚卸減耗損、商品評価損
- 給料、広告宣伝費、水道光熱費、支払保険料、貸倒引当金繰入、減価償却費
- 支払利息、固定資産売却益、災害損失、法人税、住民税及び事業税
- 受取手形と貸倒引当金、売掛金と貸倒引当金、前払費用
- 建物と減価償却累計額、備品と減価償却累計額、土地、投資有価証券
- 支払手形、買掛金、未払金、未払法人税等、長期借入金
- 資本金、資本準備金、利益準備金、その他有価証券評価差額金

Chapter 5 問題 05

あまり出ない

答案用紙 P19　解答 P204　目標タイム 30分

財務諸表（製造業）

受注生産・販売を行っているP製作所の［資料1］と［資料2］にもとづいて、答案用紙の貸借対照表を完成させるとともに、損益計算書に表示される指定された勘定科目と利益の金額を答えなさい。なお、会計期間はX1年4月1日からX2年3月31日までの1年間である。

［資料1］X2年2月末現在の残高試算表

残高試算表　（単位：円）

借方	勘定科目	貸方
55,796,100	現金預金	
10,035,000	受取手形	
6,711,000	売掛金	
144,300	材料	
150,000	仕掛品	
75,000	製品	
270,000	短期貸付金	
350,000	仮払法人税等	
	貸倒引当金	135,000
4,320,000	建物	
3,240,000	機械装置	
	建物減価償却累計額	384,000
	機械装置減価償却累計額	1,470,000
	支払手形	1,596,000
	買掛金	2,586,000
	長期借入金	2,400,000
	退職給付引当金	4,380,000
	資本金	40,000,000
	利益準備金	7,000,000
	繰越利益剰余金	18,756,180
	売上	10,590,000
	固定資産売却益	78,000
6,795,000	売上原価	
1,434,780	販売費及び一般管理費	
48,000	支払利息	
6,000	手形売却損	
89,375,180		89,375,180

［資料2］3月の取引・決算整理等に関する事項

1．3月中に行われた取引は次のとおりである。

材料費	・材料の掛け仕入高　￥300,000 ・材料の実際消費高　直接材料費　￥210,000 　　　　　　　　　　間接材料費　￥60,000
労務費	・直接工直接作業賃金の現金支払高　￥240,000 ・直接工間接作業賃金の現金支払高　￥30,000 ・間接工賃金の現金支払高　￥67,500 ・月初、月末に賃金の未払いは発生していない。
製造間接費	・［資料2］の1～7で生じた項目　実際発生額　￥（各自計算） ・製造間接費の予定配賦額　￥270,000
仕掛品	・当月完成品総合原価　￥690,000
製品	・当月売上原価　￥660,000
売上高	・製品の掛け売上高　￥960,000

2．決算にあたり実地棚卸を行ったところ、材料実際有高は￥174,000、製品実際有高は￥99,000であった。減耗は、材料・製品ともに正常な理由により生じたものであり、製品の棚卸減耗については売上原価に賦課する。

3．固定資産の減価償却費については、期首に年間発生額を見積もり、以下の月割額を毎月計上し、決算月も同様の処理を行った。
建物の減価償却費　￥12,000（製造活動用￥7,800、販売・一般管理活動用￥4,200）
機械装置の減価償却費　￥33,600（すべて製造用）

4．過去の実績をもとに、売上債権の期末残高に対して1％、短期貸付金の期末残高について2％の貸倒れを見積もり、差額補充法により貸倒引当金を設定する。なお、営業外債権に対する貸倒引当金の決算整理前の期末残高は0円である。

5．退職給付引当金については、年度見積額の12分の1を毎月計上しており、決算月も同様の処理を行った。製造活動に携わる従業員にかかわるものは、月￥72,000、それ以外の従業員にかかわるものは月￥48,000である。年度末に繰入額を確定したところ、年度見積額に比べ、製造活動に携わる従業員に関するものは￥4,500多かった。それ以外の従業員にかかわるものは、年度初めの見積もりどおりであった。

6．年度末に生じた原価差異は、上記に示されている事項のみである。なお、原価差異は、いずれも比較的少額であり正常な原因によるものであった。また、X1年4月からX2年2月までの各月の月次決算で生じた原価差異はそれぞれの月で売上原価に賦課されているものとする。

7．税引前当期純利益の30％を「法人税、住民税及び事業税」に計上する。なお、法人税、住民税及び事業税の算出額については、税法の規定により100円未満は切り捨てとする。税効果会計は適用しないこととする。

解説 05

製造業の財務諸表の問題です。工業簿記の知識と商業簿記の知識の両方が必要になり、難易度が高いです。材料や仕掛品などのＴ字勘定を書きながら仕訳を書くとスムーズに解くことができます。

ステップ1 下書きに仕訳とＴ字勘定（P.201）を書きます。

［資料2］3月の取引・決算整理等に関する事項

1. まずは3月中に行われた取引です。

1、材料の掛け仕入　材料 300,000 / 買掛金 300,000

材料の消費高　仕掛品 210,000 / 材料 210,000
製造間接費 60,000 / 材料 60,000

賃金の現金支払　賃金 240,000 / 現金預金 240,000
賃金 30,000 / 現金預金 30,000
賃金 67,500 / 現金預金 67,500

賃金の消費高　仕掛品 240,000 / 賃金 240,000
製造間接費 97,500 / 賃金 97,500

製造間接費の予定配賦
仕掛品 270,000 / 製造間接費 270,000

製品の完成品　製品 690,000 / 仕掛品 690,000

製品の売上原価 ❷ 売上原価 660,000 / 製品 660,000

製品の売上高　売掛金 960,000 / 売上 960,000 ❶

2. 材料の棚卸減耗費は、間接経費なので製造間接費に計上します。製品の棚卸減耗費は、問題文に「売上原価に賦課する」とありますので、製品から売上原価に振り替えます。

3. 製造活動用の減価償却費は、間接経費なので製造間接費に計上します。

2、材料の帳簿棚卸高 — 材料勘定P.201

月初144,300＋仕入300,000－消費210,000－消費60,000＝174,300

材料の棚卸減耗費　174,300－実際有高174,000＝300

製造間接費　300／材料　300

製品の帳簿棚卸高 — 製品勘定P.201

月初75,000＋完成品690,000－売上原価660,000＝105,000

製品の棚卸減耗費　105,000－実際有高99,000＝6,000

❸ 売上原価　6,000／製品　6,000

3、製造間接費　7,800｜建物減価償却累計額　12,000

❺ 減価償却費　4,200｜

(販売費及び一般管理費)

製造間接費　33,600／機械装置減価償却累計額　33,600

4. 売上債権に関する貸倒引当金繰入は、販売費及び一般管理費に計上します。営業外債権に関する貸倒引当金繰入は、営業外費用に計上します。

4、売上債権

受取手形　10,035,000×1％＝100,350

売掛金　(6,711,000＋960,000)×1％＝76,710

（この金額をそのまま貸借対照表に記入する）

135,000 —(+42,060)→ 177,060（100,350＋76,710）

❻ 貸倒引当金繰入　42,060／貸倒引当金　42,060

(販売費及び一般管理費)

営業外債権
短期貸付金　270,000 × 2% = 5,400
この金額をそのまま貸借対照表に記入する

0 —+5,400→ 5,400

⑧貸倒引当金繰入 5,400 / 貸倒引当金 5,400
（営業外費用）

5. 製造活動に携わる従業員の退職給付費用は、間接労務費なので、製造間接費に計上します。退職給付引当金を毎月末に72,000 + 48,000 = 120,000計上しています。

5. 製造間接費 72,000	退職給付引当金 120,000
⑦退職給付費用 48,000 （販売費及び一般管理費）	

当期末に退職給付引当金の繰入額が確定し、毎月末の繰入額合計と比較したところ、毎月末の繰入額が不足しており、退職給付引当金4,500の追加計上を行います。
毎月末に積み立て金額を1年分集計すると、製造活動に携わる従業員に対する退職給付引当金は72,000 × 12か月 = 864,000となります。これが年度見積額です。問題文の「年度末に繰入額を確定したところ、年度見積額に比べ、製造活動に携わる従業員に関するものは¥4,500多かった」ということなので、864,000 + 4,500 = 868,500が当期末の退職給付引当金の繰入額の確定額となります。

毎月末の積立額（見積額）　不足額＋4,500　当期末の確定額

72,000×12か月＝864,000 ──────→ 868,500

年度見積額は当期首に予想で計算したものですが、確定額は当期中の実際の従業員数や年金資産の運用利率などを反映させ、正確な退職給付引当金を計算します。たとえば当期の予想より従業員が増えたため、退職給付引当金が4,500多くなった、ということです。

製造間接費 4,500 / 退職給付引当金 4,500

6. 製造間接費勘定（P.201）を作成し、原価差異を計算し、製造間接費から原価差異に振り替えます。

① 予定配賦額　270,000

② 実際発生額　60,000＋97,500＋300＋7,800＋33,600＋72,000＋4,500＝275,700

③ ①－②＝△5,700（不利差異、借方差異）

原価差異 5,700 / 製造間接費 5,700

「原価差異はそれぞれの月で売上原価に賦課されている」ので、3月分の原価差異から売上原価に振り替えます。

❹ 売上原価 5,700 / 原価差異 5,700

これまで書いた仕訳をT字勘定にまとめると次のようになります。T字勘定を書くと原価の流れがわかりやすいです。

7. 法人税等の仕訳はステップ2で書きます。

材料

月初 144,300	仕掛品 210,000
買掛金 300,000	製造間接費 60,000
	製造間接費 300
	月末 174,000

賃金

現金 240,000	月初 0
現金 30,000	仕掛品 240,000
現金 67,500	製造間接費 97,500
月末 0	

製造間接費

材料 60,000	仕掛品 270,000
賃金 97,500	原価差異 5,700
材料 300	
建物累計 7,800	
機械累計 33,600	
退引 72,000	
退引 4,500	

原価差異

製造間接費 5,700	売上原価 5,700

仕掛品

月初 150,000	製品 690,000
材料 210,000	月末 180,000
賃金 240,000	
製造間接費 270,000	

製品

月初 75,000	売上原価 660,000
仕掛品 690,000	売上原価 6,000
	月末 99,000

売上原価

2月末残高 6,795,000	
製品 660,000	
製品 6,000	
原価差異 5,700	

ステップ2 残高試算表と下書きの仕訳から損益計算書を作り、税引前当期純利益を計算します。次に法人税等の仕訳を書き、当期純利益を計算します。

	2月の残高	修正仕訳	損益計算書
売上高	10,590,000	❶＋960,000	11,550,000
売上原価	6,795,000	❷＋660,000 ❸＋6,000 ❹＋5,700	7,466,700
売上総利益			4,083,300
販売費及び一般管理費	1,434,780	❺＋4,200 ❻＋42,060 ❼＋48,000	1,529,040
営業利益			2,554,260
営業外収益			0
営業外費用	48,000＋6,000	❽＋5,400	59,400
経常利益			2,494,860
特別利益	78,000		78,000
特別損失	0		0
税引前当期純利益			2,572,860
法人税等		❾＋771,800	771,800
当期純利益			1,801,060

下書きに損益計算書を書いて、税引前当期純利益を求め、法人税等を計算します。

税引前当期純利益 2,572,860×30%＝771,858→771,800
（100円未満切り捨て）

❾ 法人税等 771,800 ／ 仮払法人税等 350,000
未払法人税等 421,800

①売上原価	7,466,700 円
②販売費及び一般管理費	1,529,040 円
③営業外費用	59,400 円
④法人税等	771,800 円
⑤当期純利益	1,801,060 円

ステップ3 残高試算表の金額を貸借対照表の横に写します（欄外の黒字部分）。

ステップ4 下書きの仕訳の金額を横に写します（欄外の赤字部分）。

ステップ5 最後に貸借対照表の残りの部分を記入します。

貸借対照表

X2年3月31日　（単位：円）

欄外	資産の部			負債の部		欄外
	Ⅰ 流動資産			Ⅰ 流動負債		
00 △240,000 00 △67,500	現金預金		（　）	支払手形	（　）	1,596,000
0,035,000	受取手形	（　）		買掛金	（　）	2,586,000 +300,000
	貸倒引当金	（△100,350）	（　）	未払法人税等	（　）	+421,800
00+960,000	売掛金	（　）		流動負債合計	（　）	
	貸倒引当金	（△76,710）	（　）	Ⅱ 固定負債		
0,000 △210,000 △60,000 △300	材料		（　）	長期借入金	（　）	2,400,000
0,000 +240,000 0,000 △690,000	仕掛品		（　）	（退職給付引当金）	（　）	4,380,000 +120,000 +4,500
0 + 690,000 00 △6,000	製品		（　）	固定負債合計	（　）	
270,000	短期貸付金	（　）		負債合計	（　）	
	貸倒引当金	（△5,400）	（　）			
	流動資産合計		（　）			
	Ⅱ 固定資産					
4,320,000	建物	（　）		純資産の部		
000+12,000)	減価償却累計額	（△　）	（　）	資本金	（　）	40,000,000
3,240,000	機械装置	（　）		利益準備金	（　）	7,000,000
000 + 33,600)	減価償却累計額	（△　）	（　）	繰越利益剰余金	（　）	18,756,180 +1,801,060
	固定資産合計		（　）	純資産合計	（　）	
	資産合計		（　）	負債・純資産合計	（　）	

材料、仕掛品、製品はP.201の月末を書き写すと簡単

解答 05

貸借対照表

X2年3月31日 (単位：円)

資産の部			負債の部	
I 流動資産			I 流動負債	
現金預金		(55,458,600)	支払手形	(1,596,000)
受取手形	(10,035,000)		買掛金	(2,886,000)
貸倒引当金	(△ 100,350)	(9,934,650)	未払法人税等	(421,800)
売掛金	(7,671,000)		流動負債合計	(4,903,800)
貸倒引当金	(△ 76,710)	(7,594,290)	II 固定負債	
材料		(174,000)	長期借入金	(2,400,000)
仕掛品		(180,000)	(**退職給付引当金**)	(4,504,500)
製品		(99,000)	固定負債合計	(6,904,500)
短期貸付金	(270,000)		負債合計	(11,808,300)
貸倒引当金	(△ 5,400)	(264,600)		
流動資産合計		(73,705,140)		
II 固定資産				
建物	(4,320,000)		純資産の部	
減価償却累計額	(△ 396,000)	(3,924,000)	資本金	(40,000,000)
機械装置	(3,240,000)		利益準備金	(7,000,000)
減価償却累計額	(△1,503,600)	(1,736,400)	繰越利益剰余金	(20,557,240)
固定資産合計		(5,660,400)	純資産合計	(67,557,240)
資産合計		(79,365,540)	負債・純資産合計	(79,365,540)

①売上原価	7,466,700円
②販売費及び一般管理費	1,529,040円
③営業外費用	59,400円
④法人税等	771,800円
⑤当期純利益	1,801,060円

Chapter 6

第3問対策 本支店会計

本支店会計の出題可能性は低くなりましたが、
試験範囲ですので基本的な問題を解けるようにしておきましょう。

Chapter 6

本支店会計のまとめ

本支店会計は基本的な仕訳や決算の流れを確認しておけば試験対策として十分です。連結会計との違いについても理解しておきましょう。

学習のコツ：第3問（20点）でたまに出題されます。

本支店会計の問題は、次の2つのパターンのどちらかです。

パターン1

合併損益計算書・合併貸借対照表を作成する問題

目的：外部公表用の報告書を作成します。

〈決算の手順〉

①決算整理の仕訳を行います。

②本店と支店を相殺します。

本店 520 ／ 支店 520

③合併損益計算書を作成します。

④合併貸借対照表を作成します。

パターン2

支店の損益勘定・本店の損益勘定を作成する問題

目的：社内の帳簿を締め切るために作成します。

〈決算の手順〉

①決算整理の仕訳を行います。

②支店の損益勘定を作成します。

支店の損益を本店に振り替えます。

本店の仕訳	支店の仕訳
支店 100 ／ 損益 100	損益 100 ／ 本店 100

③本店の損益勘定を作成します。

損益勘定の振替をします。

損益 200 ／ 繰越利益剰余金 200	支店は仕訳なし

連結会計と本支店会計って、似てるんだけど、何が違うの？

連結会計も本支店会計も手続きの流れは似てるけど、まったく別のものなんだ。違いをまとめると次のようになるよ

連結会計	本支店会計
・親会社と子会社は別の会社	・本店と支店は同じ会社
・子会社の持分が何％かが影響する	・同じ会社なので持分は出てこない
・親会社と子会社それぞれが作成した個別財務諸表を合算し、連結修正仕訳を行って連結財務諸表を作成する	・本店と支店それぞれが作成した残高試算表を合算し、修正仕訳を行って本支店合併財務諸表を作成する

Chapter 6 問題 01

あまり出ない　答案用紙 P20　解答 P213　目標タイム 30分

本支店合併財務諸表

次に示した［資料1］～［資料3］にもとづき、四国株式会社第8期（X5年4月1日～X6年3月31日）の本支店合併損益計算書を作成しなさい。法人税等調整額が貸方残高の場合、金額の前に△を付して示すこと。ただし、本問では消費税を考慮しないこととする。

［資料1］決算整理前残高試算表

決算整理前残高試算表

借方科目	本店	支店	貸方科目	本店	支店
現金預金	194,500	69,380	買掛金	365,000	152,000
売掛金	590,000	256,000	未払金	14,000	－
繰越商品	346,000	132,000	貸倒引当金	16,100	4,080
建物	5,000,000	3,000,000	建物減価償却累計額	2,200,000	960,000
備品	2,000,000	1,000,000	備品減価償却累計額	720,000	200,000
土地	800,000	－	長期借入金	2,000,000	600,000
支店	2,198,200	－	退職給付引当金	1,490,000	－
仕入	4,139,000	1,666,400	本店	－	2,198,200
給料	1,990,500	682,400	資本金	3,000,000	－
水道光熱費	78,500	53,600	利益準備金	140,000	－
租税公課	56,000	28,000	繰越利益剰余金	547,600	－
支払利息	25,000	10,500	売上	6,925,000	2,784,000
	17,417,700	6,898,280		17,417,700	6,898,280

［資料2］未処理事項等

1．本店の売掛金¥20,000が回収不能であると判明したので、貸倒れとして処理する。なお、このうち¥15,000は前期の商品販売取引から生じたものであり、残りの¥5,000は当期の商品販売取引から生じたものである。

2．決算直前に本店は支店の水道光熱費¥4,000を現金で支払っていたが、この取引は未記帳である。

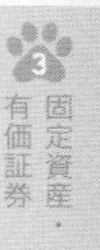

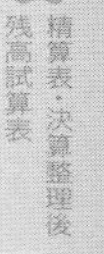

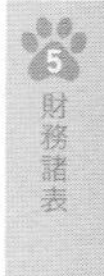

［資料3］決算整理事項等

1．商品の期末棚卸高は、次のとおりである。

①本店

帳簿棚卸高：数量　660個、帳簿価額@¥500

実地棚卸高：数量　640個、正味売却価額@¥800

②支店

帳簿棚卸高：数量　320個、帳簿価額@¥400

実地棚卸高：数量　320個、正味売却価額@¥350

2．本店・支店ともに売掛金残高の3%にあたる貸倒引当金を差額補充法により設定する。

3．有形固定資産の減価償却

①建物：本支店とも、耐用年数25年、残存価額ゼロの定額法

②備品：本支店とも、耐用年数10年、残存価額ゼロの200%定率法

4．本店の退職給付引当金の当期繰入額は¥84,000である。

5．すでに費用処理した収入印紙の期末未使用高は本店¥16,000、支店¥3,000である。

6．決算にあたって本店の支払利息の未払分¥5,000、支店の支払利息の前払分¥1,500を計上する。

7．法人税、住民税及び事業税に¥32,700を計上する。

8．当期の費用計上額のうち¥9,000は、税法上の課税所得の計算にあたって損金算入が認められない（将来減算一時差異）。法人税等の法定実効税率は30%であり、税効果会計を適用する。

解説 01

本支店会計の合併損益計算書の問題です。仕訳は簡単ですが、量が多いので素早く解く必要があります。

ステップ1 下書きに仕訳を書きます。本店と支店の仕訳を分けて書くと見やすいです。

［資料2］未処理事項等

1． 前期の売掛金は、前期末に貸倒引当金を設定していますので、貸倒引当金を取り崩します。一方、当期の商品販売取引から生じた売掛金を貸倒れた場合、前期末に貸倒引当金を設定していない（前期末の売掛金に対して貸倒引当金を設定している）ので、貸倒引当金を取り崩すことができず、貸倒損失を使います（簿記3級の内容）。

2． 支店の水道光熱費なので、支店の費用となります。本店は現金が減るので、貸方に「現金」と書きます。

本店　　　　　　　　　　支店

[2]

1、貸倒損失 5,000 / 売掛金 20,000
　　貸倒引当金 15,000

2、支店 4,000 / 現金 4,000　　水道光熱費 4,000 / 本店 4,000

［資料3］決算整理事項等

1． 正味売却価額とは、商品がいくらで売れるかを表す売価のことです。このため、帳簿価額より正味売却価額が高いのは当たり前の状況といえます。そして、帳簿価額より正味売却価額が低くなった場合には、商品評価損を計上します。棚卸減耗損と商品評価損は、答案用紙を見てみると売上原価の内訳項目に表示されています。このため、棚卸減耗損と商品評価損は売上原価に含める方法で決算整理仕訳を書くことがわかります。

2． 本社の売掛金は［資料2］1．で売掛金が20,000減っており、貸倒引当金の残高も15,000減っていますので、貸倒引当金の計算のさいに反映させる点に注意しましょう。

5. 収入印紙の未使用高は貯蔵品に振り替えます(簿記3級の内容)。

本店	支店
[3]	
1、660×@500 = 330,000 → 棚減 20×@500 = 10,000、640 通常	320×@400 = 128,000 → 棚減なし、商評 320×(@400−@350) = 16,000
仕入 346,000 / 繰越商品 346,000	仕入 132,000 / 繰越商品 132,000
繰越商品 330,000 / 仕入 330,000	繰越商品 128,000 / 仕入 128,000
棚卸減耗損 10,000 / 繰越商品 10,000	商品評価損 16,000 / 繰越商品 16,000
仕入 10,000 / 棚卸減耗損 10,000	仕入 16,000 / 商品評価損 16,000
2、	
売掛金 (590,000−20,000)×3%=17,100	売掛金 256,000×3% = 7,680
貸引 16,100−15,000 = 1,100 —+16,000→ 17,100	貸引 4,080 —+3,600→ 7,680
貸倒引当金繰入 16,000 / 貸倒引当金 16,000	貸倒引当金繰入 3,600 / 貸倒引当金 3,600
3、建物 5,000,000 ÷ 25年 = 200,000	建物 3,000,000 ÷ 25年 = 120,000
備品 1÷10年×200% = 0.2	備品 0.2
(2,000,000−720,000)×0.2 = 256,000	(1,000,000−200,000)×0.2 = 160,000
減価償却費 456,000 / 建物-累計額 200,000	減価償却費 280,000 / 建物-累計額 120,000
/ 備品-累計額 256,000	/ 備品-累計額 160,000
4、退職給付費用 84,000 / 退職給付引当金 84,000	
5、貯蔵品 16,000 / 租税公課 16,000	貯蔵品 3,000 / 租税公課 3,000
6、支払利息 5,000 / 未払利息 5,000	前払利息 1,500 / 支払利息 1,500
7、法人税等 32,700 / 未払法人税等 32,700	
8、9,000 × 30% = 2,700	
繰延税金資産 2,700 / 法人税等調整額 2,700	

6. 本店は未払利息、支店は前払利息なので、間違えないようにしましょう。

8. 将来減算一時差異は、繰延税金資産を計上します。相手勘定科目は法人税等調整額を使います。

ステップ2 損益計算書の勘定科目を上から順番に埋めます。最後に各利益を計算します。法人税等調整額は貸方残高（費用のマイナス）なので、金額の前に△を付け、費用である法人税等からマイナスする点に注意しましょう。

勘定科目	A 決算整理前残高試算表		B 決算整理仕訳		C 損益計算書（A＋B）
	本店	支店	本店	支店	
Ⅰ売上高	6,925,000	2,784,000			9,709,000
Ⅱ1商品期首棚卸高			+ 346,000	+ 132,000	478,000
2当期商品仕入高	4,139,000	1,666,400			5,805,400
3商品期末棚卸高			+ 330,000	+ 128,000	458,000
4棚卸減耗損			+ 10,000		10,000
5商品評価損				+ 16,000	16,000
Ⅲ1給料	1,990,500	682,400			2,672,900
2退職給付費用			+ 84,000		84,000
3水道光熱費	78,500	53,600		+ 4,000	136,100
4減価償却費			+ 456,000	+ 280,000	736,000
5（貸倒損失）			+ 5,000		5,000
6貸倒引当金繰入			+ 16,000	+ 3,600	19,600
7租税公課	56,000	28,000	△16,000	△3,000	65,000
Ⅳ1支払利息	25,000	10,500	+ 5,000	△1,500	39,000
法人税、住民税及び事業税			+ 32,700		32,700
（法人税等調整額）			△2,700		△2,700

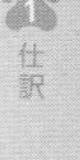

解答 01

本支店合併損益計算書

自X5年4月1日　至X6年3月31日　　(単位：円)

Ⅰ	売上高		(9,709,000)
Ⅱ	売上原価		
	1 商品期首棚卸高	(478,000)	
	2 当期商品仕入高	(5,805,400)	
	合計	(6,283,400)	
	3 商品期末棚卸高	(458,000)	
	差引	(5,825,400)	
	4 棚卸減耗損	(10,000)	
	5 商品評価損	(16,000)	(5,851,400)
	売上総利益		(3,857,600)
Ⅲ	販売費及び一般管理費		
	1 給料	(2,672,900)	
	2 退職給付費用	(84,000)	
	3 水道光熱費	(136,100)	
	4 減価償却費	(736,000)	
	5 (**貸倒損失**)	(5,000)	
	6 貸倒引当金繰入	(19,600)	
	7 租税公課	(65,000)	(3,718,600)
	営業利益		(139,000)
Ⅳ	営業外費用		
	1 支払利息		(39,000)
	税引前当期純利益		(100,000)
	法人税、住民税及び事業税	(32,700)	
	(**法人税等調整額**)	(△ 2,700)	(30,000)
	当期純利益		(70,000)

Chapter 6 問題 02

あまり出ない | 答案用紙 P21 | 解答 P220 | 目標タイム 25分

本店の損益勘定

九州株式会社は、福岡の本店のほかに鹿児島県に支店を有している。次の［資料］にもとづき、第12期（20X2年4月1日～ 20X3年3月31日）の本店の損益勘定を完成しなさい。ただし、本問では法人税、住民税及び事業税と税効果会計、消費税を考慮しないこととする。

［資料］

(A) 残高試算表（本店・支店）

残 高 試 算 表
20X3年3月31日

借方	本店	支店	貸方	本店	支店
現金預金	864,000	229,750	買掛金	196,750	117,000
売掛金	274,000	216,000	借入金	350,000	−
繰越商品	179,250	120,750	貸倒引当金	2,500	1,300
備品	150,000	87,500	備品減価償却累計額	60,000	17,500
支店	434,000	−	本店	−	436,250
仕入	945,000	375,000	資本金	1,000,000	−
支払家賃	195,000	137,500	利益準備金	55,000	−
給料	207,500	131,200	繰越利益剰余金	175,000	−
広告宣伝費	79,750	4,800	売上	1,490,000	710,000
支払利息	14,000	−	受取手数料	13,250	20,450
	3,342,500	1,302,500		3,342,500	1,302,500

(B) 未処理事項等

(1) 本店の売掛金￥15,000が回収され、本店で開設している当社名義の当座預金口座に入金されていたが、銀行からの連絡が本店に届いていなかった。

(2) 20X3年3月1日、本店は営業用の車両￥500,000を購入し、代金の支払いを翌月末とする条件にしていたが、取得の会計処理が行われていなかった。

(3) 本店が支店へ現金￥16,750を送付していたが、支店は誤って￥19,000と記帳していた。

(4) 本店が支店へ商品￥27,000（仕入価額）を移送したにもかかわらず、本店・支店ともその会計処理が行われていなかった。

(C) 決算整理事項等

(1) 商品の期末棚卸高は次のとおりである。売上原価を仕入勘定で計算する。当社において棚卸減耗損および商品評価損は発生していない。

①本店（上記（B）（4）処理後）
原価：@￥189　帳簿棚卸数量：1,000個

②支店（上記（B）（4）処理後）
原価：@￥135　帳簿棚卸数量：800個

(2) 本店・支店とも売上債権残高の1％にあたる貸倒引当金を差額補充法により設定する。

(3) 有形固定資産の減価償却

①備品：本店・支店とも、残存価額ゼロ、耐用年数5年の定額法

②車両運搬具：総利用可能距離100,000km、当期の利用距離2,000km、残存価額ゼロ、生産高比例法

(4) 本店が支払った広告宣伝費のうち、支店は￥15,000を負担することとなった。

(5) 支店で算出された損益（各自算定）が本店に報告された。

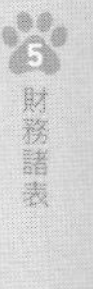

解説 02

本支店会計の出題は次の2パターンがあり、どちらを問われているのか、はっきり区別できるようにしておきましょう。本問は②の問題ですが、本店の損益勘定のみを解答します。ただし、支店の損益勘定を自分で下書きに書く必要があるので難易度が高くなっています。

①合併損益計算書・合併貸借対照表を作成する問題

・合併損益計算書と合併貸借対照表は会社外部への公表用の報告書です。
・本店勘定と支店勘定を相殺消去します。

②支店の損益勘定、本店の損益勘定を作成する問題

・支店の損益勘定と本店の損益勘定は会社内部用の帳簿です。
・本店勘定と支店勘定を相殺消去しません。
・支店の損益を本店へ振り替えます。

ステップ1 下書きに仕訳を書きます。本店を左側、支店を右側に分けて書くのがコツです。

[資料]（B）（4）本支店間で商品を仕入価額で移送した場合には、仕入勘定を使って仕訳をします。

[資料]（C）（1）仕訳で使う金額は次のとおりです。

本店　**期首**　残高試算表より179,250
　　　　期末　@￥189 × 1,000個 = 189,000
支店　**期首**　残高試算表より120,750
　　　　期末　@￥135 × 800個 = 108,000

[資料]（C）（3）②車両は期中に取得したが、生産高比例法なので月割計算をしません。当期の利用距離2,000kmは、取得から当期末までに利用した分なので、月割計算をしなくても利用分のみの減価償却費が計算されるからです。

(B)

	本店の仕訳	支店の仕訳
(1)	現金預金 15,000 / 売掛金 15,000	―
(2)	車両 500,000 / 未払金 500,000	―
(3)	―	本店 2,250 / 現金預金 2,250
(4)	支店 27,000 / 仕入 27,000	仕入 27,000 / 本店 27,000

(C)

	本店の仕訳	支店の仕訳
(1)	仕入 179,250 / 繰越商品 179,250 繰越商品 189,000 / 仕入 189,000	仕入 120,750 / 繰越商品 120,750 繰越商品 108,000 / 仕入 108,000
(2)	売掛金 (274,000 − 15,000) × 1% = 2,590 2,500 —+90→ 2,590 貸倒引当金繰入 90 / 貸倒引当金 90	216,000 × 1% = 2,160 1,300 —+860→ 2,160 貸倒引当金繰入 860 / 貸倒引当金 860
(3)	① 備品 150,000 ÷ 5年 = 30,000 ② 車両 $500{,}000 \times \frac{2{,}000}{100{,}000} = 10{,}000$ 減価償却費 40,000 / 備品累 30,000 　　　　　　　　 / 車両累 10,000	① 87,500 ÷ 5年 = 17,500 ② ― 減価償却費 17,500 / 備品累 17,500
(4)	支店 15,000 / 広告宣伝費 15,000	広告宣伝費 15,000 / 本店 15,000
(5)	後で仕訳する	

ステップ2 下書きに支店の損益勘定を書きます。支店の損益勘定は、本店の損益勘定を作成するために必要です。

まず［資料］（A）の金額を写します（黒字部分）。次に下書きの仕訳の金額を写します（赤字部分）。損益勘定の「本店」が支店の利益の金額となります。

本店　収益730,450－費用721,610＝8,840

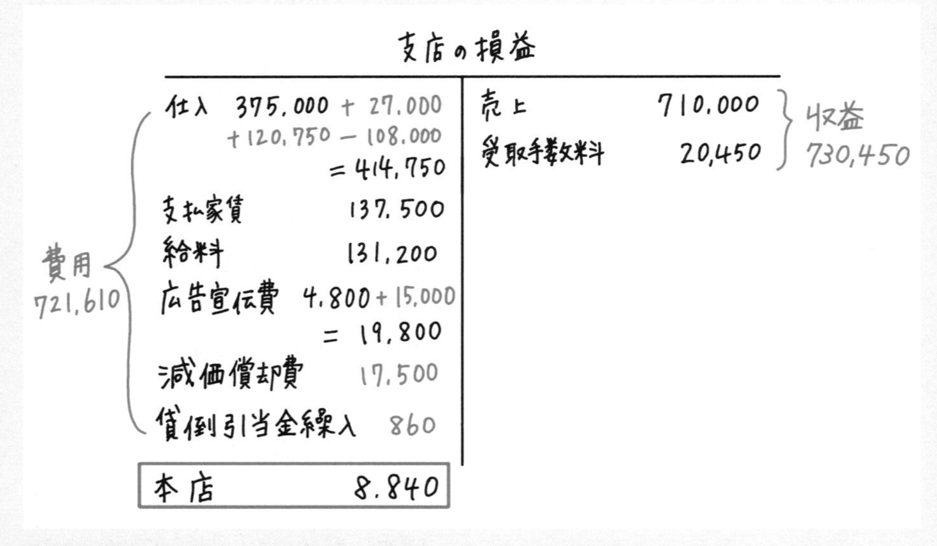

ステップ3 下書きに、支店の利益を本店へ振り替える仕訳を書きます。

本店の仕訳	支店の仕訳
(5) 支店 8,840 / 損益 8,840	損益 8,840 / 本店 8,840

ステップ4 本店の損益勘定に［資料］(A) の金額を写します（欄外の黒字部分）。次に下書きの仕訳の金額を写します（赤字部分）。「支店」は支店の利益の金額となります。繰越利益剰余金は次のように計算します。

繰越利益剰余金

収益　1,490,000 + 13,250 + 8,840 = 1,512,090

費用　(945,000 − 27,000 + 179,250 − 189,000) + 195,000 + 207,500 + (79,750 − 15,000) + 40,000 + 90 + 14,000 = 1,429,590

繰越利益剰余金　1,512,090 − 1,429,590 = 82,500

本店の損益

欄外	摘要	金額	摘要	金額	欄外
945,000 − 27,000 + 179,250 − 189,000	仕入		売上		1,490,000
195,000	支払家賃		受取手数料		13,250
207,500	給料		支店		+ 8,840
79,750 − 15,000	広告宣伝費				
+ 40,000	減価償却費				
+ 90	貸倒引当金繰入				
14,000	支払利息				
+ 82,500	(繰越利益剰余金)				

ステップ5 欄外の金額を計算して本店の損益勘定を記入します。また、損益勘定は決算日である3月31日に作成するので、日付欄には3月31日と記入します。

参考 損益勘定は、損益振替の仕訳をするときに出てくる勘定です。損益振替の仕訳は次のようになりますが、仕訳を書かなくても損益勘定を作成できるように練習しましょう。損益勘定は右に収益、左に費用を書くことになります。

<table>
<tr><th>本店の仕訳</th><th>支店の仕訳</th></tr>
<tr><td>売上 1,490,000 ／損益 1,503,250
受取手数料 13,250／
損益 1,429,590 ／ 仕入 908,250
支払家賃 195,000
給料 207,500
広告宣伝費 64,750
減価償却費 40,000
貸倒引当金繰入 90
支払利息 14,000
支店 8,840 ／ 損益 8,840
損益 82,500 ／ 繰越利益剰余金 82,500</td><td>売上 710,000 ／損益 730,450
受取手数料 20,450／
損益 721,610 ／ 仕入 414,750
支払家賃 137,500
給料 131,200
広告宣伝費 19,800
減価償却費 17,500
貸倒引当金繰入 860
損益 8,840 ／ 本店 8,840</td></tr>
</table>

解答 02

損　　益

日付		摘　要	金　額	日付		摘　要	金　額
3	**31**	仕　　入	**908,250**	**3**	**31**	売　　上	**1,490,000**
3	**31**	支払家賃	**195,000**	**3**	**31**	受取手数料	**13,250**
3	**31**	給　　料	**207,500**	**3**	**31**	支　　店	**8,840**
3	**31**	広告宣伝費	**64,750**				
3	**31**	減価償却費	**40,000**				
3	**31**	貸倒引当金繰入	**90**				
3	**31**	支払利息	**14,000**				
3	**31**	（**繰越利益剰余金**）	**82,500**				
			1,512,090				**1,512,090**

Chapter 7

第2問対策
連結会計

受験生が苦手とする連結会計。
コツをつかめば満点が取りやすいので、何度も解き直して、
マスターしましょう。

Chapter 7

連結会計のまとめ

連結会計とは、当社が子会社株式を保有している場合に、当社の財務諸表と子会社の財務諸表を合算し、連結修正仕訳を行い、連結財務諸表を作成することをいいます。試験だけでなく、実務でも重要な内容です。

学習のコツ：第2問（20点）でよく出題されます。しっかり学習時間を確保する必要があります。連結会計を苦手にしている受験生が多いのですが、パターンが決まっていますので、練習すれば満点が取れるようになります。

連結会計の問題は次の3つのパターンが出題されます。連結財務諸表は、連結損益計算書、連結貸借対照表、連結株主資本等変動計算書を作成できるようにしておく必要があります。

パターン1　仕訳問題
パターン2　連結精算表の問題
パターン3　連結財務諸表の問題

ポイント1

連結会計の仕訳は次の7つです。必ず書けるようにしておきましょう。
①投資と資本の相殺　②のれんの償却
③当期純利益の振り替え　④剰余金の配当
⑤連結会社間の取引の相殺（内部取引・債権債務の相殺）
⑥貸倒引当金の調整　⑦未実現利益の消去

①②③④を資本連結、⑤⑥⑦を成果連結といいます。資本連結とは、親会社の子会社に対する投資と、これに対応する子会社の資本の相殺消去などを行う一連の処理のことです。成果連結とは、資本連結を除き、支配獲得日以降に連結会社間で行われた取引に関する相殺消去などを行う一連の処理のことです。タイムテーブルを使った解き方において、タイムテーブルから得られるのは資本連結の情報だけなので、成果連結の仕訳は別途自分で書く必要があります。

ポイント2

開始仕訳が書けるようになっておくこと。ポイントは、前期以前の連結修正仕訳のうち収益・費用の勘定科目は「利益剰余金（期首)」になる点、純資産の勘定科目には（期首）をつける点です。本書では、④剰余金の配当の貸方の勘定科目として「剰余金の配当」ではなく「利益剰余金」という勘定科目を使っています。これは連結貸借対照表の勘定科目を使っているためであり、実際の試験問題に合わせています。例外として純資産の勘定科目に（期首）を付けているのは、連結株主資本等変動計算書の当期首の残高を記入するために使用する目的があるからです。基本的な考え方としては、連結損益計算書と連結貸借対照表の勘定科目を使うのがオススメです。もちろん、問題文に指定された勘定科目がある場合は問題文の指示に従いましょう。

連結第0年度（支配獲得時）の連結修正仕訳 ①投資と資本の相殺	資本金 200,000 / 子会社株式 270,000 資本剰余金 50,000 / 非支配株主持分 65,000 利益剰余金 75,000 のれん 10,000
連結第1年度の連結修正仕訳 ①開始仕訳	資本金(期首) 200,000 / 子会社株式 270,000 資本剰余金(期首) 50,000 / 非支配株主持分(期首) 65,000 利益剰余金(期首) 75,000 のれん 10,000
②のれんの償却	のれん償却1,000 ／のれん1,000
③当期純利益の振り替え	非支配株主に帰属する当期純利益 1,200 ／非支配株主持分 1,200
④剰余金の配当	受取配当金 1,600 / 利益剰余金 2,000 非支配株主持分 400
連結第2年度の連結修正仕訳 ①開始仕訳	資本金(期首) 200,000 / 子会社株式 270,000 資本剰余金(期首) 50,000 / 非支配株主持分(期首) 65,000 利益剰余金(期首) 75,000 のれん 10,000 利益剰余金(期首) 1,000 ／のれん1,000 利益剰余金(期首) 1,200 ／非支配株主持分(期首) 1,200 利益剰余金(期首) 1,600 / 利益剰余金(期首) 2,000 非支配株主持分(期首) 400
②のれんの償却	のれん償却 1,000 ／のれん 1,000
③当期純利益の振り替え	非支配株主に帰属する当期純利益 1,800 ／非支配株主持分 1,800
④剰余金の配当	受取配当金 2,400 / 利益剰余金 3,000 非支配株主持分 600

Chapter 7 問題 01

あまり出ない

答案用紙 P22

解答 P229

目標タイム 10分

連結修正仕訳

親会社P社と子会社S社に関する以下の［資料］により、下記の問に答えなさい。

［資料］

1．P社はX1年3月31日にS社の発行済株式総数の60％を69,000千円で取得して支配を獲得し、それ以降S社を連結子会社として連結財務諸表を作成している。支配獲得時のS社の個別貸借対照表は、次のとおりである。

S社の個別貸借対照表

X1年3月31日 （単位：千円）

諸資産	150,000	諸負債	40,000
		資本金	70,000
		資本剰余金	10,000
		利益剰余金	30,000
	150,000		150,000

2．のれんは、支配獲得時の翌年度から10年間にわたり定額法により償却を行っている。

3．S社の連結第1年度（X1年4月1日からX2年3月31日）の当期純利益は10,000千円、利益剰余金の配当は4,000千円であった。

問1　支配獲得日の連結修正仕訳を答えなさい。使用する勘定科目は次の中から最も適当と思われるものを選ぶこと。

資本金期首残高	資　本　金	資本剰余金期首残高	資本剰余金
利益剰余金期首残高	利益剰余金	非支配株主持分期首残高	非支配株主持分
S　社　株　式	の　れ　ん	のれん償却	負ののれん発生益
受取配当金	未払配当金	非支配株主に帰属する当期純利益	親会社株主に帰属する当期純利益

問2　連結第1年度の連結修正仕訳を答えなさい。使用する勘定科目は問1と同様であり、仕訳が必要ない場合には借方欄に「仕訳なし」と書くこと。

問3　仮に、上記の［資料］でS社の発行済株式総数の100％を112,000千円で取得した場合、連結第1年度の連結修正仕訳はどのようになるか答えなさい。使用する勘定科目は問1と同様であり、仕訳が必要ない場合には借方欄に「仕訳なし」と書くこと。

解説 01

ステップ1 支配獲得日の連結修正仕訳を書き、問1を解答します。

(1) 支配獲得日(連結第0年度)　P社60%　非支配株主40%

① 投資と資本の相殺

非支配株主持分の計算　(70,000＋10,000＋30,000)×40%＝44,000

のれんの計算　69,000＋44,000－70,000－10,000
－30,000＝3,000

借方		貸方	
資本金	70,000	S社株式	69,000
資本剰余金	10,000	非支配株主持分	44,000
利益剰余金	30,000		
のれん	3,000		

❶支配獲得時のS社の純資産を減らす
❷S社株式を減らす
❸非支配株主持分を計上する
❹差額が左側なので「のれん」を使う

ステップ2 連結第1年度の連結修正仕訳を書き、問2に解答します。

(2) 連結第1年度

① 開始仕訳

借方		貸方	
資本金期首残高	70,000	S社株式	69,000
資本剰余金期首残高	10,000	非支配株主持分期首残高	44,000
利益剰余金期首残高	30,000		
のれん	3,000		

(1) ①で書いた仕訳の純資産の勘定科目に期首残高をつける

② のれんの償却

のれん償却の計算　3,000÷10年＝300

のれん償却 300 / のれん 300

③ 当期純利益の振り替え

非支配株主持分の計算　S社の当期純利益10,000×40%=4,000

非支配株主に帰属する当期純利益 4,000	非支配株主持分 4,000

④ 剰余金の配当

受取配当金の計算　S社の配当額4,000×60%=2,400

非支配株主持分の計算　S社の配当額 4,000×40%=1,600

受取配当金 2,400	利益剰余金 4,000
非支配株主持分 1,600	

ステップ3 S社の発行済株式総数の100%を112,000千円で取得した場合の連結第1年度の連結修正仕訳を書き、問3を解答します。

(1) 支配獲得日（連結第0年度）　P社100%　非支配株主 0%

① 投資と資本の相殺

のれんの計算　112,000−70,000−10,000−30,000=2,000

資本金 70,000	S社株式 112,000
資本剰余金 10,000	
利益剰余金 30,000	
のれん 2,000	

❶支配獲得時のS社の純資産を減らす
❷S社株式を減らす
❸S社株式を100%取得しているので、非支配株主持分は発生しない
❹差額が左側なので「のれん」を使う

(2) 連結第1年度

① 開始仕訳

資本金期首残高 70,000	S社株式 112,000
資本剰余金期首残高 10,000	
利益剰余金期首残高 30,000	
のれん 2,000	

純資産の勘定科目に期首残高をつける

② のれんの償却
のれん償却の計算 2,000÷10年＝200
のれん償却 200 / のれん 200

③ 当期純利益の振り替え
非支配株主の持分割合は 0%
なので、仕訳なし。

④ 剰余金の配当
受取配当金の計算 S社の配当額 4,000×100%＝4,000
受取配当金 4,000 / 利益剰余金 4,000

ワンポイント

問1と問2では、P社はS社の発行済株式総数の60％を取得しています。S社の株主にはP社だけでなく、40％は非支配株主が存在しています。このため、連結修正仕訳でS社の純資産の40％は非支配株主持分として計上します。問3では、P社はS社の発行済株式総数の100％を取得しています。S社の株主はP社だけなので、非支配株主は存在していません。このため、連結修正仕訳で非支配株主持分が出てこないのです。

ワンポイント

開始仕訳について、本問では使用する勘定科目が問題文に与えられているので「資本金期首残高」などの勘定科目を使って解答しています。下書きに仕訳を書く場合にはP.232のように「資本金（期首)」などの勘定科目を使った方が時間短縮になります。本書では、「資本金期首残高」と「資本金（期首)」は同じ意味で使用しています。

解答 01

問1　(単位：千円)

	借方	金額	貸方	金額
投資と資本の相殺の仕訳	資本金 資本剰余金 利益剰余金 のれん	70,000 10,000 30,000 3,000	S社株式 非支配株主持分	69,000 44,000

問2　(単位：千円)

	借方	金額	貸方	金額
開始仕訳	資本金期首残高 資本剰余金期首残高 利益剰余金期首残高 のれん	70,000 10,000 30,000 3,000	S社株式 非支配株主持分期首残高	69,000 44,000
のれんの仕訳	のれん償却	300	のれん	300
当期純利益の仕訳	非支配株主に帰属する当期純利益	4,000	非支配株主持分	4,000
配当の仕訳	受取配当金 非支配株主持分	2,400 1,600	利益剰余金	4,000

問3　(単位：千円)

	借方	金額	貸方	金額
開始仕訳	資本金期首残高 資本剰余金期首残高 利益剰余金期首残高 のれん	70,000 10,000 30,000 2,000	S社株式	112,000
のれんの仕訳	のれん償却	200	のれん	200
当期純利益の仕訳	仕訳なし			
配当の仕訳	受取配当金	4,000	利益剰余金	4,000

Chapter 7 問題 02

よく出る　答案用紙 P23　解答 P235　目標タイム 20分

連結精算表（連結第1年度）

次の［資料］にもとづいて、連結第1年度（X1年4月1日からX2年3月31日）の連結精算表を作成しなさい。

［資料］

1．P社はX1年3月31日にS社の発行済株式総数（5,000株）の60％を570,000千円で取得して支配を獲得し、それ以降S社を連結子会社として連結財務諸表を作成している。のれんは、支配獲得時の翌年度から10年間にわたり定額法により償却を行っている。

2．X1年3月31日のS社の個別貸借対照表は、次のとおりである。

S社の個別貸借対照表
X1年3月31日　（単位：千円）

諸資産	1,680,000	諸負債	740,000
		資本金	600,000
		資本剰余金	100,000
		利益剰余金	240,000
	1,680,000		1,680,000

3．X1年6月20日にP社は300,000千円、S社は60,000千円の利益剰余金の配当を行った。

4．X1年4月1日より、P社はS社に対して商品を販売しており、その売上高は720,000千円である。

5．X2年3月31日現在、P社の売掛金残高のうち100,000千円がS社に対するものである。P社は売掛金に対して4％の貸倒引当金を設定している。

6．X2年3月31日現在、S社の商品にはP社から仕入れたものが40,000千円含まれている。P社がS社に販売する商品の売上総利益率は、20％であった。

解説 02

連結精算表の問題は、最初に何の仕訳を書くのかを書き出してから、問題に取り組みましょう。「連結の仕訳は7つ」と覚えておきましょう。本問では解答の連結精算表にカッコが付いていないので、借方の金額と貸方の金額、どちらもカッコを付けずに記入します。

ステップ1 連結の仕訳7つを書き出します。

① 投資と資本の相殺　② のれんの償却
③ 当期純利益の振り替え　④ 剰余金の配当
⑤ 内部取引、債権債務の相殺
⑥ 貸倒引当金の調整　⑦ 未実現利益の消去

ステップ2 連結修正仕訳を書きます。

(1) 支配獲得日（連結第0年度）　P社60%　非支配株主40%

① 投資と資本の相殺

非支配株主持分の計算　(600,000＋100,000＋240,000)×40%＝376,000

のれんの計算　570,000＋376,000－600,000
－100,000－240,000＝6,000

借方		貸方	
資本金	600,000	子会社株式	570,000
資本剰余金	100,000	非支配株主持分	376,000
利益剰余金	240,000		
のれん	6,000		

❶支配獲得時のS社の純資産を減らす
❷子会社株式を減らす
❸非支配株主持分を計上する
❹差額が左側なので「のれん」を使う

(2) 連結第1年度　P社60%　非支配株主40%

①開始仕訳

資本金(期首)　600,000 ／ 子会社株式　570,000
資本剰余金(期首)　100,000 ／ 非支配株主持分(期首)　376,000
利益剰余金(期首)　240,000
のれん　6,000

純資産の勘定科目に（期首）をつける

②のれんの償却

のれん償却の計算　6,000 ÷ 10年 = 600
のれん償却　600 ／ のれん　600

のれん償却…販売費及び一般管理費

③当期純利益の振り替え

非支配株主持分の計算　S社の当期純利益140,000 × 40% = 56,000
非支配株主に帰属する当期純利益　56,000
／ 非支配株主持分　56,000

精算表の個別財務諸表より

④剰余金の配当

受取配当金の計算　S社の配当額　60,000 × 60% = 36,000
（営業外収益）
非支配株主持分の計算　S社の配当額　60,000 × 40% = 24,000

受取配当金　36,000 ／ 利益剰余金　60,000
非支配株主持分　24,000

受取配当金…営業外収益

⑤内部取引・債権債務の相殺

売上高　720,000 ／ 売上原価　720,000
買掛金　100,000 ／ 売掛金　100,000

⑥ 貸倒引当金の調整
貸倒引当金繰入の計算 100,000×4％＝4,000
（販売費及び一般管理費）
貸倒引当金 4,000 / 貸倒引当金繰入 4,000

貸倒引当金繰入…販売費及び一般管理費

⑦ 未実現利益の消去
商品の未実現利益の計算 40,000×20％＝8,000
売上原価 8,000 / 商品 8,000

売上総利益率20％なので、
未実現利益は売上高の20％

［資料］6. の「S社の商品にはP社から仕入れたものが40,000千円」について、⑤内部取引の相殺で連結修正仕訳を書く必要があるのではないか、と思った方がいるかもしれません。この40,000千円は720,000千円に含まれているため、連結修正仕訳は不要です。詳しく説明します。

［資料］4. に「P社はS社に対して商品を販売しており、その売上高は720,000千円である」と書いてあり、1年間にP社からS社へ720,000千円分の商品を販売したことがわかります。S社にとっては1年間でP社から720,000千円分の商品を仕入れたことになります。

［資料］6. の「S社の商品にはP社から仕入れたものが40,000千円含まれている」というのは、S社がP社から仕入れた720,000千円のうち720,000千円－40,000千円＝680,000千円の商品は当期末までに外部へ販売し、40,000千円分の商品は当期末にS社に残っている、という状況です。

P社とS社の商品売買取引の総額は720,000千円なので、⑤内部取引の相殺は720,000千円分、売上高と売上原価を減らしています。そして、S社の期末に在庫として残っている40,000千円の商品が、⑦未実現利益の消去の対象となるのです。苦手な方はテキストに戻って、⑦未実現利益の消去の連結修正仕訳を復習しましょう。

ステップ3 連結精算表は次の順番で記入します。なお、試験では修正・消去欄に配点はありませんので、連結財務諸表の金額が正解していれば、修正・消去欄の書き方が解答と違っていても構いません。

〈連結精算表を書く順番〉

❶下書きの仕訳を損益計算書の修正・消去欄に記入→当期純利益、非支配株主に帰属する当期純利益、親会社株主に帰属する当期純利益を記入→連結損益計算書を記入する。

❷損益計算書の「親会社株主に帰属する当期純利益」を株主資本等変動計算書に書き写す。

❸下書きの仕訳を株主資本等変動計算書の修正・消去欄に記入→各期末残高を記入→連結株主資本等変動計算書を記入する。

❹株主資本等変動計算書の各期末残高を貸借対照表の純資産の勘定科目に書き写す。

❺下書きの仕訳を貸借対照表の資産と負債の修正・消去欄に記入→連結貸借対照表を記入する。

ワンポイント

連結精算表のテクニック

連結精算表は、利益剰余金の部分が複雑で難易度が高いです。ここは捨てても構いません。なお、利益剰余金を無視して他の勘定科目を記入して、最後に貸借差額で利益剰余金を記入する方法もオススメです。

解答 02

連結第１年度　　　　**連結精算表**　　　　（単位：千円）

科目	個別財務諸表		修正・消去		連結財務諸表
	P社	S社	借方	貸方	
貸借対照表					**連結貸借対照表**
諸資産	5,034,600	1,480,400			**6,515,000**
売掛金	1,240,000	260,000		**100,000**	**1,400,000**
貸倒引当金	△49,600	△10,400	**4,000**		**△56,000**
商品	551,000	70,000		**8,000**	**613,000**
子会社株式	570,000	−		**570,000**	
のれん			**6,000**	**600**	**5,400**
資産合計	7,346,000	1,800,000	**10,000**	**678,600**	**8,477,400**
諸負債	1,356,000	610,000			**1,966,000**
買掛金	721,000	170,000	**100,000**		**791,000**
資本金	1,000,000	600,000	**600,000**		**1,000,000**
資本剰余金	400,000	100,000	**100,000**		**400,000**
利益剰余金	3,869,000	320,000	**1,060,600**	**784,000**	**3,912,400**
非支配株主持分			**24,000**	**432,000**	**408,000**
負債・純資産合計	7,346,000	1,800,000	**1,884,600**	**1,216,000**	**8,477,400**
損益計算書					**連結損益計算書**
売上高	6,212,000	1,989,000	**720,000**		**7,481,000**
売上原価	3,609,000	1,192,000	**8,000**	**720,000**	**4,089,000**
販売費及び一般管理費	2,011,100	674,000	**600**	**4,000**	**2,681,700**
営業外収益	481,000	80,300	**36,000**		**525,300**
営業外費用	9,900	4,300			**14,200**
特別利益	10,000	2,000			**12,000**
特別損失	173,000	1,000			**174,000**
法人税等	270,000	60,000			**330,000**
当期純利益	630,000	140,000	**764,600**	**724,000**	**729,400**
非支配株主に帰属する当期純利益			**56,000**		**56,000**
親会社株主に帰属する当期純利益	630,000	140,000	**820,600**	**724,000**	**673,400**
株主資本等変動計算書					**連結株主資本等変動計算書**
資本金期首残高	1,000,000	600,000	**600,000**		**1,000,000**
資本金期末残高	1,000,000	600,000	**600,000**		**1,000,000**
資本剰余金期首残高	400,000	100,000	**100,000**		**400,000**
資本剰余金期末残高	400,000	100,000	**100,000**		**400,000**
利益剰余金期首残高	3,539,000	240,000	**240,000**		**3,539,000**
当期変動額					
剰余金の配当	△300,000	△60,000		**60,000**	**△300,000**
親会社株主に帰属する当期純利益	630,000	140,000	**820,600**	**724,000**	**673,400**
利益剰余金期末残高	3,869,000	320,000	**1,060,600**	**784,000**	**3,912,400**
非支配株主持分期首残高				**376,000**	**376,000**
非支配株主持分当期変動額			**24,000**	**56,000**	**32,000**
非支配株主持分期末残高			**24,000**	**432,000**	**408,000**

Chapter 7 問題 03

よく出る　答案用紙 P24　解答 P241　目標タイム 30分

連結精算表（連結第2年度）

次の［資料］にもとづいて、連結第2年度（X2年4月1日からX3年3月31日）の連結精算表を作成しなさい。

［資料］

1．P社はX1年3月31日にS社の発行済株式総数（10,000株）の80％を270,000千円で取得して支配を獲得し、それ以降S社を連結子会社として連結財務諸表を作成している。のれんは、支配獲得時の翌年度から10年間にわたり定額法により償却を行っている。

2．X1年3月31日（支配獲得時）のS社の個別貸借対照表。

S社の個別貸借対照表
X1年3月31日　　（単位：千円）

借方	金額	貸方	金額
諸資産	565,000	諸負債	240,000
		資本金	200,000
		資本剰余金	50,000
		利益剰余金	75,000
	565,000		565,000

3．X1年度（X1年4月1日からX2年3月31日）、S社は当期純利益6,000千円、利益剰余金の配当額2,000千円を計上した。X1年度よりP社はS社に対して商品を販売しており、X2年度の売上高は120,000千円である。

4．P社は売掛金に対して毎期3％の貸倒引当金を設定している。P社の売掛金残高のうちS社に対するものはX2年3月31日16,000千円、X3年3月31日20,000千円である。

5．P社がS社に販売する商品の売上総利益率は、毎期25％である。S社の商品のうちP社から仕入れたものはX2年3月31日18,000千円、X3年3月31日14,000千円である。

解説 03

連結第２年度の連結精算表を作成する問題です。連結会計の問題は、最初に何の仕訳を書くのかを書き出してから、問題に取り組みましょう。本問では解答の連結精算表にカッコが付いているので、借方の金額はカッコを付けずに、貸方の金額はカッコを付けて記入します。

ステップ 1 連結の仕訳７つを書き出します。

①投資と資本の相殺　②のれんの償却
③当期純利益の振り替え　④剰余金の配当
⑤内部取引・債権債務の相殺
⑥貸倒引当金の調整　⑦未実現利益の消去

ステップ 2 連結第１年度の連結修正仕訳を書きます。支配獲得日の「①投資と資本の相殺」を参考にして開始仕訳を書きます。
次に、連結第１年度の連結修正仕訳を連結第２年度の開始仕訳にするために、損益の勘定科目に線を引き「利益剰余金（期首）」に変えます（赤字部分）。

(1) 支配獲得日（連結第0年度）　P社80%　非支配株主 20%

①投資と資本の相殺

非支配株主持分の計算（200,000＋50,000＋75,000）×20%＝65,000

のれんの計算　270,000＋65,000－200,000
－50,000－75,000＝10,000

借方		貸方	
資本金	200,000	子会社株式	270,000
資本剰余金	50,000	非支配株主持分	65,000
利益剰余金	75,000		
のれん	10,000		

(2) 連結第1年度

① 開始仕訳

資本金（期首）	200,000	子会社株式	270,000
資本剰余金（期首）	50,000	非支配株主持分（期首）	65,000
利益剰余金（期首）	75,000		
のれん	10,000		

② のれんの償却

のれん償却の計算　10,000÷10年＝1,000

利益剰余金（期首）

~~のれん償却~~ 1,000 / のれん 1,000

連結第2年度の開始仕訳に書き変える（赤字部分）

③ 当期純利益の振り替え

非支配株主持分の計算　S社の当期純利益 6,000×20%＝1,200

利益剰余金（期首）

~~非支配株主に帰属する当期純利益~~ 1,200 / 非支配株主持分（期首） 1,200

④ 剰余金の配当

受取配当金の計算　S社の配当額 2,000×80%＝1,600

非支配株主持分の計算　S社の配当額 2,000×20%＝400

利益剰余金（期首） ~~受取配当金~~	1,600	利益剰余金（期首）	2,000
非支配株主持分（期首）	400		

⑤ 内部取引・債権債務の相殺

当期の仕訳以外は不要

連結第2年度の開始仕訳で使わない

⑥ 貸倒引当金の調整

貸倒引当金の計算　16,000×3%＝480

貸倒引当金 480 / 利益剰余金（期首）~~貸倒引当金繰入~~ 480

⑦ 未実現利益の消去
商品の未実現利益の計算 18,000×25%＝4,500
利益剰余金（期首）
~~売上原価~~ 4,500 ／ 商品 4,500

(2)①〜⑦がステップ3の開始仕訳になる

ステップ3 連結第２年度の連結修正仕訳を書きます。開始仕訳は連結第１年度の連結修正仕訳を合計して書きます。Ｓ社の当期純利益と配当額は答案用紙のＳ社の個別財務諸表に書いてあるので、注意しましょう。

(2) 連結第2年度 | P社 80% 非支配株主 20% |

① 開始仕訳
のれんの計算 10,000－1,000＝9,000
非支配株主持分（期首） 65,000＋1,200－400＝65,800
利益剰余金（期首） 貸借差額
または 75,000＋1,000＋1,200△2,000＋1,600＝76,800

資本金（期首） 200,000 ／ 子会社株式 270,000
資本剰余金（期首） 50,000 ／ 非支配株主持分（期首） 65,800
利益剰余金（期首） 76,800
のれん 9,000

貸倒引当金 480 ／ 利益剰余金（期首） 480
利益剰余金（期首） 4,500 ／ 商品 4,500

② のれんの償却
のれん償却の計算 10,000÷10年＝1,000
（販売費及び一般管理費）
のれん償却 1,000 ／ のれん 1,000

のれん償却…販売費及び一般管理費

③ 当期純利益の振り替え
非支配株主持分の計算 Ｓ社の当期純利益 9,000×20%＝1,800
非支配株主に帰属する当期純利益 1,800
／ 非支配株主持分 1,800

精算表のＳ社の損益計算書より

④ 剰余金の配当

精算表のS社の株主資本等変動計算書より

受取配当金の計算 S社の配当額 3,000×80% = 2,400
（営業外収益）

非支配株主持分の計算 S社の配当額 3,000×20% = 600

受取配当金 2,400 / 利益剰余金 3,000
非支配株主持分 600 /

受取配当金…営業外収益

⑤ 内部取引・債権債務の相殺

売上高 120,000 / 売上原価 120,000
買掛金 20,000 / 売掛金 20,000

⑥ 貸倒引当金の調整

貸倒引当金繰入の計算 20,000×3% − 480 = 120
（販売費及び一般管理費）

開始仕訳で貸倒引当金480は計上済みなので、
残り120を計上する。

貸倒引当金繰入
…販売費及び一般管理費

貸倒引当金 120 / 貸倒引当金繰入 120

⑦ 未実現利益の消去

期首商品の未実現利益の計算 18,000×25% = 4,500
期末商品の未実現利益の計算 14,000×25% = 3,500

商品 4,500 / 売上原価 4,500
売上原価 3,500 / 商品 3,500

売上総利益率25%なので、
未実現利益は売上高の25%

ステップ4 下書きに書いた連結第2年度の連結修正仕訳を連結精算表に記入します。連結精算表を書く順番はP.234を参照。

解答 03

連結第２年度　　**連結精算表**　　（単位：千円）

科目	個別財務諸表		修正・消去		連結財務諸表
	P 社	S 社	借 方	貸 方	
貸借対照表					**連結貸借対照表**
諸資産	1,981,500	539,440			**2,520,940**
売掛金	150,000	48,000		**20,000**	**178,000**
貸倒引当金	(4,500)	(1,440)	**600**		(**5,340**)
商品	51,000	22,300	**4,500**	**8,000**	**69,800**
子会社株式	270,000	－		**270,000**	
のれん			**9,000**	**1,000**	**8,000**
資産合計	2,448,000	608,300	**14,100**	**299,000**	**2,771,400**
諸負債	(1,223,800)	(238,300)			(**1,462,100**)
買掛金	(118,000)	(35,000)	**20,000**		(**133,000**)
資本金	(500,000)	(200,000)	**200,000**		(**500,000**)
資本剰余金	(300,000)	(50,000)	**50,000**		(**300,000**)
利益剰余金	(306,200)	(85,000)	**210,000**	**128,100**	(**309,300**)
非支配株主持分			**600**	**67,600**	(**67,000**)
負債・純資産合計	(2,448,000)	(608,300)	**480,600**	**195,700**	(**2,771,400**)
損益計算書					**連結損益計算書**
売上高	(1,789,000)	(316,000)	**120,000**		(**1,985,000**)
売上原価	1,000,800	194,600	**3,500**	**124,500**	**1,074,400**
販売費及び一般管理費	742,300	109,300	**1,000**	**120**	**852,480**
営業外収益	(101,000)	(1,400)	**2,400**		(**100,000**)
営業外費用	129,900	700			**130,600**
特別利益	(51,000)	(－)			(**51,000**)
特別損失	2,000	－			**2,000**
法人税等	19,800	3,800			**23,600**
当期純利益	(46,200)	(9,000)	**126,900**	**124,620**	(**52,920**)
非支配株主に帰属する当期純利益			**1,800**		**1,800**
親会社株主に帰属する当期純利益	(46,200)	(9,000)	**128,700**	**124,620**	(**51,120**)
株主資本等変動計算書					**連結株主資本等変動計算書**
資本金期首残高	(500,000)	(200,000)	**200,000**		(**500,000**)
資本金期末残高	(500,000)	(200,000)	**200,000**		(**500,000**)
資本剰余金期首残高	(300,000)	(50,000)	**50,000**		(**300,000**)
資本剰余金期末残高	(300,000)	(50,000)	**50,000**		(**300,000**)
利益剰余金期首残高	(270,000)	(79,000)	**81,300**	**480**	(**268,180**)
当期変動額					
剰余金の配当	10,000	3,000		**3,000**	**10,000**
親会社株主に帰属する当期純利益	(46,200)	(9,000)	**128,700**	**124,620**	(**51,120**)
利益剰余金期末残高	(306,200)	(85,000)	**210,000**	**128,100**	(**309,300**)
非支配株主持分期首残高				**65,800**	(**65,800**)
非支配株主持分当期変動額			**600**	**1,800**	(**1,200**)
非支配株主持分期末残高			**600**	**67,600**	(**67,000**)

参考 タイムテーブルを使った解き方

本問をタイムテーブルを使って解くと次のようになります。タイムテーブルの詳しい書き方はP.245に記載しています。

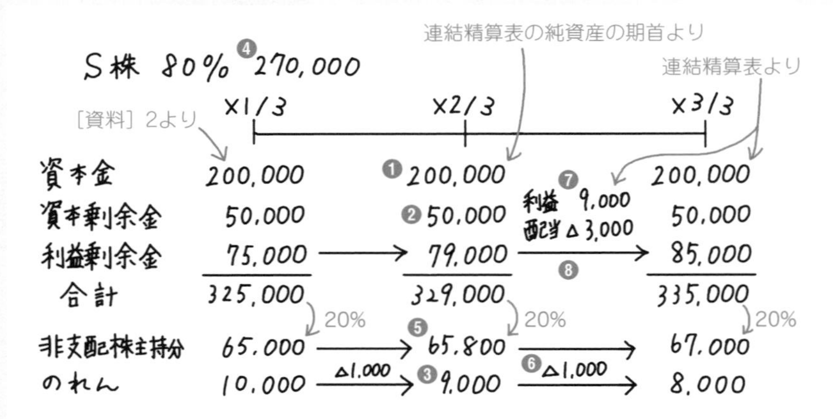

タイムテーブルからわかる連結修正仕訳（資本連結）

P.239①　開始仕訳（資本連結の部分）

借方	金額	貸方	金額
資本金（期首）	❶ 200,000	子会社株式	❹ 270,000
資本剰余金（期首）	❷ 50,000	非支配株主持分（期首）	❺ 65,800
利益剰余金（期首）	76,800		
のれん	❸ 9,000		

76,800 ＝ ❹＋❺－❶－❷－❸

P.239②　のれん償却 1,000 ／ のれん ❻ 1,000

P.239③　❼9,000×非支配株主の持分割合20%＝1,800

非支配株主に帰属する当期純利益 1,800 ／ 非支配株主持分 1,800

P.240④　❽3,000×80%＝2,400

❽3,000×20%＝600

借方	金額	貸方	金額
受取配当金	2,400	利益剰余金	❽ 3,000
非支配株主持分	600		

その他の連結修正仕訳（成果連結）

P.239①　開始仕訳（成果連結の部分）

貸倒引当金 480 ／ 利益剰余金（期首）480

利益剰余金（期首）4,500 ／ 商品 4,500

P.240⑤⑥⑦　P.240の仕訳と同じ

Chapter 7 問題 04

ときどき出る | 答案用紙 P25 | 解答 P253 | 目標タイム 30分

連結精算表（アップストリーム）

次の［資料］にもとづいて、連結第2年度（X1年4月1日からX2年3月31日）の連結精算表（連結貸借対照表と連結損益計算書の部分）を作成しなさい。

［資料］

1．P社はX0年4月1日にS社の発行済株式総数（10,000株）の80％を360,000千円で取得して支配を獲得し、それ以降S社を連結子会社として連結財務諸表を作成している。X0年4月1日のS社の純資産の部は、次のとおりであった。

資本金	300,000	千円
資本剰余金	40,000	千円
利益剰余金	60,000	千円

S社は支配獲得後に配当を行っておらず、また、のれんは20年にわたり定額法で償却を行っている。

2．P社およびS社間の債権債務残高および取引高は、次のとおりであった。

P社からS社		S社からP社	
買掛金	300,000千円	売掛金	300,000千円
支払手形	240,000千円	受取手形	0千円
貸付金	120,000千円	借入金	120,000千円
未収入金	36,000千円	未払金	36,000千円
未収収益	2,000千円	未払費用	2,000千円
仕入(売上原価)	1,650,000千円	売上高	1,650,000千円
受取利息	2,400千円	支払利息	2,400千円

残高に差異が生じているものは、次のような原因によるものと判明した。
S社がP社から受け取った手形240,000千円のうち、140,000千円は買掛金の支払いのため仕入先に裏書譲渡され、100,000千円は銀行で割

り引かれた。割引のさいの手形売却損200千円のうち期末から満期日までの期間の額は100千円であった。S社の手形売却損3,000千円はすべてP社から受け取った手形の割引によるものである。ただし、非支配株主に帰属する当期純利益への影響については修正しないものとする。

3．連結第1年度末と連結第2年度末にP社が保有する商品のうちS社から仕入れた商品は、それぞれ200,000千円と300,000千円であった。S社がP社に対して販売する商品の売上総利益率は25%であった。

4．P社は連結第2年度中に土地（帳簿価額60,000千円）を、S社に対して72,000千円で売却しており、S社はそのまま保有している。

解説 04

連結会計の応用問題です。本問は、支配獲得日がX0年4月1日ですが、X0年3月31日の場合と同じ手順で解くことができます。商品売買はアップストリーム、土地の売却はダウンストリームなので注意が必要です。

ステップ1 連結の仕訳7つを書き出します。

①投資と資本の相殺　②のれんの償却
③当期純利益の振り替え　④剰余金の配当
⑤内部取引・債権債務の相殺
⑥貸倒引当金の調整　⑦未実現利益の消去

ステップ2 本問では、前期末のS社の純資産の金額が問題文に与えられていないため、タイムテーブルを書いて推定する必要があります。
最初に❶支配獲得時（X0年4月1日）と❷当期末（X2年3月末）の純資産、当期の利益、配当をタイムテーブルに書きます。支配獲得時の金額は［資料］1. を書き写し、当期末の金額は、答案用紙の連結精算表の個別財務諸表S社の金額を書き写します。次に❸前期末の純資産を計算し、書きます。

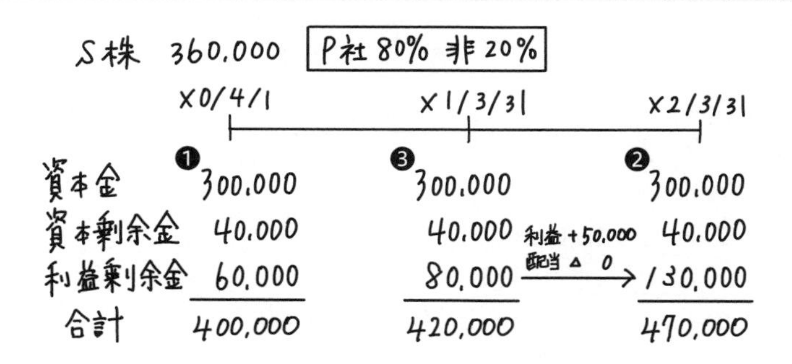

仕訳

❸X1年3月末の純資産

資本金、資本剰余金　X0年4月1日からX2年3月末まで変化なし

利益剰余金　130,000 − 50,000 + 0 = 80,000
（130,000：X2年3月末、50,000：当期の利益、0：配当額）

ステップ3 非支配株主持分、のれんを計算し書きます。

S株 360,000　P社80% 非20%

	X0/4/1		X1/3/31		X2/3/31
資本金	300,000		300,000		300,000
資本剰余金	40,000		40,000	利益 +50,000	40,000
利益剰余金	60,000		80,000	配当 △ 0 →	130,000
合計	400,000		420,000		470,000
非支配株主持分	❶80,000		❷84,000		❸94,000
のれん	❹40,000	❻△2,000 →	❼38,000	❺△2,000 →	❽36,000

非支配株主持分の持分割合　100% − 80% = 20%

❶X0年4月1日の非支配株主持分　400,000 × 20% = 80,000

❷X1年3月末の非支配株主持分　420,000 × 20% = 84,000

❸X2年3月末の非支配株主持分　470,000 × 20% = 94,000
（470,000：純資産の合計、20%：非支配株主の持分割合）

❹支配獲得時ののれん※　360,000 − 400,000 × 80% = 40,000
（360,000：S株の取得原価、400,000：純資産合計、80%：P社の持分割合）

※のれんの金額は投資と資本の相殺の仕訳を書く方法で求めてもよい。

資本金	300,000	S社株式	360,000
資本剰余金	40,000	非支配株主持分	80,000
利益剰余金	60,000		
のれん	40,000		

❺当期ののれん償却（1年あたりの償却額）　40,000 ÷ 20年 = 2,000

❻連結第1年度ののれん償却　2,000

❼X1年3月末ののれん　40,000 − 2,000 = 38,000
（40,000：X0年4月1日）

❽X2年3月末ののれん　38,000 − 2,000 = 36,000
（38,000：X1年3月末）

ステップ4 タイムテーブルから資本連結の連結修正仕訳①～④を書きます。

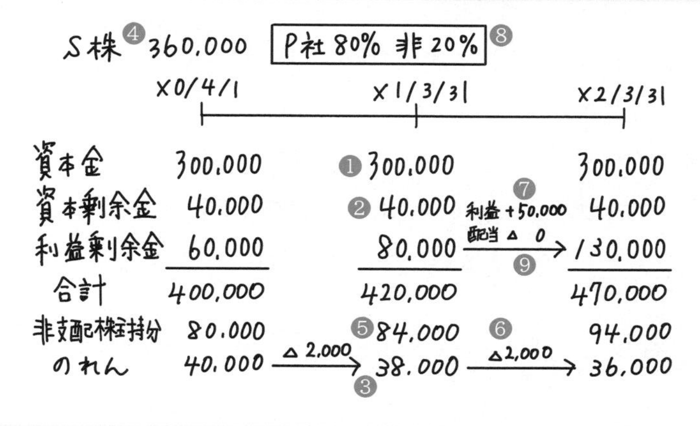

連結第2年度

① 資本金（期首） ❶ 300,000 ／ S社株式 ❹ 360,000
資本剰余金（期首） ❷ 40,000 ／ 非支配株主持分（期首） 84,000 ❺
利益剰余金（期首） 66,000（差額）
のれん ❸ 38,000

② のれん償却 ❻ 2,000 ／ のれん 2,000

③ ⑦50,000 × ⑧20% = 10,000
非支配株主に帰属する当期純利益 10,000／非支配株主持分 10,000

④ なし ⑨

①では資本連結の開始仕訳のみを書いています。なお、成果連結の開始仕訳はステップ5の⑦で書いています。

ステップ5 成果連結の連結修正仕訳を書きます。ステップ4の続きで⑤～⑦を使っています。

⑤内部取引・債権債務の相殺

［資料］2. の取引をすべて取り消します。手形については下書きに状況を整理してから仕訳を書きますが、前払費用が出てくる難しい問題ですので間違えても構いません。

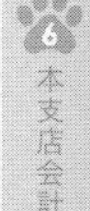

買掛金 300,000 / 売掛金 300,000
借入金 120,000 / 貸付金 120,000
未払金 36,000 / 未収入金 36,000
未払費用 2,000 / 未収収益 2,000
売上高 1,650,000 / 売上原価 1,650,000
受取利息 2,400 / 支払利息 2,400

P社
支払手形
240,000
← 商品
→ 手形
S社
受取手形
保管分 0 本問では仕訳なし
裏書 140,000 仕訳なし
割引 100,000 借入金へ

⇩

支払手形 100,000 / 借入金 100,000
支払利息 2,900 / 手形売却損 3,000
前払費用 100 /

手形売却損3,000のうち
割引手形100,000に対するものが200、そのうち
翌期分が100

・期末に残っている手形　¥0

本来であれば、渡した会社の「支払手形」と受け取った会社の「受取手形」を相殺しますが、本問では残高がないので相殺の仕訳は不要です。

・連結外部へ裏書きした手形　¥140,000

連結グループ全体で見ると外部に対する支払手形です。S社の受取手形からは消えておりP社の支払手形は計上されている状況なので、現状で正しい金額になっています。このため、連結修正仕訳は必要ありません。

・銀行で割り引き　¥100,000

連結グループ全体で見ると銀行に対する借入金です。支払手形を

「借入金」に振り替えます。

手形売却損は、連結グループ全体で見ると銀行に対する借入金によって発生する費用なので「支払利息」に振り替えます。期末から満期日までの期間の額100は翌期分なので「前払費用」を使います。

ワンポイント

[資料] 2. の最後の問題文に「非支配株主に帰属する当期純利益への影響については修正しないものとする」と指示があります。これは銀行で割り引きした手形売却損に関する指示ですが、詳しく説明します。ただし、この部分は合否に影響がない難問ですので、説明を読んでもわからない方は理解しなくても構いません。

連結会社間の割引手形の連結修正仕訳を下記の2つの仕訳に分けます。

支払利息　3,000／手形売却損　3,000　←　勘定科目名の修正
前払費用　　100／支払利息　　　100　←　前払費用への振り替え

2つ目の連結修正仕訳によって、支払利息100が減少し、子会社の当期純利益が100増加します。子会社の当期純利益が増加したことで、本来は非支配株主持分に振り替えが必要ですが、簿記2級の出題内容としては難しくなりすぎるため、問題文に「非支配株主に帰属する当期純利益への影響については修正しないものとする」と指示があり、非支配株主持分への振り替えは不要となっています。

参考 非支配株主に帰属する当期純利益への影響を修正した場合の連結修正仕訳

支払利息　3,000／手形売却損　3,000
前払費用　　100／支払利息　　　100
非支配株主に帰属する当期純利益　20／非支配株主持分　20

⑥貸倒引当金の調整　問題文に貸倒引当金がないので、仕訳なし。

⑦未実現利益の消去

〈商品〉

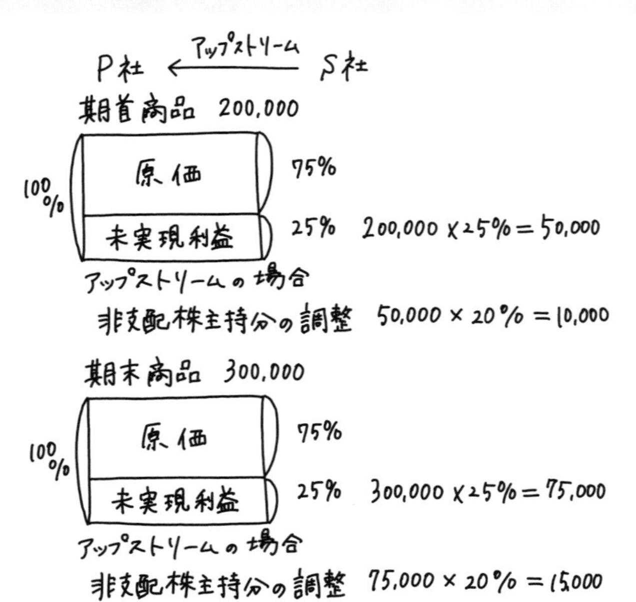

開始仕訳

~~売上原価~~ 利益剰余金(期首) 50,000 / 商品 50,000

非支配株主持分(期首) 10,000 / ~~非支配株主に帰属する当期純利益~~ 利益剰余金(期首) 10,000

連結修正仕訳

商品 50,000 / 売上原価 50,000

非支配株主に帰属する当期純利益 10,000 / 非支配株主持分 10,000

売上原価 75,000 / 商品 75,000

非支配株主持分 15,000 / 非支配株主に帰属する当期純利益 15,000

〈土地〉

P社 ──ダウンストリーム──→ S社

土地 60,000　　　　　土地 72,000

土地の未実現利益 72,000－60,000＝12,000

土地売却益 12,000 / 土地 12,000

ステップ6 ここまで書いた①～⑦の連結修正仕訳を連結精算表の修正・消去欄に記入します。次に、連結損益計算書をすべて記入します。最後に連結貸借対照表を記入します。

利益剰余金については、①～⑦の連結修正仕訳に追加して「連結損益計算書の親会社株主に帰属する当期純利益の修正・消去欄の金額」を書き写すと金額が計算できます（収益と費用によって利益剰余金の金額が増減するため、損益計算書の増減額を反映させる必要があります）。なお、利益剰余金は資産と負債・純資産の差額で計算した方が簡単です。

〈連結精算表の一部〉

連結第2年度　　　　連　結　精　算　表　　　　（単位：千円）

科目	個別財務諸表		修正・消去		連結財務諸表
	P　社	S　社	借　方	貸　方	
貸借対照表					
資本金	452,000	300,000	300,000		452,000
資本剰余金	246,000	40,000	40,000		246,000
利益剰余金	1,720,000	130,000	66,000	10,000	1,700,100
			50,000	1,720,400	
			1,764,300		
非支配株主持分			10,000	84,000	79,000
			15,000	10,000	
				10,000	
負債・純資産合計	3,726,000	1,098,000	2,803,300	1,934,400	3,955,100
損益計算書					
売上高	3,120,000	2,162,000	1,650,000		3,632,000
売上原価	2,028,000	1,534,000	75,000	1,650,000	1,937,000
				50,000	
販売費及び一般管理費	933,400	573,000			1,506,400
（のれん）償却			2,000		2,000
受取利息	10,400	1,600	2,400		9,600
支払利息	8,000	3,600	2,900	2,400	12,100
手形売却損		3,000		3,000	0
土地売却益	12,000		12,000		0
当期純利益	173,000	50,000	1,744,300	1,705,400	184,100
非支配株主に帰属する当期純利益			10,000	15,000	5,000
			10,000		
親会社株主に帰属する当期純利益	173,000	50,000	1,764,300	1,720,400	179,100

ワンポイント

連結精算表の修正・消去欄には配点がありませんので、採点対象ではありません。連結財務諸表の欄が採点対象です。このため、修正・消去欄の書き方が解答と違っても、連結財務諸表の金額が一致していれば問題ありません。

解答 04

連結第2年度　　　　連　結　精　算　表　　　　（単位：千円）

科　目	個別財務諸表		修正・消去		連結財務諸表
	P　社	S　社	借　方	貸　方	
貸借対照表					
現金預金	400,000	130,000			**530,000**
売掛金	960,000	440,000		**300,000**	**1,100,000**
受取手形	400,000	100,000			**500,000**
商品	740,000	330,000	**50,000**	**50,000**	**995,000**
				75,000	
未収入金	160,000	26,000		**36,000**	**150,000**
貸付金	300,000			**120,000**	**180,000**
前払費用			**100**		**100**
未収収益	24,000			**2,000**	**22,000**
土地	330,000	72,000		**12,000**	**390,000**
建物	100,000				**100,000**
建物減価償却累計額	△ 48,000				**△ 48,000**
（**のれん**）			**38,000**	**2,000**	**36,000**
S社株式	360,000			**360,000**	**0**
資産合計	3,726,000	1,098,000	**88,100**	**957,000**	**3,955,100**
買掛金	362,000	360,000	**300,000**		**422,000**
支払手形	280,000	40,000	**100,000**		**220,000**
借入金	250,000	140,000	**120,000**	**100,000**	**370,000**
未払金	240,000	84,000	**36,000**		**288,000**
未払費用	176,000	4,000	**2,000**		**178,000**
資本金	452,000	300,000	**300,000**		**452,000**
資本剰余金	246,000	40,000	**40,000**		**246,000**
利益剰余金	1,720,000	130,000	**66,000**	**10,000**	**1,700,100**
			50,000	**1,720,400**	
			1,764,300		
非支配株主持分			**10,000**	**84,000**	**79,000**
			15,000	**10,000**	
				10,000	
負債・純資産合計	3,726,000	1,098,000	**2,803,300**	**1,934,400**	**3,955,100**
損益計算書					
売上高	3,120,000	2,162,000	**1,650,000**		**3,632,000**
売上原価	2,028,000	1,534,000	**75,000**	**1,650,000**	**1,937,000**
				50,000	
販売費及び一般管理費	933,400	573,000			**1,506,400**
（**のれん**）償却			**2,000**		**2,000**
受取利息	10,400	1,600	**2,400**		**9,600**
支払利息	8,000	3,600	**2,900**	**2,400**	**12,100**
手形売却損		3,000		**3,000**	**0**
土地売却益	12,000		**12,000**		**0**
当期純利益	173,000	50,000	**1,744,300**	**1,705,400**	**184,100**
非支配株主に帰属する当期純利益			**10,000**	**15,000**	**5,000**
			10,000		
親会社株主に帰属する当期純利益	173,000	50,000	**1,764,300**	**1,720,400**	**179,100**

Chapter 7 問題 05

よく出る　答案用紙 P26　解答 P262　目標タイム 30分

連結財務諸表（連結第2年度）

次の［資料］にもとづいて、連結第2年度（X1年4月1日からX2年3月31日）の連結財務諸表を作成しなさい。

［資料Ⅰ］

1．P社はX0年3月31日にS社の発行済株式総数（10,000株）の70％を350,000千円で取得して支配を獲得し、それ以降S社を連結子会社として連結財務諸表を作成している。なお、連結第2年度までP社のS社に対する持分の変動はない。のれんの償却は、支配獲得時の翌年度から10年間で均等償却を行っている。

2．X0年3月31日（支配獲得時）のS社の貸借対照表は、次のとおりである。

S社の貸借対照表
X0年3月31日　（単位：千円）

諸資産	475,000	諸負債	25,000
		資本金	200,000
		資本剰余金	100,000
		利益剰余金	150,000
	475,000		475,000

3．S社の連結第1年度の当期純利益は40,000千円、利益剰余金の配当額は10,000千円であった。また、S社の連結第2年度の利益剰余金の配当額は20,000千円であった。

4．P社およびS社の連結第2年度の貸借対照表と損益計算書は次のとおりである。

貸借対照表
X2年3月31日　　(単位：千円)

資産	P社	S社	負債・純資産	P社	S社
現金預金	290,200	577,000	買掛金	88,000	29,400
売掛金	160,000	40,000	未払金	20,000	−
貸倒引当金	△4,800	△2,000	未払費用	−	600
商品	40,000	10,000	借入金	−	50,000
未収収益	1,600	−	未払法人税等	57,000	25,000
貸付金	50,000	−	資本金	400,000	200,000
子会社株式	350,000	−	資本剰余金	200,000	100,000
投資有価証券	200,000	−	利益剰余金	322,000	220,000
	1,087,000	625,000		1,087,000	625,000

損益計算書
自X1年4月1日 至X2年3月31日　　(単位：千円)

費用	P社	S社	収益	P社	S社
売上原価	347,400	110,700	売上高	682,700	209,100
給料	151,200	22,900	受取手数料	16,000	30,000
貸倒引当金繰入	1,000	1,200	受取配当金	32,000	−
支払家賃	36,000	18,000	受取利息	2,700	400
支払利息	100	2,500	固定資産売却益	3,600	800
火災損失	10,300	−			
法人税等	57,000	25,000			
当期純利益	134,000	60,000			
	737,000	240,300		737,000	240,300

[資料Ⅱ] 連結修正事項

1．P社はS社に対して連結第1年度から仕入金額に10%の利益を付加して商品を販売している。連結第2年度において、P社のS社に対する売上高は26,400千円である。

2．連結第1年度期末において、S社が保有する期末商品のうち、P社から仕入れた金額は2,200千円である。連結第2年度期末において、S社が保有する期末商品のうち、P社から仕入れた金額は3,300千円である。

3．P社は売掛金に対して3%の貸倒引当金を設定している。連結第1年度期末において、P社のS社に対する売掛金残高は1,000千円である。また、連結第2年度期末において、P社のS社に対する売掛金残高は3,000千円である。

4．P社はS社に対してX1年10月1日に50,000千円の貸し付けを行っている（返済日：X2年9月30日、年利率2.4%、利払日9月末日）。

解説 05

連結第２年度の連結貸借対照表と連結損益計算書を作成する問題です。連結第２年度の連結修正仕訳が書ければ、満点が取れます。

ステップ１ 連結の仕訳７つを書き出します。

① 投資と資本の相殺　② のれんの償却
③ 当期純利益の振り替え　④ 剰余金の配当
⑤ 内部取引、債権債務の相殺
⑥ 貸倒引当金の調整　⑦ 未実現利益の消去

ステップ２ 連結第１年度の連結修正仕訳を書きます。支配獲得日の「投資と資本の相殺」を参考にして開始仕訳を書きます。
次に、連結第１年度の連結修正仕訳を連結第２年度の開始仕訳にするために、損益の勘定科目に線を引き「利益剰余金（期首）」に変えます（赤字部分）。

(1) 連結第1年度の連結修正仕訳　P社70%　非支配株主30%

① 開始仕訳

非支配株主持分期首残高

(200,000＋100,000＋150,000)×30%＝135,000

のれんの計算　350,000＋135,000－200,000
－100,000－150,000＝35,000

借方		貸方	
資本金(期首)	200,000	子会社株式	350,000
資本剰余金(期首)	100,000	非支配株主持分(期首)	135,000
利益剰余金(期首)	150,000		
のれん	35,000		

② のれんの償却

のれん償却の計算 35,000÷10年 = 3,500

利益剰余金(期首)
~~のれん償却~~ 3,500 / のれん 3,500

③ 当期純利益の振り替え

非支配株主持分の計算 S社の当期純利益 40,000×30% = 12,000

利益剰余金(期首)
~~非支配株主に帰属する当期純利益~~ 12,000
/ 非支配株主持分(期首) 12,000

④ 剰余金の配当

受取配当金の計算 S社の配当額 10,000×70% = 7,000

非支配株主持分の計算 S社の配当額 10,000×30% = 3,000

利益剰余金(期首)
~~受取配当金~~ 7,000 / 利益剰余金(期首) 10,000
非支配株主持分(期首) 3,000

⑤ 内部取引・債権債務の相殺

前期の仕訳は不要

⑥ 貸倒引当金の調整

貸倒引当金繰入の計算 1,000×3% = 30

貸倒引当金 30 / ~~貸倒引当金繰入~~ 30
利益剰余金(期首)

⑦ 未実現利益の消去

期末商品の未実現利益の計算 $2,200 \times \frac{0.1}{1+0.1} = 200$

仕入金額に10%の利益を付加しているので、未実現利益は0.1／1.1

利益剰余金(期首)
~~売上原価~~ 200 / 商品 200

①～⑦がステップ3の開始仕訳になる

ステップ３ 連結第２年度の連結修正仕訳を書きます。開始仕訳は連結第１年度の連結修正仕訳を合計して書きます。

(2) 連結第2年度　P社70%　非支配株主30%

①開始仕訳

のれんの計算　35,000 − 3,500 ＝ 31,500

非支配株主持分（期首）135,000＋12,000−3,000＝144,000

利益剰余金（期首）

貸借差額　または　150,000＋3,500＋12,000△10,000＋7,000＝162,500

借方		貸方	
資本金（期首）	200,000	子会社株式	350,000
資本剰余金（期首）	100,000	非支配株主持分（期首）	144,000
利益剰余金（期首）	162,500		
のれん	31,500		

貸倒引当金　30 / 利益剰余金（期首）　30

利益剰余金（期首）200 / 商品　200

②のれんの償却

のれん償却の計算　35,000÷10年＝3,500

のれん償却　3,500 / のれん　3,500

③当期純利益の振り替え

非支配株主持分の計算　S社の当期純利益　60,000×30%＝18,000

非支配株主に帰属する当期純利益　18,000 / 非支配株主持分　18,000

④剰余金の配当

受取配当金の計算　S社の配当額　20,000×70%＝14,000
（営業外収益）

非支配株主持分の計算　S社の配当額　20,000×30%＝6,000

借方		貸方	
受取配当金	14,000	利益剰余金	20,000
非支配株主持分	6,000		

⑤ 内部取引・債権債務の相殺

P社の受取利息　$50{,}000 \times 2.4\% \times \frac{6か月}{12か月} = 600$（営業外収益）

S社の支払利息　$50{,}000 \times 2.4\% \times \frac{6か月}{12か月} = 600$（営業外費用）

売上高　26,400 / 売上原価　26,400

買掛金　3,000 / 売掛金　3,000

借入金　50,000 / 貸付金　50,000

受取利息　600 / 支払利息　600

未払費用　600 / 未収収益　600

［資料Ⅱ］4．の貸付金の相殺

⑥ 貸倒引当金の調整

貸倒引当金繰入の計算　$3{,}000 \times 3\% - 30 = 60$

（販売費及び一般管理費）

開始仕訳で貸倒引当金30は仕訳済みなので、残り60を仕訳する。

貸倒引当金　60 / 貸倒引当金繰入　60

⑦ 未実現利益の消去

期首商品の未実現利益の計算　$2{,}200 \times \frac{0.1}{1 + 0.1} = 200$

期末商品の未実現利益の計算　$3{,}300 \times \frac{0.1}{1 + 0.1} = 300$

商品　200 / 売上原価　200

売上原価　300 / 商品　300

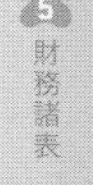

ステップ４ 答案用紙の空欄部分を記入します。［資料Ⅰ］4. の貸借対照表と損益計算書の金額に、連結修正仕訳を加減算して計算します。

勘定科目	P社	S社	連結修正仕訳	連結貸借対照表
売掛金	160,000	40,000	(2) ⑤△3,000	197,000
貸倒引当金※	4,800	2,000	(2) ①△30 (2) ⑥△60	6,710
商品	40,000	10,000	(2) ①△200 (2) ⑦＋200△300	49,700
未収収益	1,600	−	(2) ⑤△600	1,000
貸付金	50,000	−	(2) ⑤△50,000	−
子会社株式	350,000	−	(2) ①△350,000	−
投資有価証券	200,000	−		200,000
のれん	−	−	(2) ①＋31,500 (2) ②△3,500	28,000
買掛金	88,000	29,400	(2) ⑤△3,000	114,400
借入金	−	50,000	(2) ⑤△50,000	−
資本金	400,000	200,000	(2) ①△200,000	400,000
資本剰余金	200,000	100,000	(2) ①△100,000	200,000
非支配株主持分	−	−	(2) ①＋144,000 (2) ③＋18,000 (2) ④△6,000	156,000

勘定科目	P社	S社	連結修正仕訳	連結損益計算書
売上高	682,700	209,100	(2) ⑤△26,400	865,400
受取配当金	32,000	−	(2) ④△14,000	18,000
受取利息	2,700	400	(2) ⑤△600	2,500
売上原価	347,400	110,700	(2) ⑤△26,400 (2) ⑦△200＋300	431,800
貸倒引当金繰入	1,000	1,200	(2) ⑥△60	2,140
のれん償却	−	−	(2) ②＋3,500	3,500
支払利息	100	2,500	(2) ⑤△600	2,000
非支配株主に帰属する当期純利益	−	−	(2) ③＋18,000	18,000
親会社株主に帰属する当期純利益	−	−	連結損益計算書の貸借差額	158,460

※貸倒引当金は資産のマイナスですので、答案用紙に△が記入してあります。
ここでは説明のために、△を除いた金額で書いています。

解答 05

連結貸借対照表
X2年3月31日　　(単位：千円)

資産	金額	負債・純資産	金額
現金預金	867,200	買掛金	**114,400**
売掛金	**197,000**	未払金	20,000
貸倒引当金	△ **6,710**	未払法人税等	82,000
商品	**49,700**	資本金	**400,000**
未収収益	**1,000**	資本剰余金	**200,000**
投資有価証券	**200,000**	利益剰余金	363,790
のれん	**28,000**	非支配株主持分	**156,000**
	1,336,190		**1,336,190**

連結損益計算書
自X1年4月1日 至X2年3月31日　　(単位：千円)

費用	金額	収益	金額
売上原価	**431,800**	売上高	**865,400**
給料	174,100	受取手数料	46,000
貸倒引当金繰入	**2,140**	受取配当金	**18,000**
支払家賃	54,000	受取利息	**2,500**
のれん償却	**3,500**	固定資産売却益	4,400
支払利息	**2,000**		
火災損失	10,300		
法人税等	82,000		
非支配株主に帰属する当期純利益	**18,000**		
親会社株主に帰属する当期純利益	**158,460**		
	936,300		**936,300**

参考 タイムテーブルを使った解き方

本問をタイムテーブルを使って解くと次のようになります。

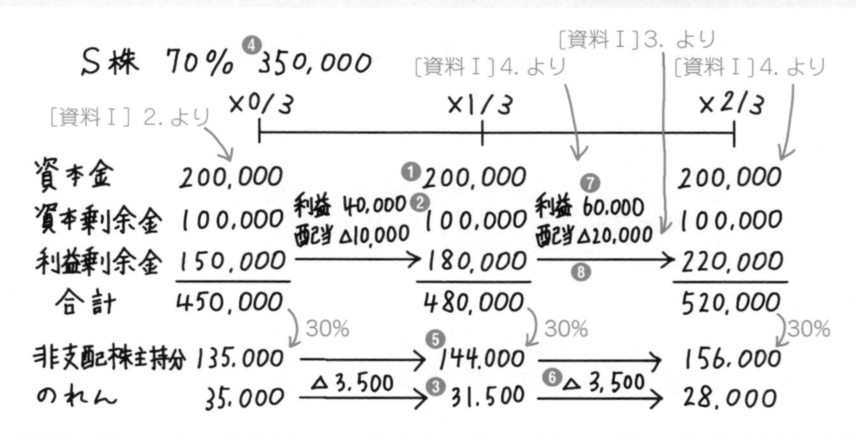

タイムテーブルからわかる連結修正仕訳（資本連結）

P.259① 開始仕訳（資本連結の部分）

借方	金額	貸方	金額
資本金（期首）	❶ 200,000	子会社株式	❹ 350,000
資本剰余金（期首）	❷ 100,000	非支配株主持分（期首）	❺ 144,000
利益剰余金（期首）	162,500		
のれん	❸ 31,500		

利益剰余金（期首）162,500：❹+❺−❶−❷−❸

P.259② のれん償却 3,500 ／ のれん ❻ 3,500

P.259③ ❼ 60,000 × 非支配株主の持分割合 30% = 18,000

非支配株主に帰属する当期純利益 18,000 ／ 非支配株主持分 18,000

P.259④ ❽ 20,000 × 70% = 14,000

❽ 20,000 × 30% = 6,000

借方	金額	貸方	金額
受取配当金	14,000	利益剰余金	❽ 20,000
非支配株主持分	6,000		

その他の連結修正仕訳（成果連結）

P.259① 開始仕訳（成果連結の部分）

貸倒引当金 30 ／ 利益剰余金（期首） 30

利益剰余金（期首） 200 ／ 商品 200

P.260⑤⑥⑦ P.260の仕訳と同じ

Chapter 7 問題 06

よく出る　答案用紙 P27　解答 P272　目標タイム 30分

連結財務諸表（連結第４年度）

次の［資料］にもとづいて、X3年度（X3年4月1日からX4年3月31日まで）の連結財務諸表を作成しなさい。

［資料］

1．各社のX3年度の貸借対照表と損益計算書は次のとおりであった。

貸借対照表

X4年3月31日　（単位：千円）

資産	P社	S社	負債・純資産	P社	S社
現金預金	2,259,000	207,000	買掛金	1,328,000	688,000
売掛金	1,888,000	1,040,000	未払金	25,000	127,000
商品	1,760,000	984,000	未払法人税等	120,000	12,000
未収入金	142,000	－	借入金	1,360,000	632,000
貸付金	560,000	－	資本金	1,440,000	480,000
備品	200,000	96,000	資本剰余金	480,000	120,000
減価償却累計額	△40,000	△16,000	利益剰余金	3,456,000	452,000
土地	928,000	200,000			
子会社株式	512,000	－			
	8,209,000	2,511,000		8,209,000	2,511,000

損益計算書

自X3年4月1日 至X4年3月31日　（単位：千円）

	P社	S社
売上高	8,606,800	4,277,600
売上原価	5,416,000	2,852,000
販売費及び一般管理費	2,576,000	1,244,000
受取地代	17,800	－
受取利息	21,200	1,200
支払利息	21,800	10,800
土地売却益	48,000	－
法人税等	204,000	52,000
当期純利益	476,000	120,000

2．P社は親会社であり、子会社であるS社の概要は、次のとおりであった。
S社は、P社がX0年3月31日にS社の発行済株式総数（10,000株）の60%を512,000千円で取得して支配を獲得し、それ以降P社はS社を連結子会社として連結財務諸表を作成している。X0年3月31日のS社の純資産の部は、資本金480,000千円、資本剰余金120,000千円、利益剰余金120,000千円であった。
S社は支配獲得後に配当を行っておらず、また、のれんは支配獲得時の翌年度から20年にわたり定額法で償却を行っている。
S社は、P社から商品Aを仕入れ、外部に販売しているが、これ以外にS社が独自に仕入れて販売を行っている商品Bもある。

3．連結会社（P社、S社）間の債権債務残高および取引高は、次のとおりであった。

P社からS社			S社からP社		
売掛金	640,000	千円	買掛金	640,000	千円
未収入金	120,000	千円	未払金	120,000	千円
貸付金	400,000	千円	借入金	400,000	千円
売上高	2,640,000	千円	売上原価	2,640,000	千円
受取利息	6,000	千円	支払利息	6,000	千円

4．X2年度末とX3年度末にS社が保有する商品のうちP社から仕入れた商品は、それぞれ480,000千円と600,000千円であった。P社がS社に対して販売する商品の売上総利益率は、X2年度X3年度ともに20%であった。

5．P社はX4年3月31日に土地（帳簿価額80,000千円）を、S社に対して120,000千円で売却し、代金は翌々月に受け取ることとした。

解説 06

本問は連結第4年度（X0年度が連結第1年度なので、X3年度は連結第4年度）の応用的な問題です。最近の試験では、このような連結会計の問題が出題されています。タイムテーブルを使って、開始仕訳が書けるように練習しておきましょう。

ステップ1 連結の仕訳7つを書き出します。

①投資と資本の相殺　②のれんの償却
③当期純利益の振り替え　④剰余金の配当
⑤内部取引・債権債務の相殺
⑥貸倒引当金の調整　⑦未実現利益の消去

ステップ2 まずは資本連結の連結修正仕訳を書くための準備として、タイムテーブルを書きます。❶支配獲得時（X0年3月末［資料］2. より）と❷当期末（X4年3月末［資料］1. より）の純資産、当期の利益、配当をタイムテーブルに書きます。次に❸前期末（X3年3月末）の純資産を計算し、書きます。

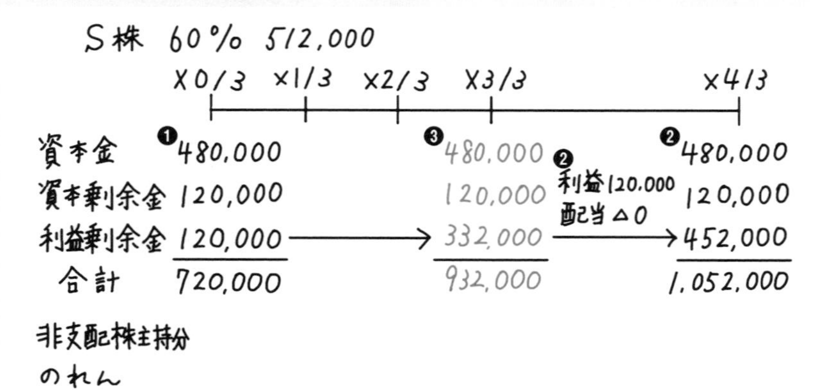

❸X3年3月末の純資産

資本金、資本剰余金　X0年3月末からX4年3月末まで変化なし

利益剰余金　452,000（X4年3月末） − 120,000（当期の利益） + 0（配当額） = 332,000

ステップ3 非支配株主持分、のれんを計算し書きます。

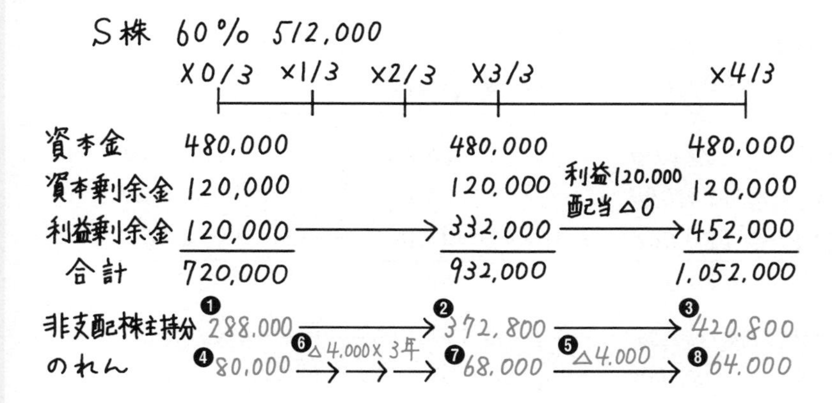

非支配株主の持分割合　100% − 60% = 40%

❶X0年3月末の非支配株主持分　720,000 × 40% = 288,000

❷X3年3月末の非支配株主持分　932,000 × 40% = 372,800

❸X4年3月末の非支配株主持分　1,052,000 × 40% = 420,800
（1,052,000：純資産の合計、40%：非支配株主の持分割合）

❹支配獲得時ののれん※　512,000 − 720,000 × 60% = 80,000
（512,000：S株の取得原価、720,000：純資産の合計、60%：P社の持分割合）

※のれんの金額は投資と資本の相殺の仕訳を書く方法で求めてもよい

資本金	480,000	子会社株式	512,000
資本剰余金	120,000	非支配株主持分	288,000
利益剰余金	120,000		
のれん	80,000		

❺当期ののれん償却（1年あたりの償却額）　80,000 ÷ 20年 = 4,000

❻X0年度～X2年度までののれん償却　4,000 × 3年 = 12,000

❼X3年3月末ののれん　80,000 − 12,000 = 68,000
（80,000：X0年3月末）

❽X4年3月末ののれん　68,000 − 4,000 = 64,000
（68,000：X3年3月末）

ステップ4 タイムテーブルから資本連結の連結修正仕訳を書きます。

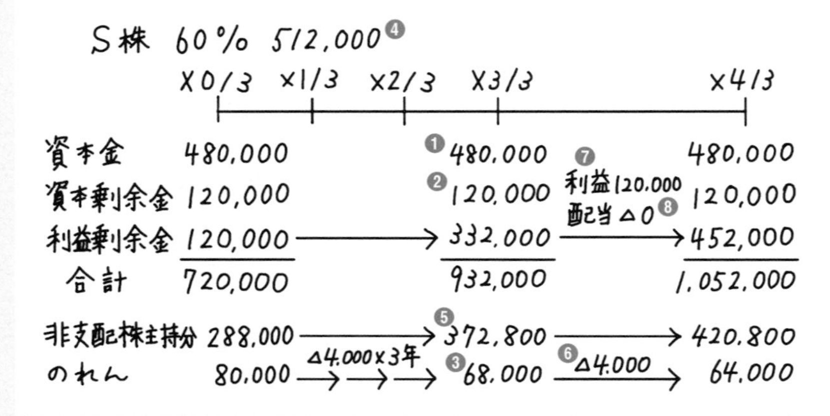

①開始仕訳（資本連結の部分）

開始仕訳の勘定科目を書き、タイムテーブルの❶〜❺の金額を書き写します。借方と貸方の差額で、利益剰余金を計算します。

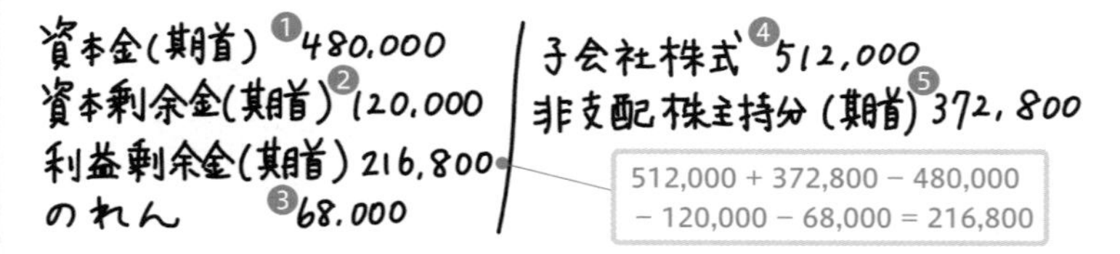

②のれんの償却

タイムテーブルの❻より、当期の償却額が4,000とわかります。

のれん償却 4,000 / のれん 4,000

③当期純利益の振り替え

タイムテーブルの❼ 120,000 × 非支配株主の持分割合 40% = 48,000

非支配株主に帰属する当期純利益 48,000
/非支配株主持分 48,000

④配当金の修正

タイムテーブルの❽より配当金がないので、仕訳なし。

ステップ5 次に成果連結の連結修正仕訳を書きます。ステップ4の続きで⑤〜⑦を使っています。

⑤内部取引・債権債務の相殺

［資料］3. に与えられているP社とS社に対する取引をすべて取り消します。

買掛金 640,000 / 売掛金 640,000
未払金 120,000 / 未収入金 120,000
借入金 400,000 / 貸付金 400,000
売上高 2,640,000 / 売上原価 2,640,000
受取利息 6,000 / 支払利息 6,000

⑥貸倒引当金の調整　問題文に貸倒引当金がないので、仕訳なし。

⑦未実現利益の消去

〈商品〉

［資料］2. より、ダウンストリームであることがわかります。また、［資料］4. に期首、期末の商品の情報が書いてあるので、こちらを使って仕訳を書きます。売上総利益率が20%なので、商品×20%が未実現利益の金額です。

P社 —ダウンストリーム→ S社

期首 480,000×20%＝96,000（未実現利益）
期末 600,000×20%＝120,000（未実現利益）

〈開始仕訳〉利益剰余金(期首) 96,000 / 商品 96,000
〈当期の仕訳〉商品 96,000 / 売上原価 96,000
売上原価 120,000 / 商品 120,000

〈土地〉

［資料］5. より、ダウンストリームであることがわかります。S社の土地を120,000→80,000に修正するので、40,000減らします。貸方に土地40,000と書きます。土地売却益を減らすので、借方に土地売却益40,000と書きます。

ダウンストリーム
P社 → S社
土地 80,000　土地 120,000

土地売却益 40,000/ 土地 40,000

ステップ6 ここまで書いた①〜⑦の連結修正仕訳を使って、連結貸借対照表と連結損益計算書を記入します 。

勘定科目	A 個別財務諸表		B 修正・消去	C 連結財務諸表 (A + B)
	P社	S社		
【資　産】				
現金預金	2,259,000	207,000		2,466,000
売掛金	1,888,000	1,040,000	⑤　△640,000	2,288,000
商品	1,760,000	984,000	⑦　△96,000 ⑦　+ 96,000 ⑦　△120,000	2,624,000
未収入金	142,000		⑤　△120,000	22,000
貸付金	560,000		⑤　△400,000	160,000
備品	200,000	96,000		296,000
減価償却累計額	△40,000	△16,000		△56,000
土地	928,000	200,000	⑦　△40,000	1,088,000
のれん			①　+ 68,000 ②　△4,000	64,000
子会社株式	512,000		①　△512,000	0
【負　債】				
買掛金	1,328,000	688,000	⑤　△640,000	1,376,000
未払金	25,000	127,000	⑤　△120,000	32,000
未払法人税等	120,000	12,000		132,000
借入金	1,360,000	632,000	⑤　△400,000	1,592,000
【純資産】				
資本金	1,440,000	480,000	①　△480,000	1,440,000
資本剰余金	480,000	120,000	①　△120,000	480,000
利益剰余金	3,456,000	452,000	貸借差額で計算※	3,479,200
非支配株主持分			①　+ 372,800 ③　+ 48,000	420,800

つづく

つづき

【損益計算書】				
売上高	8,606,800	4,277,600	⑤△2,640,000	10,244,400
売上原価	5,416,000	2,852,000	⑤△2,640,000 ⑦　△96,000 ⑦　+ 120,000	5,652,000
販売費及び一般管理費	2,576,000	1,244,000		3,820,000
のれん償却			②　+ 4,000	4,000
受取地代	17,800			17,800
受取利息	21,200	1,200	⑤　△6,000	16,400
支払利息	21,800	10,800	⑤　△6,000	26,600
土地売却益	48,000		⑦　△40,000	8,000
法人税等	204,000	52,000		256,000
当期純利益	476,000	120,000	収益と費用の差額で計算	528,000
非支配株主に帰属する当期純利益			③　+ 48,000	48,000
親会社株主に帰属する当期純利益			当期純利益 528,000 − 48,000	480,000

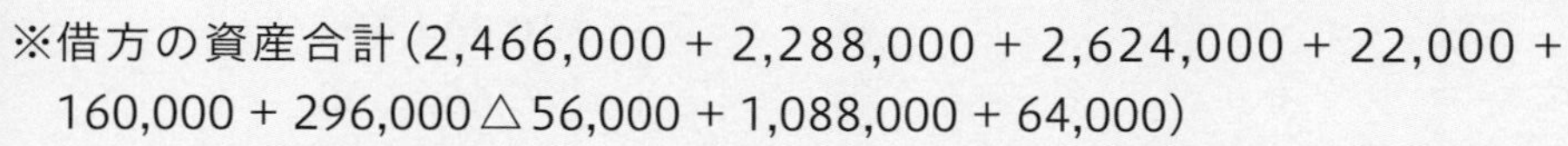
※借方の資産合計(2,466,000 + 2,288,000 + 2,624,000 + 22,000 + 160,000 + 296,000△56,000 + 1,088,000 + 64,000)
−貸方の負債・純資産合計（1,376,000 + 32,000 + 132,000 + 1,592,000 + 1,440,000 + 480,000 + 420,800)
＝利益剰余金3,479,200

解答 06

連結貸借対照表
X4年3月31日 (単位：千円)

資産	金額		負債・純資産	金額
現金預金		2,466,000	買掛金	1,376,000
売掛金		2,288,000	未払金	32,000
商品		2,624,000	未払法人税等	132,000
未収入金		22,000	借入金	1,592,000
貸付金		160,000	資本金	1,440,000
備品	296,000		資本剰余金	480,000
減価償却累計額	△ 56,000	240,000	利益剰余金	3,479,200
土地		1,088,000	非支配株主持分	420,800
のれん		64,000		
		8,952,000		8,952,000

連結損益計算書
自X3年4月1日 至X4年3月31日 (単位：千円)

売上高	(10,244,400)
売上原価	(5,652,000)
販売費及び一般管理費	(3,820,000)
のれん償却	(4,000)
受取地代	(17,800)
受取利息	(16,400)
支払利息	(26,600)
土地売却益	(8,000)
法人税等	(256,000)
当期純利益	(528,000)
非支配株主に帰属する当期純利益	(48,000)
親会社株主に帰属する当期純利益	(480,000)

Chapter 8

模擬問題

いよいよ、本試験と同じ90分の問題を解きましょう。
実際の試験では時間配分が重要になってきますので、
ここで慣れておきましょう。

Chapter 8

模擬問題 第1回

答案用紙 P28 　解答 P282 　制限時間 全問 90分

第1問（20点）

次の各取引について仕訳しなさい。ただし、勘定科目は、設問ごとに最も適当と思われるものを選び、答案用紙の（　　）内に記号で解答すること。なお、消費税は指示された問題のみ考慮すること。

1．決算にあたり、本店は支店より「当期純利益￥241,000を計上した」との連絡を受けた。なお、当社は支店独立会計制度を導入しているが、支店側の仕訳は答えなくてよい。
ア．本店　イ．支店　ウ．損益　エ．繰越利益剰余金

2．定時株主総会を開催し、繰越利益剰余金の処分を次のとおり決定した。なお、資本金は￥160,000,000、資本準備金は￥24,000,000、利益準備金は￥15,600,000であり、発行済株式数は6,000株である。
　株主配当金：1株につき￥900
　利益準備金：会社法が定める金額
　別途積立金：￥1,000,000
ア．受取配当金　イ．未払配当金　ウ．資本金　エ．資本準備金
オ．利益準備金　カ．別途積立金　キ．繰越利益剰余金

3．決算にあたり、長期投資目的で保有する北海道株式会社の株式2,000株（1株あたりの帳簿価額￥350）を全部純資産直入法にもとづき1株につき￥300に評価替えする。税効果会計を適用し、法定実効税率は35%とする。なお、北海道株式会社は当社の子会社にも関連会社にも該当しない。
ア．満期保有目的債券　イ．その他有価証券　ウ．法人税等調整額
エ．その他有価証券評価差額金　オ．繰延税金資産　カ．繰延税金負債

4．6月12日、満期保有目的の有価証券として、他社が発行する額面総額￥2,400,000の社債（利率は年0.42%、利払日は3月末と9月末）を額面￥100につき￥99.50の裸相場で買い入れ、代金は直前の利払日の翌日から本日までの期間にかかわる端数利息とともに小切手を振り出して

支払った。なお、端数利息の金額については、1年を365日として日割で計算する。
ア．売買目的有価証券　イ．満期保有目的債券　ウ．その他有価証券
エ．現金　オ．当座預金　カ．有価証券利息　キ．支払利息

5．12月1日に当社は埼玉株式会社へ商品および当該商品の1年間のサポートサービスを合計￥1,560,000（うち商品￥1,200,000、サポートサービス￥360,000）で販売し、代金は普通預金口座へ振り込まれた。当社では、それぞれの別個の履行義務として識別している。サポートサービスは本日より開始しており、時の経過（月割計算）に応じて履行義務を充足する。
ア．契約資産　イ．契約負債　ウ．売上　エ．役務収益
オ．普通預金　カ．売掛金　キ．受取手数料

第2問（20点）

次に示した愛知株式会社の［資料］にもとづいて、答案用紙の株主資本等変動計算書（単位：円）を完成しなさい。金額が負の値となる場合は、金額の前に△を付けて入力すること。なお、会計期間はX5年4月1日からX6年3月31日までの1年間である。

[資料]

1．X5年3月31日の決算にあたって作成した貸借対照表において、純資産の部の各科目の残高は次のとおりであった。
資本金￥4,000,000　資本準備金￥500,000
その他資本剰余金￥120,000
利益準備金￥460,000　別途積立金￥140,000
繰越利益剰余金￥2,683,000

2．X5年6月28日、定時株主総会を開催し、剰余金の配当および処分を次のように決定した。
①株主への配当金について、繰越利益剰余金を財源として￥600,000の配当を行う。
②上記の配当に関連して、会社法が定める金額を準備金として積み立てる。
③繰越利益剰余金を処分し、別途積立金として￥150,000を積み立てる。

3．X5年9月1日、新株2,000株を1株につき￥400で発行して増資を行い、全額の払込みを受け、払込金は当座預金とした。なお、会社法が定める最低限度額を資本金とした。
4．X6年2月1日、岐阜商事株式会社を吸収合併し、同社の諸資産（時価総額￥2,980,000）と諸負債（時価総額￥2,180,000）を引き継ぐとともに、合併の対価として新株1,800株（1株あたりの時価は￥450）を発行し、同社の株主に交付した。なお、新株の発行に伴う純資産（株主資本）の増加額のうち、￥500,000は資本金とし、残額はその他資本剰余金として計上した。
5．X6年3月31日、決算を行い、当期純利益￥965,000を計上した。

第3問（20点）

以下の［資料1］～［資料3］にもとづいて、貸借対照表を完成しなさい。なお、会計期間はX3年4月1日からX4年3月31日までの1年間である。

［資料1］決算直前における各勘定の残高は、次のとおりである。(単位:千円)

1．借方科目

現金預金	997,000	受取手形	210,000	クレジット売掛金	24,000
売掛金	138,000	売買目的有価証券	74,000	繰越商品	116,000
仮払消費税	313,600	仮払法人税等	12,000	建物	1,000,000
機械装置	300,000	車両	180,000	ソフトウェア	60,000
満期保有目的債券	192,000	子会社株式	39,000	その他有価証券	118,000
長期貸付金	100,000	仕入	2,891,000	給料	221,480
賞与引当金繰入	33,000	保険料	13,200	研究開発費	65,000
支払利息	10,000				

※現金預金には、外国紙幣20,000ドル、外貨建て普通預金100,000ドルが含まれている

2．貸方科目

支払手形	171,000	買掛金	220,000	仮受消費税	358,730
賞与引当金	33,000	貸倒引当金	1,750	建物減価償却累計額	250,000
機械装置減価償却累計額	100,000	リース債務	150,000	退職給付引当金	645,000
資本金	1,000,000	資本準備金	420,000	利益準備金	40,000
別途積立金	50,000	繰越利益剰余金	74,200	売上	3,560,300
受取手数料	27,000	有価証券利息	6,000	為替差損益	300

[資料2] 決算にあたっての修正事項

1．得意先A商会が倒産し、売掛金5,000千円が貸倒れた。そのうち4,000千円は当期に販売した商品に係るものである。

2．X4年3月30日に研究開発目的で備品を購入し、本体代金60,000千円と消費税6,000千円を現金で支払っていたがこの取引が未処理であった。

[資料3] 決算整理事項

1．現金預金に含まれている外国通貨および外貨預金は次のとおりであり、為替相場の換算替えを行う。決算日の直物為替相場は、1ドル¥105である。

	帳簿価額	期末残高
米ドル紙幣	2,200千円	20,000ドル
米ドル建て普通預金	10,800千円	100,000ドル

2．期末商品帳簿棚卸高は160,000千円である。ただし、商品Aには棚卸減耗損16,000千円、商品Bには商品評価損9,000千円が生じている。いずれも売上原価の内訳項目として表示する。

3．有形固定資産の減価償却は次のとおり行う。
建物：定額法　耐用年数20年　残存価額ゼロ
機械装置：200%定率法　耐用年数5年
車両：車両はリース資産であり、X3年4月1日に契約したものである。リース期間6年、中途解約不能。リース料は年額30,000千円であり、期末に6回均等額支払い。

4．ソフトウェアは、X1年4月1日に取得し、耐用年数5年で償却を行っている。

5．有価証券の内訳は次のとおりである。

	帳簿価額	時価	保有目的
A　社　株　式	74,000千円	79,000千円	売買目的
B　社　社　債	192,000千円	180,000千円	満期保有目的
C　社　株　式	39,000千円	46,000千円	子会社
D　社　株　式	118,000千円	121,000千円	その他

なお、B社社債（額面金額200,000千円、満期日X7年3月31日）は、X2年4月1日に取得しており、取得価額と額面金額との差額は金利の調整と認められる。

6．消費税は税抜方式で記帳しており、必要な処理を行う。

7．引当金の処理は次のとおりである。

（1）期末残高に対し、クレジット売掛金については0.5%、受取手形および売掛金については1%、長期貸付金については4%を差額補充法により貸倒引当金を設定する。なお、営業外債権に対する貸倒引当金の決算整理前の期末残高は0円である。

（2）従業員に対する退職給付（退職一時金および退職年金）を見積もった結果、当期の負担に属する金額は35,000千円と計算されたので、引当金に計上する。

（3）賞与は年1回決算整理後に支払われるため、月次決算において2月まで毎月各3,000千円を計上してきたが、期末になり支給見込額が40,000千円と見積もられた。

8．保険料のうち7,200千円はX3年9月1日に向こう2年分を支払ったものである。

9．利息の未払額は220千円である。

10．当期の課税所得は90,000千円である。当期の法人税、住民税及び事業税の法定実効税率を30%として未払法人税等を計上する。なお、12,000千円についてはすでに中間納付をしている。

第4問（28点）

(1) 次の取引について仕訳しなさい。ただし、勘定科目は、設問ごとに最も適当と思われるものを選び、答案用紙の（　　）内に記号で解答すること。

1．工場での賃金の消費額を計上した。直接工の作業時間の記録によれば、直接作業時間2,160時間、間接作業時間80時間であった。当工場で適用する予定総平均賃率は、1,400円である。また、間接工については、前月賃金未払高240,000円、当月賃金支払高1,920,000円、当月賃金未払高170,000円であった。
ア．材料　イ．賃金　ウ．製造間接費　エ．現金　オ．仕掛品　カ．製品

2．直接作業時間を配賦基準として製造間接費を各製造指図書に予定配賦した。なお、当工場の年間の製造間接費予算は29,040,000円、年間の予定総直接作業時間は26,400時間であり、当月の実際直接作業時間は2,160時間であった。
ア．現金　イ．仕掛品　ウ．材料　エ．賃金　オ．製品　カ．製造間接費

3．当月に完成した製品を倉庫に搬入した。なお、製品に要した製造直接費は4,400,000円であり、完成品の直接作業時間は1,800時間であった。なお、製造間接費の予定配賦率は1,100円／時間である。
ア．材料　イ．売上　ウ．製造間接費　エ．売上原価　オ．仕掛品
カ．製品

(2) 当工場では、実際個別原価計算を採用している。次のデータにもとづいて、1月の仕掛品勘定および月次損益計算書を作成しなさい。

(A)

製造指図書番号	直接材料費	直接労務費	備考
No.1	300,000円	450,000円	12/21着手、12/29完成、1/7販売
No.2	100,000円（12月分） 70,000円（1月分）	150,000円（12月分） 180,000円（1月分）	12/23着手、1/6完成、1/12販売
No.3	400,000円	600,000円	1/4着手、1/10一部仕損、1/19完成、1/21販売
No.3-2	60,000円	45,000円	1/11補修開始、1/12補修完了
No.4	120,000円	300,000円	1/13着手、1/22完成、1/31在庫
No.5	80,000円	120,000円	1/28着手、1/31仕掛

なお、No.3-2は、一部仕損となったNo.3を合格品とするために発行した補修指図書であり、仕損は正常なものであった。

(B) 直接工賃金消費額である直接労務費の計算では、実際賃率である1時間あたり1,500円を適用しており、これは12、1月とも同じであった。

(C) 製造間接費は、直接作業時間を配賦基準として、1時間あたり2,000円の配賦率で各製造指図書に予定配賦している。なお、1月の製造間接費実際発生額は、1,800,000円であり、月次損益計算書においては、製造間接費の配賦差異は原価差異として売上原価に賦課する。

第5問（12点）

製品Aを製造・販売しているD社では、過去2期分のデータをもとに全部原価計算による損益計算書から直接原価計算による損益計算書に作り替えることとした。次の［資料］にもとづいて、答案用紙の直接原価計算による損益計算書を完成しなさい。

［資料］

1．製品A1個あたり全部製造原価

	前々期	前期
直接材料費	？　円	580円
変動加工費	350円	？　円
固定加工費	？　円	？　円
合　計	1,400円	1,300円

固定加工費の実際発生額は前々期、前期ともに880,000円であった。

固定加工費は各期の実際生産量にもとづいて実際配賦している。

2．販売費及び一般管理費

	前々期	前期
変動販売費	60円／個	60円／個
固定販売費及び一般管理費	？　円	？　円

3．生産・販売状況

	前々期	前期
期首仕掛品在庫量	0個	0個
期末仕掛品在庫量	0個	0個
当期製品生産量	2,000個	2,200個
期首製品在庫量	0個	0個
期末製品在庫量	0個	200個
当期製品販売量	2,000個	2,000個

4．全部原価計算による損益計算書（単位：円）

	前々期	前　期
売上高	4,000,000	4,000,000
売上原価	2,800,000	2,600,000
売上総利益	1,200,000	1,400,000
販売費及び一般管理費	640,000	640,000
営業利益	560,000	760,000

解答 第1回

第1問（20点）

仕訳1組につき各4点×5か所

	仕訳			
	借方		貸方	
	記号	金額	記号	金額
1	イ	241,000	ウ	241,000
2	キ	6,800,000	イ カ オ	5,400,000 1,000,000 400,000
3	エ オ	65,000 35,000	イ	100,000
4	イ カ	2,388,000 2,016	オ	2,390,016
5	オ	1,560,000	ウ イ	1,200,000 360,000

第2問（20点）

1つにつき各2点×10か所

	株主資本								
		資本剰余金			利益剰余金				株主資本合計
						その他利益剰余金			
	資本金	資本準備金	その他資本剰余金	資本剰余金合計	利益準備金	別途積立金	繰越利益剰余金	利益剰余金合計	
当期首残高	(4,000,000)	(500,000)	(120,000)	(620,000)	(460,000)	(140,000)	(2,683,000)	(3,283,000)	(7,903,000)
当期変動額									
剰余金の配当					(40,000)		(△640,000)	(△600,000)	(△600,000)
別途積立金の積立						(150,000)	(△150,000)		
新株の発行	(400,000)	(400,000)		(400,000)					(800,000)
吸収合併	(500,000)		(310,000)	(310,000)					(810,000)
当期純利益							(965,000)	(965,000)	(965,000)
当期変動額合計	(900,000)	(400,000)	(310,000)	(710,000)	(40,000)	(150,000)	(175,000)	(365,000)	(1,975,000)
当期末残高	(4,900,000)	(900,000)	(430,000)	(1,330,000)	(500,000)	(290,000)	(2,858,000)	(3,648,000)	(9,878,000)

第３問（20点）

□ 1つにつき各2点×10か所

貸借対照表

X4年3月31日　　（単位：千円）

資産の部			負債の部		
Ⅰ 流動資産			Ⅰ 流動負債		
現金預金		(930,600)	支払手形		171,000
受取手形	210,000		買掛金		220,000
貸倒引当金	(△ 2,100)	(207,900)	リース債務		(30,000)
クレジット売掛金	24,000		未払法人税等		(15,000)
貸倒引当金	(△ 120)	(23,880)	未払消費税		(39,130)
売掛金	(133,000)		未払費用		(220)
貸倒引当金	(△ 1,330)	(131,670)	賞与引当金		(40,000)
有価証券		(79,000)	流動負債合計		(515,350)
商品		(135,000)	Ⅱ 固定負債		
前払費用		(3,600)	リース債務		(120,000)
流動資産合計		(1,511,650)	退職給付引当金		(680,000)
Ⅱ 固定資産			固定負債合計		(800,000)
建物	1,000,000		負債合計		(1,315,350)
減価償却累計額	(△300,000)	(700,000)	純資産の部		
機械装置	300,000		Ⅰ 株主資本		
減価償却累計額	(△180,000)	(120,000)	1. 資本金		1,000,000
車両	180,000		2. 資本剰余金		
減価償却累計額	(△ 30,000)	(150,000)	資本準備金		420,000
ソフトウェア		(40,000)	3. 利益剰余金		
子会社株式		(39,000)	利益準備金	40,000	
投資有価証券		(315,000)	別途積立金	50,000	
長期前払費用		(1,500)	繰越利益剰余金	(144,800)	(234,800)
長期貸付金	(100,000)		株主資本合計		(1,654,800)
貸倒引当金	(△ 4,000)	(96,000)	Ⅱ 評価・換算差額等		
固定資産合計		(1,461,500)	その他有価証券評価差額金		(3,000)
			純資産合計		(1,657,800)
資産合計		(2,973,150)	負債・純資産合計		(2,973,150)

第4問（28点）

(1)

仕訳1組につき各4点×3か所

	仕訳			
	借方		貸方	
	記号	金額	記号	金額
1	**オ** **ウ**	**3,024,000** **1,962,000**	**イ**	**4,986,000**
2	**イ**	**2,376,000**	**カ**	**2,376,000**
3	**カ**	**6,380,000**	**オ**	**6,380,000**

(2)

1つにつき各2点×8か所

仕掛品　（単位：円）

月初有高	(**450,000**)	製品	(**3,725,000**)
直接材料費	(**730,000**)	月末有高	(**360,000**)
直接労務費	(**1,245,000**)		
製造間接費	(**1,660,000**)		
	(**4,085,000**)		(**4,085,000**)

月次損益計算書　（単位：円）

売上高		6,000,000
売上原価		
月初製品有高	(**1,350,000**)	
当月製品製造原価	(**3,725,000**)	
合計	(**5,075,000**)	
月末製品有高	(**820,000**)	
差引	(**4,255,000**)	
原価差異	(**140,000**)	(**4,395,000**)
売上総利益		(**1,605,000**)
販売費及び一般管理費		1,045,000
営業利益		(**560,000**)

第5問（12点）　　1つにつき各2点×6か所

直接原価計算による損益計算書　（単位：円）

	前々期	前　期
売　上　高	（ 4,000,000 ）	（ 4,000,000 ）
変　動　費	（ 2,040,000 ）	（ 1,920,000 ）
貢献利益	（ 1,960,000 ）	（ 2,080,000 ）
固　定　費	（ 1,400,000 ）	（ 1,400,000 ）
営業利益	（ 560,000 ）	（ 680,000 ）

解説 第1回

模擬問題 第1回について

制限時間90分で70点以上を得点する必要があります。簿記2級の試験は問題の量が多いため、正確に素早く解く練習をすることが重要です。たとえば、第1問の仕訳問題の場合、小問1つにつき1～2分で答えるスピードを目標にする必要があります。問題文を読み仕訳を書くスピードを鍛えることが簿記2級の合格への近道です。本書の各問題の解説に書いてある＜目標時間＞を目安にして、問題を解くスピードを身につけましょう。

今回の模擬試験はすべて基本的な問題です。第3問の解答箇所が多いため、時間はかかりますが合格点を確保しやすい問題です。90分以内に80点以上を取れるように練習しておきましょう。

〈目標点数・目標時間〉

第1問、第4問、第5問を短時間で確実に解くことが大切です。第1問、第4問、第5問で不正解が多いと70点以上の得点が難しくなってしまいます。今回の試験は第2問の量が少ないですが、第3問の量が多いため時間がかかります。第3問以外を早く解き、第3問で時間を使い、高得点を目指しましょう。また、簿記2級は試験時間が短いため、見直しをする時間はありません。見直しができないため、素早くかつ正確に解答する必要があります。問題を解くスピードは繰り返し問題を解くことで少しずつ早くなっていきます。

	出題	配点	目標点	目標時間
第1問	仕訳問題	20点	16点	10分
第2問	株主資本等変動計算書	20点	16点	15分
第3問	個別財務諸表　貸借対照表	20点	14点	30分
第4問	(1) 仕訳問題	12点	12点	5分
	(2) 個別原価計算	16点	12点	17分
第5問	直接原価計算	12点	10点	13分

〈解く順番〉

工業簿記から先に解きましょう。時間がかからず、満点の取りやすい工業簿記を優先して解くことが合格への近道です。

解く順番：第４問→第５問→第１問→第２問→第３問

第１問　仕訳問題＜目標時間＞10分

1. 本支店会計 ときどき出る

ステップ１ 問題文に「支店側の仕訳は答えなくてよい」と書いてありますので、本店の仕訳を解答します。本店は「支店の当期純利益」によって収益が増えますので、貸方（右側）に「損益」と書きます。

／ 損益　241,000

ステップ２ 相手勘定科目は「支店」を使います。

支店　241,000 ／ 損益　241,000

ワンポイント

本支店会計の損益振替の問題です。本問の仕訳だけ見ても本支店会計の損益振替の全体的な流れがわかりませんので、苦手な人は一度お持ちのテキストに戻って全体的な流れを復習しましょう。

2. 繰越利益剰余金の配当と処分 よく出る

ステップ１ 配当金＠900×6,000株＝5,400,000と別途積立金の積立て1,000,000を計上します。未払配当金は負債（ホームポジション右）、別途積立金は純資産（ホームポジション右）なので、増えるときは右に書きます。

／ 未払配当金　5,400,000
　 別途積立金　1,000,000

ステップ２ 繰越利益剰余金の配当を行うさいは、会社法の定める額を利益準備金として積み立てる必要があります。

①資本金160,000,000÷4－(資本準備金24,000,000＋利益準備金15,600,000)＝400,000

②配当金の10分の1　＠900×6,000株÷10＝540,000

③以上より①＜②なので、利益準備金の積立額は400,000

したがって、利益準備金とするのは400,000となります。利益準備金は純資産（ホームポジション右）なので、増えるときは右に書きます。

	未払配当金 5,400,000
	別途積立金 1,000,000
	利益準備金 400,000

ステップ3 「繰越利益剰余金」を取り崩すので減ります。繰越利益剰余金は純資産（ホームポジション右）なので、減るときは左に書きます。

5,400,000 + 1,000,000 + 400,000 = 6,800,000

繰越利益剰余金 6,800,000	未払配当金 5,400,000
	別途積立金 1,000,000
	利益準備金 400,000

3．税効果会計　その他有価証券　よく出る

ステップ1 「長期投資目的で保有する」とは、長期的に配当金を受け取るために保有するという意味なので、売買目的有価証券ではありません。また、株式は債券と違い、満期日がありませんので満期保有目的債券でもありません。子会社にも関連会社にも該当しないので、「その他有価証券」とわかります。

ステップ2 下書きを書きます。

会計上の時価評価　2,000株×¥350 = 700,000 —△100,000→ 2,000株×¥300 = 600,000

税法上の時価評価　認められていない＝0

税効果会計　（100,000－0）×35％＝35,000

ステップ3 通常どおりその他有価証券の時価評価の仕訳を書きます。「その他有価証券」が100,000減ります。その他有価証券は資産（ホームポジション左）なので、減るときは右に書きます。

相手勘定科目は「その他有価証券評価差額金」です。

その他有価証券評価差額金　100,000 ／ その他有価証券　100,000

ステップ4 税効果会計の仕訳を書きます。その他有価証券を貸方（右側）に書いたので、借方（左側）に「繰延税金資産」と書きます。これにより、繰延税金資産が増えます。金額は下書きで計算した35,000です。貸方（右側）に「その他有価証券評価差額金」と書きます。

繰延税金資産　35,000 ／ その他有価証券評価差額金　35,000

ステップ5 ステップ3とステップ4の「その他有価証券評価差額金」を合算します。

その他有価証券評価差額金　65,000 ／ その他有価証券　100,000
繰延税金資産　35,000 ／

4．満期保有目的債券の取得　よく出る

ステップ1 満期保有目的債券の取得原価を計算します。

2,400,000 ÷ @100 × @99.50 = 2,388,000

「満期保有目的債券」が増えます。満期保有目的債券は資産（ホームポジション左）なので、増えるときは左に書きます。

満期保有目的債券　2,388,000 ／

ステップ2 端数利息の金額を計算します。利払日の翌日から本日まで（4/1～6/12）は73日です。端数利息を支払うので「有価証券利息」を減らします。有価証券利息は収益（ホームポジション右）なので、減るときは左に書きます。

2,400,000 × 0.42% × 73日 ÷ 365日 = 2,016

満期保有目的債券　2,388,000 ／
有価証券利息　2,016 ／

ステップ3 小切手を振り出したので、「当座預金」が減ります。当座預金は資産（ホームポジション左）なので、減るときは右に書きます。

2,388,000 + 2,016 = 2,390,016

満期保有目的債券　2,388,000 ／ 当座預金　2,390,016
有価証券利息　2,016 ／

5. 複数の履行義務　ときどき出る

ステップ1 商品を販売したので、「売上」が増えます。

／ 売上　1,200,000

ステップ2 問題文に「サポートサービスは本日より開始しており、時の経過(月割計算）に応じて履行義務を充足する」と指示があるので、販売時には「契約負債」に計上します。契約負債は負債（ホームポジション右）なので、増えるときは右に書きます。

		売上	1,200,000
		契約負債	360,000

ステップ3 普通預金口座に振り込まれたので、「普通預金」が増えます。普通預金は資産（ホームポジション左）なので、増えるときは左に書きます。

普通預金	1,560,000	売上	1,200,000
		契約負債	360,000

ワンポイント

本問は収益認識基準の「複数の履行義務を含む顧客との契約」に該当し、これは商品販売と役務収益の２つの取引を同時に行う契約のことです。取引の流れと仕訳は次のとおりです。なお、契約負債は簿記３級で学習した前受金と同様の勘定科目で、簿記２級では「契約負債」か「前受金」のどちらか選択肢にある方を使うことになります。

①12月１日　商品1,200,000円とサポートサービス360,000円を販売し、代金は普通預金口座に振り込まれた。

普通預金	1,560,000	売上	1,200,000
		契約負債	360,000

②3月31日　決算において、サポートサービスのうち履行義務を充足した部分について収益を計上した。同時に対応する役務原価￥60,000を仕掛品から振り替えた。

履行義務を充足した部分は12月１日から３月末までの４か月間なので、役務収益の金額は次のように計算する。

360,000 ÷ 12か月 × ４か月 ＝ 120,000

契約負債　120,000 ／ 役務収益　120,000
役務原価　60,000 ／ 仕掛品　60,000

第２問　株主資本等変動計算書　よく出る　＜目標時間＞15分

株主資本等変動計算書の問題です。試験でよく出題されるので、必ず解けるように練習しましょう。株主資本等変動計算書の書き方はChapter5-01で詳しく説明していますので、苦手な方は復習して理解しておきましょう。

ステップ１ 下書きに仕訳を書きます。

2、①②
a. 資本金 4,000,000 × $\frac{1}{4}$ −（資本準備金 500,000 + 利益準備金 460,000）= 40,000
b. 配当金 600,000 × $\frac{1}{10}$ = 60,000
a ＜ b なので 40,000

繰越利益剰余金 640,000 ／ 未払配当金 600,000
　　　　　　　　　　　　 利益準備金 40,000

③ 繰越利益剰余金 150,000 ／ 別途積立金 150,000

3、@400 × 2,000株 = 800,000
当座預金 800,000 ／ 資本金 400,000
　　　　　　　　　 資本準備金 400,000

4、@450 × 1,800株 = 810,000
諸資産 2,980,000 ／ 諸負債 2,180,000
のれん 10,000 ／ 資本金 500,000
　　　　　　　　 その他資本剰余金 310,000

5、損益 965,000 ／ 繰越利益剰余金 965,000

［資料］

2． ①②　会社法が定める金額の準備金とは、上記a、bのどちらか少ない方の金額です。今回はaが少なく繰越利益剰余金を財源としているので、利益準備金の積立額40,000となります。

3．「会社法が定める最低限度額」というのは、増資の総額の２分の１は資本金に計上しなければならないということです。残りの金額は資本準備金に計上します。

4． 吸収合併したさいには相手の会社の資産と負債を時価で引き継ぎます。また、新株の発行価額のうち純資産の勘定科目をどれだけ増やすかについては文書で取り決めがあるので、試験では問題文の指示に従います。本問では500,000を資本金とし、残額はその他資本剰余金とします。また、貸借差額が発生しているので、のれんを書きます。吸収合併により増えた財産より、新株発行価額が大きかったということで、吸収合併した会社のブランド名や商品名など、資産や負債の金額では表せない目に見えない価値に対してお金を払ったことを表しています。

5. 「当期純利益¥965,000を計上した」と書かれているだけなので、最初は何をしてよいかわからないかもしれないですが、試験ではこのような指示がよく出題されます。決算整理仕訳において損益振替をすることで当期純利益を計算することから、ここでは損益振替の仕訳を書くと判断します。

ステップ2 答案用紙の株主資本等変動計算書を記入します。

❶当期首残高には、X5年3月31日の純資産の金額を書き写します。

❷当期変動額は、下書きの仕訳を見て、純資産の勘定科目を書き写します。株主資本等変動計算書には純資産の勘定科目のみ集計します。したがって、仕訳で書いた純資産の勘定科目のみを株主資本等変動計算書へ書き写すことになります。たとえば、未払配当金（負債）、当座預金（資産）などは株主資本等変動計算書には書きません。

また、純資産の勘定科目はホームポジション右側なので、仕訳でその勘定科目が右に書かれていれば金額が増えるので株主資本等変動計算書では＋になります。また、仕訳でその勘定科目が左に書かれていれば金額が減るので株主資本等変動計算書では△と記入します。なお、本問のようにマイナスについてのみ△を記入するよう指示があることが多く、その場合、プラスであれば株主資本等変動計算書では金額の前に何もつけません。

❸当期変動額合計、当期末残高を記入します。

・当期変動額合計＝剰余金の配当＋別途積立金の積立＋新株の発行＋吸収合併＋当期純利益

・当期末残高＝当期首残高＋当期変動額合計

❹資本剰余金合計、利益剰余金合計、株主資本合計を記入します。

・資本剰余金合計＝資本準備金＋その他資本剰余金

・利益剰余金合計＝利益準備金＋別途積立金＋繰越利益剰余金

・株主資本合計＝資本金＋資本剰余金合計＋利益剰余金合計

第３問　個別財務諸表 よく出る ＜目標時間＞30分

貸借対照表の問題です。本問はボリュームが多いですが、すべて基本的な内容です。できなかった人は時間内にミスせず解答できるように復習しましょう。

ステップ１ 下書きに仕訳を書きます。

［資料2］
1. 貸倒損失 4,000 ｜ 売掛金 5,000
　 貸倒引当金 1,000 ｜

2. 研究開発費 60,000 ｜ 現金預金 66,000
　 仮払消費税 6,000 ｜

[資料2]

1. 貸倒引当金は前期末の債権の残高に対して設定されるので、当期発生の売掛金は貸倒引当金の計算にかかわっていません。そのため、当期発生の売掛金が貸倒れた場合、貸倒引当金の残高がいくらであっても必ず貸倒損失で仕訳します。本問では当期に販売した商品に係る4,000は貸倒損失です。残りの1,000が前期以前に発生した売掛金です。［資料1］2. を見ると貸倒引当金の残高が1,750とわかるので、そのうち1,000を取り崩します。

2. 研究開発目的で購入した備品は、備品ではなく研究開発費という勘定科目を使って仕訳します。消費税については備品購入時と同様に仮払消費税を使います。

[資料3]

1、米ドル紙幣 20,000ドル×105円＝2,100,000円→2,100千円

帳簿価額 2,200 —△100→ 2,100

米ドル預金 100,000ドル×105円＝10,500,000円→10,500千円

帳簿価額 10,800 —△300→ 10,500

為替差損益 400 / 現金預金 400

2、仕入 116,000 / 繰越商品 116,000

繰越商品 160,000 / 仕入 160,000

棚卸減耗損 16,000 / 繰越商品 16,000

商品評価損 9,000 / 繰越商品 9,000

仕入 16,000 / 棚卸減耗損 16,000 ┐ 売上原価の内訳

仕入 9,000 / 商品評価損 9,000 ┘ に計上する仕訳

3、建物 定額 20年 残0

1,000,000 ÷ 20年 ＝ 50,000

機械装置 200%定率 5年 償却率 1÷5年×200%＝0.4

(300,000－累計100,000)×0.4 ＝ 80,000

車両 リース資産 6年 残0

180,000 ÷ 6年 ＝ 30,000

減価償却費 160,000 / 建物累計額 50,000

機械累計額 80,000

車両累計額 30,000

〈貸借対照表の表示〉
流動負債　リース債務 → 翌期分 30,000千円
固定負債　リース債務 → 翌期分以外 30,000×4＝120,000千円

［資料3］

1. 外国通貨や外貨預金を持っている場合、決算整理仕訳で換算替えをします。差額は為替差損益として仕訳します。本問では帳簿価額より換算替え後の金額の方が小さくなっているので、損が出ていることから損益計算書では為替差損として表示します。

3. 機械装置について、問題文に償却率が記載されていないため自分で計算する必要があります。200%定率法の償却率は「1÷耐用年数×200%」で計算するので1÷5年×200%＝0.4となります。応用的な内容ですが試験でよく出題されます。
車両はリース資産です。簿記2級では試験範囲の関係で、リース資産は問題文に指示がなくても定額法、残存価額ゼロ、耐用年数はリース期間として計算します。

4.
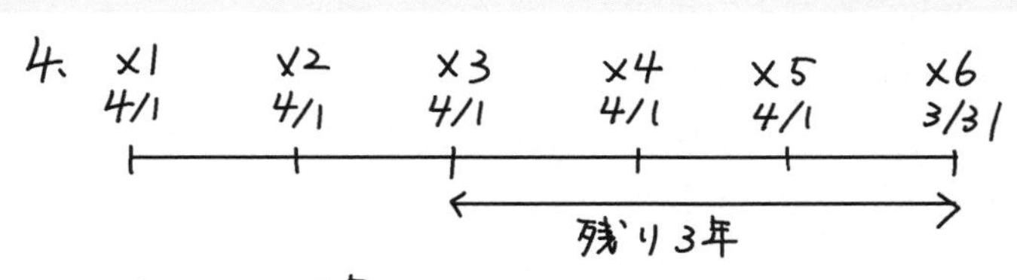

60,000÷3年＝20,000
ソフトウェア償却 20,000／ソフトウェア 20,000

5.
■売買目的 A株　74,000 —+5,000→ 79,000
売買目的有価証券 5,000／有価証券評価益 5,000

貸借対照表では、流動資産の「有価証券」として表示

■満期保有 B社
x2 4/1　x3 4/1　x4 4/1　x5 4/1　x6 4/1　x7 3/31
残り4年

当期償却額 (200,000－192,000)÷4年＝2,000
満期保有目的債券 2,000／有価証券利息 2,000

■子会社 C社　仕訳なし

■その他 D社

118,000 —(+3,000)→ 121,000

その他有価証券 3,000 / その他有価証券評価差額金 3,000

株式には満期日がないので、貸借対照表では、固定資産の「投資有価証券」として表示

6、仮払消費税 313,600 + 6,000 = 319,600

未払消費税 358,730 − 319,600 = 39,130

［資料2］2.より

仮受消費税 358,730 / 仮払消費税 319,600
　　　　　　　　　　/ 未払消費税 39,130

4. 当期はX3年4月1日～X4年3月31日です。ソフトウェアは無形固定資産なので、残存価額ゼロ、定額法で償却計算を行い、直接法で仕訳します。本問ではX1年4月1日に取得しているので、取得価額は不明ですがX2年3月31日とX3年3月31日に次のように仕訳を書いたはずです。直接法なので累計額は使わずソフトウェアを直接減額します。

X2年3月31日　ソフトウェア償却 ／ ソフトウェア

X3年3月31日　ソフトウェア償却 ／ ソフトウェア

X1年4月1日の取得価額は不明ですが、［資料1］1. のソフトウェアの残高は60,000となっており、これまで2回ソフトウェア償却を行った後の金額が60,000であることがわかります。耐用年数5年なので、X4年3月31日、X5年3月31日、X6年3月31日にも同じ仕訳をするはずなので、60,000 ÷ 3年 = 20,000ずつソフトウェアを減らすことになります。

5. 満期保有目的債券はX2年4月1日に取得し、満期日はX7年3月31日なので、取得から満期日まで5年とわかります。本来であれば（取得価額と額面金額との差額）÷ 5年という計算で償却原価法の金額がわかりますが、本問には取得価額が書いてありません。［資料1］1. に満期保有目的債券の残高192,000とありますが、当期はX3年4月1日～X4年3月31日なので、すでに前期のX3年3月31日に1回、償却原価法の仕訳をした後の金額が192,000ということになります。つまりX2年4月

1日（取得）の金額＋X3年3月31日（償却原価法）の金額＝当期首時点の満期保有目的債券192,000です。

X2年4月1日（取得）　満期保有目的債券 ／ 現金預金など
X3年3月31日（償却原価法）　満期保有目的債券 ／ 有価証券利息

償却原価法というのは、取得価額を満期日までに額面金額に近づけるために行うので、満期日に満期保有目的債券が200,000になるように、毎期末に満期保有目的債券を増やす仕訳をします。満期日はX7年3月31日なので、今後、当期末であるX4年3月31日、X5年3月31日、X6年3月31日、X7年3月31日の4回、償却原価法の仕訳を書きます。192,000であった残高を4回で200,000にするということは次の式で1年分の金額が計算できます。

（200,000 − 192,000）÷ 4年 = 2,000

当期末を含め、今後4回は次の仕訳を行うことがわかります。

満期保有目的債券　2,000 ／ 有価証券利息　2,000

7、(1) 貸倒引当金

受取手形 210,000×1% = 2,100
クレジット売掛金 24,000 × 0.5% = 120
売掛金 (138,000 − 5,000) × 1% = 1,330
} 3,550

この金額をそのまま貸借対照表に記入する

貸倒引当金 1,750 − 1,000 = 750 —+2,800→ 3,550

貸倒引当金繰入 2,800 / 貸倒引当金 2,800
(販売費及び一般管理費)　(流動資産)

長期貸付金 100,000 × 4% = 4,000

この金額をそのまま貸借対照表に記入する

貸倒引当金 0 —+4,000→ 4,000

貸倒引当金繰入 4,000 / 貸倒引当金 4,000
(営業外費用)　(固定資産)

(2) 退職給付費用 35,000 / 退職給付引当金 35,000

(3) 40,000 − 33,000 = 7,000

賞与引当金繰入 7,000 / 賞与引当金 7,000

8. 前払費用 $7{,}200 \times \frac{12か月}{24か月} = 3{,}600$

長期前払費用 $7{,}200 \times \frac{5か月}{24か月} = 1{,}500$

前払費用 3,600	保険料 5,100
長期前払費用 1,500	

9. 支払利息 220 / 未払費用 220

10. 法人税等 27,000	仮払法人税等 12,000
	未払法人税等 15,000

7. 債権には、営業債権（売上債権）と営業外債権の２種類があります。営業債権とは主たる営業取引から発生する債権で、営業外債権とは貸付金などの債権です。本問では受取手形、クレジット売掛金、売掛金が営業債権、長期貸付金が営業外債権です。営業債権と営業外債権では、貸倒引当金繰入の損益計算書での表示が異なるので、別々に貸倒引当金の計算をします。

ワンポイント

営業債権に係る貸倒引当金繰入：損益計算書「販売費及び一般管理費」に表示
営業外債権に係る貸倒引当金繰入：損益計算書「営業外費用」に表示

また、貸倒引当金の貸借対照表での表示は、貸倒引当金設定の対象となる債権の表示区分と同じになります。本問では、受取手形、クレジット売掛金、売掛金は流動資産なので貸倒引当金は貸借対照表「流動資産」に表示します。長期貸付金は固定資産なので貸倒引当金は貸借対照表「固定資産」に表示します。

8. [資料1] 1. で保険料（費用）が13,200計上されています。このうち7,200はX3年9月1日に向こう２年（24か月）分を支払ったものということで、次の金額になるように仕訳で調整します。
保険料（費用）：X3年9月1日～X4年3月31日の7か月分は当期の保険料（費用）として計上したい。7,200×7か月÷24か月＝2,100
前払費用（資産）：前払費用とは翌期に費用となる前払いに使用する勘定科目。X4年4月1日～X5年3月31日の12か月分は前払費用（資産）として貸借対照表「流動資産」に計上したい。7,200×12か月÷24か月＝3,600
長期前払費用（資産）：長期前払費用とは翌々期以降に費用となる前払いに使用する勘定科目。X5年4月1日～X5年8月31日の5か月分は長期前払費用（資産）として貸借対照表「固定資産」に計上したい。7,200×5か月÷24か月＝1,500
決算直前には、7,200全額が保険料（費用）に計上されていますが、3,600＋1,500＝5,100は保険料からマイナスしたいので、右に保険料5,100と書きます。そうすると7,200－5,100＝2,100となり当期7か月分だけ保険料として残ることになります。
3,600は前払費用として計上したいので左に前払費用3,600と書きます。1,500は長期前払費用として計上したいので左に長期前払費用1,500と書きます。

10. 当期計上すべき法人税、住民税及び事業税（法人税等）は27,000と計算できます。

　90,000×30%＝27,000

このうち12,000は中間納付ですでに支払っているので、これから支払う金額は27,000－12,000＝15,000となり未払法人税等15,000を計上します。

ステップ2 答案用紙の貸借対照表の金額を計算し、記入します。

勘定科目	A決算整理前残高 （[資料1] より）	B決算整理仕訳 （下書きより）	C貸借対照表 （A + B）
現金預金	997,000	[2] 2 △66,000 [3] 1 △400	930,600
受取手形	210,000		210,000
貸倒引当金	※1　?	[3] 7（1）+ 2,100	2,100
クレジット売掛金	24,000		24,000
貸倒引当金	※1　?	[3] 7（1）+ 120	120
売掛金	138,000	[2] 1 △5,000	133,000
貸倒引当金	※1　?	[3] 7（1）+ 1,330	1,330
有価証券 （売買目的有価証券）	74,000	[3] 5 + 5,000	79,000
商品	116,000	[3] 2 △116,000 [3] 2 + 160,000 [3] 2 △16,000 [3] 2 △9,000	135,000
前払費用		[3] 8 + 3,600	3,600
建物	1,000,000		1,000,000
減価償却累計額	250,000	[3] 3 + 50,000	300,000
機械装置	300,000		300,000
減価償却累計額	100,000	[3] 3 + 80,000	180,000
車両	180,000		180,000
減価償却累計額		[3] 3 + 30,000	30,000
ソフトウェア	60,000	[3] 4 △20,000	40,000
子会社株式	39,000		39,000
投資有価証券 （満期保有目的債券・ その他有価証券）	192,000 + 118,000	[3] 5 + 2,000 [3] 5 + 3,000	315,000
長期前払費用		[3] 8 + 1,500	1,500
長期貸付金	100,000		100,000
貸倒引当金	0	[3] 7（1）+ 4,000	4,000
支払手形	171,000		171,000
買掛金	220,000		220,000
リース債務（流動）	※2　?	[3] 3 + 30,000	30,000

未払法人税等		[3] 10 + 15,000	15,000
未払消費税		[3] 6 + 39,130	39,130
未払費用		[3] 9 + 220	220
賞与引当金	33,000	[3] 7 (3) + 7,000	40,000
リース債務(固定)	※2 ?	[3] 3 + 120,000	120,000
退職給付引当金	645,000	[3] 7 (2) + 35,000	680,000
資本金	1,000,000		1,000,000
資本準備金	420,000		420,000
利益準備金	40,000		40,000
別途積立金	50,000		50,000
繰越利益剰余金	74,200	※3 資産と負債・純資産の差額で計算	144,800
その他有価証券評価差額金		[3] 5 + 3,000	3,000

※1 問題文[資料3]7. に「営業外債権に対する貸倒引当金の決算整理前の期末残高は0円である」と書いてあるため、決算整理前残高試算表の貸倒引当金1,750は、すべて売上債権(受取手形、クレジット売掛金、売掛金)に対するものとわかりますが、内訳は不明です。このため、決算整理前残高に決算整理仕訳を加算して計算することができません。問題文[資料3]7. に貸倒引当金は「クレジット売掛金については0.5%、受取手形および売掛金については1%」と指示がありますので、計算するとそれぞれの貸倒引当金の金額を求めることができます。

※2 決算整理前残高試算表のリース債務150,000は流動負債と固定負債の合計金額で内訳は不明です。このため、下書き[3]3で計算しています。

※3 資産合計2,973,150 − 負債合計1,315,350 − 資本金1,000,000 − 資本準備金420,000 − 利益準備金40,000 − 別途積立金50,000 − その他有価証券評価差額金3,000 = 144,800

第4問　(1) 仕訳　費目別原価計算　よく出る　＜目標時間＞5分

費目別原価計算の基本的な仕訳です。下書きを含め5分程度で解答しましょう。

1. 直接労務費と間接労務費

ステップ1　直接工の直接労務費と間接労務費、間接工の間接労務費を計算します。間接工の間接労務費は、間接工の賃金BOX図を書いて当月消費高を計算します。

直接工
直接作業　@1,400×2,160時間＝3,024,000（直接労務費）
間接作業　@1,400×80時間＝112,000（間接労務費）
1,962,000
間接工
1,920,000＋170,000－240,000＝1,850,000（間接労務費）

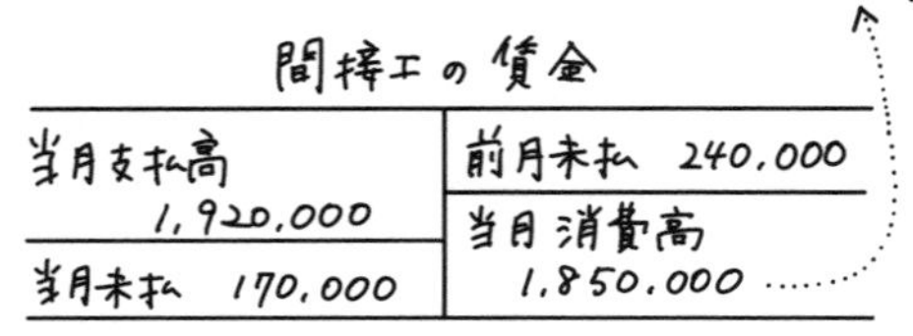

ステップ2　直接工の直接作業にかかる賃金は直接労務費なので「仕掛品」に振り替えます。仕掛品は資産（ホームポジション左）なので、増えるときは左に書きます。
直接工の間接作業にかかる賃金と間接工の賃金は間接労務費なので「製造間接費」に振り替えます。製造間接費は費用（ホームポジション左）なので、増えるときは左に書きます。

仕掛品	3,024,000	賃金	4,986,000
製造間接費	1,962,000		

2. 製造間接費の予定配賦

ステップ　製造間接費の予定配賦率を計算し、当月の予定配賦額を計算します。
当月の実際直接作業時間は問題文にある2,160時間を使います。

予定配賦率　29,040,000÷26,400時間＝@1,100
予定配賦額　@1,100×2,160時間＝2,376,000

「製造間接費」から「仕掛品」に振り替えます。製造間接費は費用（ホームポジション左）なので、減るときは右に書きます。仕掛品は資産（ホームポジション左）なので、増えるときは左に書きます。
仕掛品 2,376,000 ／ 製造間接費 2,376,000

3．仕掛品から製品への振り替え

ステップ 完成した製品の原価を計算します。予定配賦率は問題文の@1,100を使います。

製造間接費　@1,100 × 1,800時間 = 1,980,000
製品の当月製造原価　4,400,000 + 1,980,000 = 6,380,000

「仕掛品」から「製品」に振り替えます。仕掛品は資産（ホームポジション左）なので、減るときは右に書きます。製品は資産（ホームポジション左）なので、増えるときは左に書きます。
製品 6,380,000 ／ 仕掛品 6,380,000

（2）個別原価計算 ときどき出る ＜目標時間＞17分

個別原価計算の基本問題です。個別原価計算は問題文の情報を下書きに整理する能力が問われるため、下書きの書き方をマスターしておきましょう。

ステップ1 問題文を読みながら、12月と1月の下書きを書きます。
製造間接費の計算手順は、まず直接労務費÷実際賃率@1,500＝直接作業時間を計算し、次に予定配賦率@2,000×直接作業時間＝製造間接費を計算します。
No.1を例にすると、まず次の計算をします。

直接労務費450,000円÷実際賃率@1,500
＝直接作業時間300時間

次に直接作業時間を使って製造間接費を計算します。

予定配賦率@2,000×直接作業時間300時間
＝製造間接費600,000円

12月

	No1	No2	合計
材	300,000	100,000	400,000
労	450,000	150,000	600,000
間	600,000	200,000	800,000
合計	1,350,000	450,000	1,800,000
状況	❼製品	❶仕掛	
直接作業時間	300h	100h	

@2,000 × 300

450,000 ÷ @1,500

1月

	No1	No2	No3	No3-2	No4	No5	合計
月初	1,350,000	450,000	−	−	−	−	1,800,000
材	−	70,000	400,000	60,000	120,000	80,000	❷730,000
労	−	180,000	600,000	45,000	300,000	120,000	❸1,245,000
間	−	240,000	800,000	60,000	400,000	160,000	❹1,660,000
仕損			165,000	△165,000			0
合計	1,350,000	940,000	1,965,000	0	❽820,000	❻360,000	5,435,000
状況	売原	売原	売原	No3へ	製品	仕掛	
直接作業時間	−	120h	400h	30h	200h	80h	

❺3,725,000

ステップ2 製造間接費差異を計算します。

製造間接費差異

予定 1,660,000 − 実際 1,800,000 = ❾ △140,000

マイナスなので不利差異（借方差異）とわかる。
不利差異の場合、費用として売上原価に賦課するため、損益計算書の売上原価が増加する

ステップ3 下書きを見て、答案用紙に記入します。下書きの❶〜❾が、下の❶〜❾に対応しています。

仕　　掛　　品　　　　　（単位：円）

月初有高	（❶ 450,000）	製品	（❺ 3,725,000）
直接材料費	（❷ 730,000）	月末有高	（❻ 360,000）
直接労務費	（❸ 1,245,000）		
製造間接費	（❹ 1,660,000）		
	（ 4,085,000）		（ 4,085,000）

月次損益計算書　　　　　（単位：円）

売上高		6,000,000
売上原価		
月初製品有高	（❼ 1,350,000）	
当月製品製造原価	（❺ 3,725,000）	
合計	（ 5,075,000）	
月末製品有高	（❽ 820,000）	
差引	（ 4,255,000）	
原価差異	（❾ 140,000）	（ 4,395,000）
売上総利益		（ 1,605,000）
販売費及び一般管理費		1,045,000
営業利益		（ 560,000）

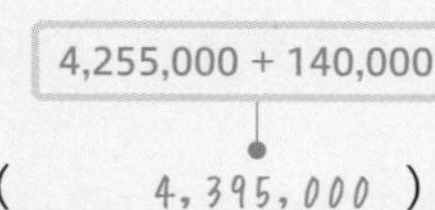

第５問　直接原価計算 よく出る ＜目標時間＞13分

直接原価計算の基本問題です。一部の金額を推定する必要がありますが、与えられた情報を整理すると金額がわかります。苦手な受験生が多い分野ですが、簡単なので復習してマスターしておきましょう。

ステップ１ [資料] 1．前々期の全部製造原価の「？」を計算します。固定加工費の実際発生額880,000円から全部製造原価の「製品Ａ１個あたり固定加工費」を計算します。

固定加工費　880,000円（実際発生額）÷ 2,000個（当期製品生産量）＝ 440円

次に全部製造原価の合計1,400円から変動加工費と固定加工費を差し引いて「製品Ａ１個あたり直接材料費」を計算します。

直接材料費　1,400円（全部製造原価の合計）－ 350円（変動加工費）－ 440円（固定加工費）＝ 610円

ステップ２ 前々期の直接原価計算の損益計算書を計算します。売上高は全部原価計算の損益計算書から写します。

売上高　4,000,000円（[資料] 4．売上高）

変動売上原価　（610円（直接材料費）＋ 350円（変動加工費））× 2,000個（当期製品販売量）＝ 1,920,000円

変動販売費　60円／個（変動販売費）× 2,000個（当期製品販売量）＝ 120,000円

変動費　1,920,000円 ＋ 120,000円 ＝ 2,040,000円

貢献利益　4,000,000円（売上高）－ 2,040,000円（変動費）＝ 1,960,000円

固定製造原価　880,000円（固定加工費の実際発生額）

固定販売費及び一般管理費　640,000 円（[資料] 4．販売費及び一般管理費）－ 120,000円（変動販売費）＝ 520,000円

固定費　880,000円 ＋ 520,000円 ＝ 1,400,000円

営業利益　1,960,000円（貢献利益）－ 1,400,000円（固定費）＝ 560,000円

ステップ3 [資料] 1．前期の全部製造原価の「？」を計算します。固定加工費の実際発生額880,000円から全部製造原価の「製品Ａ１個あたり固定加工費」を計算します。

固定加工費 880,000円（実際発生額）÷ 2,200個（当期製品生産量）＝ 400円

次に全部製造原価の合計1,300円から直接材料費と固定加工費を差し引いて「製品Ａ１個あたり変動加工費」を計算します。

変動加工費 1,300円（全部製造原価の合計）－ 580円（直接材料費）－ 400円（固定加工費）＝ 320円

ステップ4 前期の直接原価計算の損益計算書を計算します。売上高は全部原価計算の損益計算書から写します。

売上高 4,000,000円（[資料] 4．売上高）

変動売上原価 （580円（直接材料費）＋ 320円（変動加工費））× 2,000個（当期製品販売量）＝ 1,800,000円

変動販売費 60円／個（変動販売費）× 2,000個（当期製品販売量）＝ 120,000円

変動費 1,800,000円 ＋ 120,000円 ＝ 1,920,000円

貢献利益 4,000,000円（売上高）－ 1,920,000円（変動費）＝ 2,080,000円

固定製造原価 880,000円（固定加工費の実際発生額）

固定販売費及び一般管理費 640,000円（[資料] 4．販売費及び一般管理費）－ 120,000円（変動販売費）＝ 520,000円

固定費 880,000円 ＋ 520,000円 ＝ 1,400,000円

営業利益 2,080,000円（貢献利益）－ 1,400,000円（固定費）＝ 680,000円

> **ワンポイント**
>
> **優先して解答する部分**
>
> 売上高は簡単なので、最初に解答しましょう。

Chapter 8

模擬問題 第2回

答案用紙 P32　解答 P317　制限時間 全問 90分

第1問（20点）

次の各取引について仕訳しなさい。ただし、勘定科目は、設問ごとに最も適当と思われるものを選び、答案用紙の（　　）内に記号で解答すること。なお、消費税は指示された問題のみ考慮すること。

1．X3年3月31日、決算にあたり、売上債権の期末残高￥800,000について2%の貸倒れを見積もり、貸倒引当金を設定したが、その全額について税法上の損金算入が認められなかったので、貸倒引当金にかかわる税効果会計の仕訳を行う。貸倒引当金に期首残高はなく、また法人税等の法定実効税率は30%である。なお、貸倒引当金を設定するための決算整理仕訳はすでに行っているものとし、税効果会計の適用にかかわる仕訳のみを解答すること。
ア．貸倒引当金繰入　イ．貸倒引当金　ウ．租税公課　エ．法人税等調整額
オ．繰延税金資産　カ．繰延税金負債　キ．仮払金　ク．法人税等

2．かねて振り出していた約束手形￥300,000について、支払期日までに資金を用立てることが難しくなった。手形の所持人であるC社に手形の更改の申し入れ、旧手形と交換で新手形を振り出した。なお、支払期日延長に伴う利息￥6,000は現金で支払った。
ア．現金　イ．当座預金　ウ．受取利息　エ．支払手形
オ．支払利息　カ．受取手形　キ．未払金　ク．前払利息

3．当期首に備品のリース取引の契約を行った。当該リース取引はファイナンス・リース取引であり、利子抜き法を採用している。なお、リース料は年額￥200,000、5回払いで毎年3月末に支払いを行い、リース資産の見積現金購入価額は￥900,000である。本日3月31日に、第1回のリース料を普通預金口座から支払った。また、決算日にあたり、備品の減価償却を耐用年数5年、残存価額ゼロ、定額法にて行う。
ア．当座預金　イ．リース債務　ウ．リース資産減価償却累計額
エ．減価償却費　オ．支払リース料　カ．支払利息　キ．普通預金

4．当社は賞与を6月10日（支給対象期間12月から5月）と12月10日（支給対象期間6月から11月）に支給している。本日、決算において、翌期6月10日に支給される賞与は￥1,200,000と見積もられたため、当期の期間に対応する賞与引当金を計上する。なお、当社の決算日は年1回、3月31日である。
ア．現金　イ．給料　ウ．賞与　エ．賞与引当金
オ．賞与引当金繰入　カ．未払金　キ．前払費用

5．X1年10月1日に保険料3年分￥360,000を現金で支払い、全額を保険料に計上済みである。当期の決算において、前払費用と長期前払費用へ振り替える決算整理仕訳を行った。なお、当期はX1年4月1日からX2年3月31日の1年間とする。
ア．現金　イ．長期前払費用　ウ．未払費用　エ．受取手数料
オ．保険料　カ．受取手形　キ．前払費用　ク．未収収益

第2問（20点）

次の［資料1］と［資料2］にもとづいて、連結第2年度（X2年4月1日からX3年3月31日）の連結貸借対照表を作成しなさい。なお、本問では「法人税、住民税及び事業税」、「消費税」および「税効果会計」を考慮しない。

［資料1］X3年3月31日におけるP社（親会社）およびS社（子会社）の個別財務諸表

貸 借 対 照 表

X3年3月31日　(単位：千円)

資　産	P　社	S　社	負債・純資産	P　社	S　社
現金預金	546,540	156,100	買掛金	131,000	81,000
売掛金	513,000	240,000	支払手形	4,000	24,000
受取手形	1,000	30,000	未払金	72,000	−
貸倒引当金	△ 5,040	△ 2,700	退職給付引当金	116,000	29,000
未収入金	−	60,000	資本金	900,000	200,000
商品	414,000	225,600	資本剰余金	600,000	200,000
土地	398,000	135,000	利益剰余金	412,500	310,000
子会社株式	368,000	−			
	2,235,500	844,000		2,235,500	844,000

損 益 計 算 書

自X2年4月1日 至X3年3月31日 (単位：千円)

	P　社	S　社
売上高	1,557,000	820,400
売上原価	861,000	416,700
売上総利益	696,000	403,700
販売費及び一般管理費	566,100	289,100
営業利益	129,900	114,600
営業外収益	21,500	3,000
営業外費用	1,400	7,600
経常利益	150,000	110,000
特別損失	−	10,000
税引前当期純利益	150,000	100,000
法人税等	37,500	25,000
当期純利益	112,500	75,000

[資料2] P社とS社の連結にさいし、必要となる事項

1. P社は、X1年4月1日にS社の発行済株式総数の60％を368,000千円で取得し、これ以降S社を連結子会社とし、連結財務諸表を作成している。X1年4月1日時点でのS社の純資産の部は、次のとおりであった。

　資本金　　　　200,000千円

資本剰余金　　200,000千円
利益剰余金　　180,000千円

2．のれんは、発生年度から10年間にわたり定額法で償却を行っている。

3．S社は、前期は配当を実施していないが、当期は繰越利益剰余金を財源に35,000千円の配当を実施した。

4．前期よりP社は商品をS社に販売しており、前期・当期とも原価に20%の利益を加算して単価を決定している。当期におけるP社の売上高のうち、S社向けの売上高は124,000千円である。また、S社の期首商品のうち4,800千円および期末商品のうち6,000千円はP社から仕入れたものである。

5．S社は保有している土地70,000千円を決算日の直前に60,000千円でP社に売却しており、P社はそのまま保有している。未実現損益を全額相殺消去すること。

6．連結会計（P社およびS社）間での当期末の債権債務残高は、次のとおりである。

P社からS社に対する債権債務		S社のP社に対する債権債務	
売掛金	9,000千円	買掛金	9,000千円
受取手形	1,000千円	支払手形	7,000千円
未払金	60,000千円	未収入金	60,000千円

①P社・S社とも、連結会社間の債権に関して、貸倒引当金を設定していない。

②P社がS社から受け取った手形7,000千円のうち、3,500千円は買掛金の支払いのため仕入先に裏書譲渡され、2,500千円は銀行で割り引かれた。P社の手形売却損200千円はすべてS社から受け取った手形の割引によるものである。

7．退職給付に関し、連結にあたり追加で計上すべき事項は生じていないため、P社およびS社の個別上の数値をそのまま合算する。

第3問（20点）

次の資料にもとづいて、答案用紙の損益計算書を完成させなさい。なお、会計期間はX11年4月1日からX12年3月31日までの1年間である。なお、税効果会計により法人税、住民税及び事業税から減算する場合には、金額の前に△を付けること。

[資料1] 決算整理前残高試算表

決算整理前残高試算表　(単位：円)

借　方	勘定科目	貸　方
363,600	現金	
4,057,600	当座預金	
1,430,000	受取手形	
3,870,000	売掛金	
	貸倒引当金	39,000
1,313,000	繰越商品	
30,000	仮払法人税等	
600,000	未決算	
837,500	売買目的有価証券	
1,500,000	備品	
2,000,000	車両運搬具	
	車両運搬具減価償却累計額	600,000
336,000	商標権	
	支払手形	1,390,000
	買掛金	2,612,000
	退職給付引当金	4,572,000
	資本金	2,640,000
	利益準備金	120,000
	繰越利益剰余金	2,801,100
	売上	65,938,000
	有価証券利息	2,000
55,860,000	仕入	
6,480,000	給料	
1,680,000	支払家賃	
336,400	水道光熱費	
20,000	支払利息	
80,714,100		80,714,100

[資料2] 未処理事項

1. 手形￥160,000を取引銀行で割り引き、割引料￥800を差し引いた手取額を当社の当座預金口座に入金していたが、この取引は未記帳である。
2. 未決算￥600,000は火災保険金の請求にかかわるものであるが、保険会社より火災保険金￥500,000の支払いが決定した旨の通知があったので、適切な処理を行う。

［資料3］決算整理事項

1．売上債権の期末残高に対して2％の貸倒れを見積もる。貸倒引当金は差額補充法によって設定する。

2．商品の棚卸高は次のとおりである。なお、商品評価損は売上原価に表示し、棚卸減耗損は販売費及び一般管理費に表示すること。
帳簿棚卸高：数量1,700個　帳簿価額@￥800
実地棚卸高：数量1,600個　正味売却価額@￥795

3．有形固定資産の減価償却は次の要領で行う。なお、備品はすべて当期首に取得している。

	償却方法	備　考
備品	200％定率法	耐用年数8年 残存価額ゼロ
車両運搬具	生産高比例法	残存価額ゼロ 走行可能距離 200,000km 当期の走行距離40,000km

4．売買目的有価証券の内訳は次のとおりである。決算にあたって時価法により評価替えをする。

	帳簿価額	時　価
A社株式	￥386,000	￥373,500
B社社債	￥451,500	￥479,000

5．商標権は、X8年4月1日に取得したものであり、取得後10年間にわたって定額法で償却している。

6．支払家賃は毎年同額を6月1日に向こう1年分をまとめて支払っている。前払分は月割計算にて行う。

7．退職給付の見積もりを行った結果、当期の退職給付費用は￥490,000と見積もられた。

8．法人税、住民税及び事業税に￥131,250を計上する。また、仮払法人税等は中間納付にかかわるものである。なお、備品の減価償却費の損金算入が認められない費用計上額￥225,000（将来減算一時差異）について、税効果会計を適用する。法定実効税率は25％とする。

第4問（28点）

(1) D社は遠隔地に工場をもつことから、工場会計を独立させている。材料と製品の倉庫は工場に置き、材料の購入を含めて支払い関係は本社が行っている。なお、9月1日の工場元帳の諸勘定の残高は次のとおりであった。

残高試算表　（単位：円）

借方科目	金額	貸方科目	金額
材料	(1,400,000)	賃金・給料	(1,000,000)
仕掛品	(3,600,000)	本社	(5,000,000)
製造間接費	(0)		
製品	(1,000,000)		
	(6,000,000)		(6,000,000)

下記の1～3の取引について、工場で行われる仕訳を示しなさい。勘定科目は次の中から最も適当と思われるものを選び、答案用紙の（　）内に記号で解答すること。なお、工場で使用する勘定科目は上記の残高試算表に示されているものに限る。

ア．現金　イ．材料　ウ．賃金・給料　エ．製造間接費　オ．仕掛品
カ．製品　キ．売上原価　ク．本社　ケ．工場　コ．買掛金

1．材料1,500,000円を掛けにて購入し、工場の倉庫に搬入された。
2．直接工賃金2,300,000円と間接工賃金1,100,000円を現金で支払った。
3．工場の機械について、当月の減価償却費500,000円を計上した。

(2) 当社は製品Ｃを製造・販売し、製品原価の計算は単純総合原価計算により行っている。次の［資料］にもとづいて、月末仕掛品の原料費と加工費、完成品総合原価、完成品単位原価を計算しなさい。ただし、原価投入額合計を完成品総合原価と月末仕掛品原価に配分する方法として平均法を用いること。

［資料］

1．生産データ

月初仕掛品	200 kg	(50%)
当月投入量	1,200	
合　　計	1,400 kg	
正常仕損品	100	
月末仕掛品	300	(50%)
完　成　品	1,000 kg	

2．原価データ

月初仕掛品原価	
X 原料費	160,000円
Y 原料費	28,000
加　工　費	90,000
小　　計	278,000円
当月製造費用	
X 原料費	960,000円
Y 原料費	347,000
加　工　費	1,160,000
小　　計	2,467,000円
合　　計	2,745,000円

(注) X原料は工程の始点、Y原料は工程を通じて平均的に投入しており、(　) 内は加工費の進捗度である。なお、正常仕損は工程の終点で発生し、その処分価額は10,000円である。正常仕損費はすべて完成品に負担させる。

第5問（12点）

製品Xを製造する当社工場では標準原価計算制度を採用し、パーシャル・プランによって記帳している。そして、原価管理に役立てるべく、原価要素別に標準原価差額の差異分析を行っている。下記資料にもとづき、答案用紙の標準製造原価差異分析表を完成しなさい。

［資　料］

1．製品X標準原価カード

	（標準単価）	（標準消費量）	
直接材料費	100円／kg	16kg …………………	1,600円
	（標準賃率）	（標準作業時間）	
直接労務費	1,000円／時	2時間 …………………	2,000円
	（標準配賦率）	（標準作業時間）	
製造間接費	1,200円／時	2時間 …………………	2,400円
製品X 1個あたりの標準製造原価 ………………………………			6,000円

2．製造間接費変動予算

変動費率　400円／時　　固定費（月額）　2,160,000円

3．当月の生産実績

月初仕掛品	200 個	（50%）
当月着手	1,400	
合　計	1,600 個	
月末仕掛品	400	（50%）
完成品	1,200 個	

なお、材料はすべて工程の始点で投入している。また、（　　）内は加工進捗度である。

4．当月直接材料費実際発生額

120円／kg × 20,500kg ＝ 2,460,000円

5．当月直接労務費実際発生額

990円／時 × 2,670時間 ＝ 2,643,300円

6．当月製造間接費実際発生額………3,225,000円

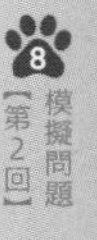

解答 第2回

第1問（20点）

仕訳1組につき各4点×5か所

	仕訳			
	借方		貸方	
	記号	金額	記号	金額
1	**オ**	**4,800**	**エ**	**4,800**
2	**エ** **オ**	**300,000** **6,000**	**エ** **ア**	**300,000** **6,000**
3	**イ** **カ** **エ**	**180,000** **20,000** **180,000**	**キ** **ウ**	**200,000** **180,000**
4	**オ**	**800,000**	**エ**	**800,000**
5	**キ** **イ**	**120,000** **180,000**	**オ**	**300,000**

第2問（20点）

1つにつき各2点×10か所

連結貸借対照表
X3年3月31日　（単位：千円）

資産の部	
現金預金	(702,640)
売掛金	(744,000)
受取手形	(30,000)
貸倒引当金	△ (7,740)
商品	(638,600)
土地	(543,000)
のれん	(16,000)
資産合計	(2,666,500)
負債の部	
買掛金	(203,000)
支払手形	(24,500)
未払金	(12,000)
借入金	(2,500)
（**退職給付**）に係る負債	(145,000)
負債合計	(387,000)
純資産の部	
資本金	(900,000)
資本剰余金	(600,000)
利益剰余金	(491,500)
非支配株主持分	(288,000)
純資産合計	(2,279,500)
負債・純資産合計	(2,666,500)

第3問（20点） 1つにつき各2点×10か所

損益計算書

自X11年4月1日　至X12年3月31日　（単位：円）

Ⅰ	売上高		（65,938,000）
Ⅱ	売上原価		
	期首商品棚卸高	（1,313,000）	
	当期商品仕入高	（55,860,000）	
	合計	（57,173,000）	
	期末商品棚卸高	（1,360,000）	
	差引	（55,813,000）	
	（**商品評価損**）	（8,000）	（55,821,000）
	売上総利益		（10,117,000）
Ⅲ	販売費及び一般管理費		
	給料	（6,480,000）	
	退職給付費用	（490,000）	
	（**棚卸減耗損**）	（80,000）	
	貸倒引当金繰入	（63,800）	
	減価償却費	（775,000）	
	（**商標権**）償却	（48,000）	
	支払家賃	（1,440,000）	
	水道光熱費	（336,400）	（9,713,200）
	営業利益		（403,800）
Ⅳ	営業外収益		
	有価証券利息	（2,000）	
	有価証券評価益	（15,000）	（17,000）
Ⅴ	営業外費用		
	手形売却損	（800）	
	支払利息	（20,000）	（20,800）
	経常利益		（400,000）
Ⅵ	特別損失		
	（**火災損失**）		（100,000）
	税引前当期純利益		（300,000）
	法人税等	（131,250）	
	法人税等調整額	（△56,250）	（75,000）
	当期純利益		（225,000）

第4問（28点）

(1)　　　　　　　　　　　　　　　　　　　　仕訳1組につき各4点×3か所

	仕訳			
	借方		貸方	
	記号	金額	記号	金額
1	**イ**	**1,500,000**	**ク**	**1,500,000**
2	**ウ**	**3,400,000**	**ク**	**3,400,000**
3	**エ**	**500,000**	**ク**	**500,000**

(2)　　　　　　　　　　　　　　　　　　　　各4点×4か所

月末仕掛品のX原料費	**240,000** 円
月末仕掛品のY原料費	**45,000** 円
月末仕掛品の加工費	**150,000** 円
完成品総合原価	**2,300,000** 円

第5問（12点）

価格差異、数量差異、賃率差異、時間差異：1点×4か所
予算差異、変動能率差異、固定能率差異、操業度差異：2点×4か所

材料費	価格差異	**410,000**円	（**借方差異**・貸方差異）
	数量差異	**190,000**円	（借方差異・**貸方差異**）
労務費	賃率差異	**26,700**円	（借方差異・**貸方差異**）
	時間差異	**70,000**円	（**借方差異**・貸方差異）
製造間接費	予算差異	**3,000**円	（借方差異・**貸方差異**）
	変動能率差異	**28,000**円	（**借方差異**・貸方差異）
	固定能率差異	**56,000**円	（**借方差異**・貸方差異）
	操業度差異	**24,000**円	（**借方差異**・貸方差異）

(注)（　）内の「借方差異」または「貸方差異」を○で囲むこと。

解説 第2回

模擬問題 第２回について

今回は基本的な問題を中心に出題しましたが、第２問と第３問の量が多かったため、問題を解くスピードが重要です。第１問、第４問、第５問を素早く解き、時間のかかる第２問と第３問にどれだけ時間を使えるかが合否の分かれ目となります。第２問の連結貸借対照表は、下書きに連結修正仕訳を書き出した後は、問われている勘定科目だけを順番に計算し、その都度答案用紙に書き込むことが大切です。本問を制限時間内で解けなかった方は、何度も解き直して、制限時間内に解けるように練習しましょう。

〈目標点数・目標時間〉

第１問、第４問、第５問を短時間で確実に解くことが大切です。第２問、第３問は時間がかかるため満点を目指すのではなく、簡単に解答できそうな部分を優先して答案用紙に記入することが重要です。問題を解くスピードを速くしたい方は、Chapter1 ～７の各問題を目標時間内に解けるように練習しましょう。

	出題	配点	目標点	目標時間
第１問	仕訳問題	20点	16点	10分
第２問	連結貸借対照表	20点	14点	27分
第３問	個別財務諸表　損益計算書	20点	14点	28分
第４問	（1）仕訳	12点	8点	3分
	（2）総合原価計算	16点	16点	10分
第５問	標準原価計算の原価差異分析	12点	10点	12分

〈解く順番〉

工業簿記から先に解きましょう。時間がかからず、満点の取りやすい工業簿記を優先して解くことが合格への近道です。第２問と第３問は問題を見てみて、手を付けやすそうな方から優先して解くのがオススメです。

解く順番：第４問→第５問→第１問→第２問→第３問

第１問　仕訳問題＜目標時間＞10分

1．税効果会計　貸倒引当金　ときどき出る

ステップ1 「貸倒引当金を設定するための決算整理仕訳はすでに行っているもの」と指示があるので、貸倒引当金の決算整理仕訳は不要です。

ステップ2 会計上の貸倒引当金と税務上の貸倒引当金を計算します。差額が一時差異で、一時差異に法定実効税率をかけて、繰延税金資産の金額を計算します。

会計上　800,000 × 2% = 16,000
税務上　ゼロ
税効果会計　(16,000 − 0) × 30% = 4,800

ステップ3 貸倒引当金の税効果会計では「繰延税金資産」が増えます。繰延税金資産は資産（ホームポジション左）なので、増えるときは左に書きます。相手勘定科目は「法人税等調整額」です。

繰延税金資産　4,800 ／ 法人税等調整額　4,800

2．手形の更改（期日の延長）　ときどき出る

ステップ1 手形の更改とは、古い手形を新しい手形に交換することです。古い手形を取り消すので、「支払手形」が減ります。左に書きます。新しい手形が増えるので、「支払手形」を右に書きます。

支払手形　300,000 ／ 支払手形　300,000

ステップ2 利息を支払ったので、「支払利息」が増えます。支払利息は費用（ホームポジション左）なので、増えるときは左に書きます。
また「現金」が減ります。現金は資産（ホームポジション左）なので、減るときは右に書きます。

借方		貸方	
支払手形	300,000	支払手形	300,000
支払利息	6,000	現金	6,000

3．ファイナンス・リース取引　利子抜き法　よく出る

ステップ1 まずは3月31日のリース料の支払いの仕訳を書きます。普通預金は資産（ホームポジション左）なので、減るときは右に書きます。

／ 普通預金　200,000

ステップ2 利子抜き法の場合、リース取引を契約したときに見積現金購入価額900,000の「リース債務」が貸方（右側）に計上されています。こ

れを５回で支払うので、１回あたりリース債務180,000が減ります。

　１回あたりの返済額　900,000 ÷ 5回 = 180,000

リース債務は負債（ホームポジション右）なので、減るときは左に書きます。

リース債務　180,000 ／ 普通預金　200,000

ステップ３ 差額は利息なので、「支払利息」が増えます。支払利息は費用（ホームポジション左）なので、増えるときは左に書きます。

　200,000 − 180,000 = 20,000

リース債務　180,000 ／ 普通預金　200,000
支払利息　　20,000 ／

ステップ４ 次にリース資産の減価償却の決算整理仕訳を書きます。

　900,000 ÷ 5年 = 180,000

減価償却費　180,000 ／ リース資産減価償却累計額　180,000

4．賞与引当金 ときどき出る

ステップ１ 賞与の対象期間の情報を整理するため、下書きを書きます。翌期6月10日に支給される賞与のうち、当期12月から3月までの4か月分が当期の期間に対応します。このため、4か月分の金額を賞与引当金として計上することになります。

　1,200,000 × 4か月 ÷ 6か月 = 800,000

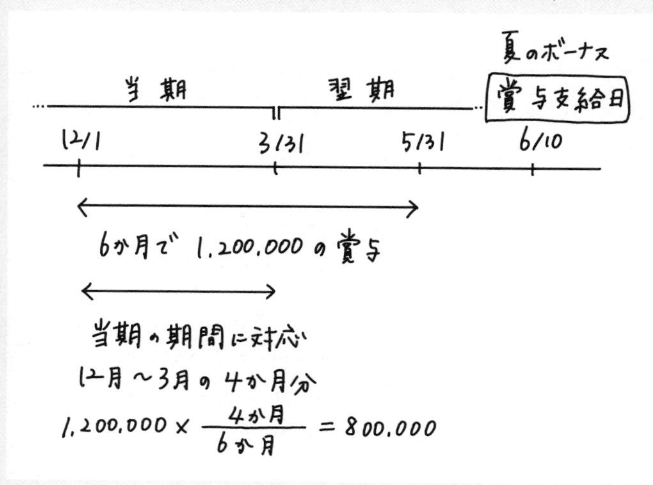

ステップ2 賞与引当金の決算整理仕訳を書きます。

賞与引当金繰入 800,000 ／ 賞与引当金 800,000

5．前払費用と長期前払費用 ときどき出る

ステップ1 下書きに状況を整理します。X1年10月1日に全額を保険料に計上しているので、これを当期分、翌期分、翌々期以降の分に分けます。

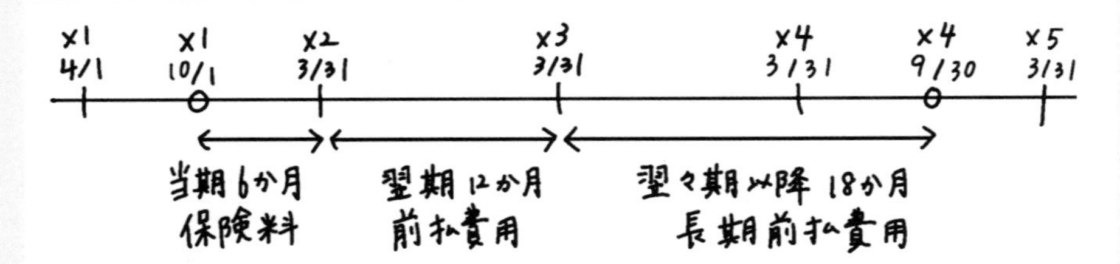

1か月の保険料 360,000 ÷ 36か月 = 10,000

当期分 10,000 × 6か月 = 60,000

翌期分 10,000 × 12か月 = 120,000

翌々期以降分 10,000 × 18か月 = 180,000

	決算整理前		決算整理後
保険料	360,000	→	60,000（当期分）
前払費用	0	→	120,000（翌期分）
長期前払費用	0	→	180,000（翌々期以降分）

ステップ2 「保険料」は費用（ホームポジション左）です。決算整理前、保険料に360,000計上されていましたが、翌期分120,000＋翌々期分180,000＝300,000は当期の費用に計上しすぎです。保険料を減らすので、右に書きます。

／ 保険料 300,000

ステップ3 翌期分120,000は「前払費用」にします。前払費用は資産（ホームポジション左）なので、増えるときは左に書きます。
翌々期分180,000は「長期前払費用」にします。長期前払費用は資産（ホームポジション左）なので、増えるときは左に書きます。

前払費用 120,000 ／ 保険料 300,000
長期前払費用 180,000 ／

第２問　連結貸借対照表 よく出る ＜目標時間＞27分

連結貸借対照表の基本問題です。連結会計の問題は解き方が決まっていますので、解き方の流れを覚えるまで繰り返し問題を解くことが大切です。連結会計は苦手な方が多いですが、実は得点を取りやすいので、試験までに解けるように練習しておきましょう。ただし、利益剰余金は他の金額が正しくない限り正解しませんので、時間が余ったら解きましょう。

ステップ１ 下書きにタイムテーブルを書きます。まずは❶支配獲得時（X1年4月1日［資料2］1．より）と❷当期末（X3年3月末［資料1］より）の純資産、当期の利益、配当（［資料2］3．より）を書きます。次に❸前期末の純資産を計算し、書きます。最後に❹支配獲得時から前期末までの利益、配当を差額で計算し、タイムテーブルに書きます。

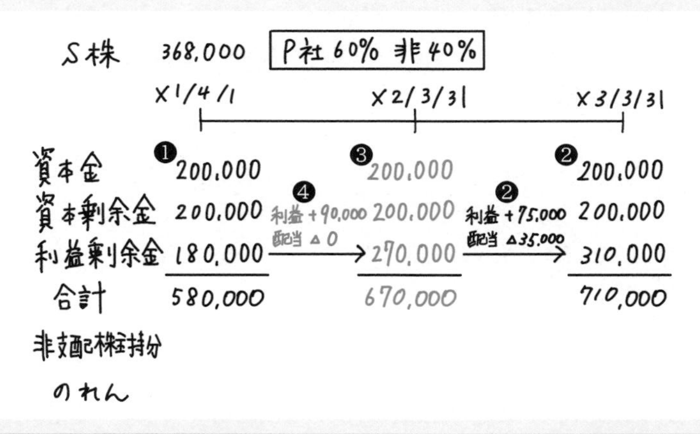

❸X2年3月末の純資産

資本金、資本剰余金　X1年4月1日からX3年3月末まで変化なし

利益剰余金　310,000（X3年3月末）－ 75,000（当期の利益）＋ 35,000（配当額）＝ 270,000

❹X1年4月1日からX2年3月末までの利益と配当

利益　利益剰余金の差額　270,000（X2年3月末）－ 180,000（X1年4月1日）＝ 90,000

配当　［資料2］3．より、前期は配当を実施していないのでゼロ

ステップ2 非支配株主持分、のれんを計算し、書きます。

S株　368,000　P社60%　非40%

	X1/4/1		X2/3/31		X3/3/31
資本金	200,000		200,000		200,000
資本剰余金	200,000	利益＋90,000	200,000	利益＋75,000	200,000
利益剰余金	180,000	配当△0 →	270,000	配当△35,000 →	310,000
合計	580,000		670,000		710,000
非支配株主持分	❶ 232,000		❷ 268,000		❸ 284,000
のれん	❹ 20,000	❻ △2,000 →	❼ 18,000	❺ △2,000 →	❽ 16,000

非支配株主の持分割合　100％－60％＝40％

❶X1年4月1日の非支配株主持分　580,000 × 40％＝232,000

❷X2年3月末の非支配株主持分　670,000 × 40％＝268,000

❸X3年3月末の非支配株主持分　710,000（純資産の合計）× 40％（非支配株主の持分割合）＝284,000

❹支配獲得時ののれん※　368,000（S社の取得原価）－ 580,000（純資産の合計）× 60％（P社の持分割合）＝20,000

※のれんの金額は投資と資本の相殺の仕訳を書く方法で求めてもよい。

資本金	200,000	子会社株式	368,000
資本剰余金	200,000	非支配株主持分	232,000
利益剰余金	180,000		
のれん	20,000		

❺当期ののれん償却（1年あたりの償却額）　20,000 ÷ 10年＝2,000

❻X1年4月1日～X2年3月末ののれん償却　2,000 × 1年＝2,000

❼X2年3月末ののれん　20,000（X1年4月1日）－ 2,000＝18,000

❽X3年3月末ののれん　18,000（X2年3月末）－ 2,000＝16,000

ステップ3 タイムテーブルから資本連結の連結修正仕訳を書きます。本問は連結株主資本等変動計算書が問われていませんので、連結貸借対照表の勘定科目で開始仕訳を書きます（資本金期首残高ではなく資本金）。

①開始仕訳（資本連結の部分）

資本金 200,000 / 子会社株式 368,000
資本剰余金 200,000 / 非支配株主持分 268,000
利益剰余金 218,000
のれん 18,000

368,000＋268,000－200,000
－200,000－18,000

②のれんの償却

のれん償却 2,000 / のれん 2,000

③当期純利益の振り替え

75,000 × 40% = 30,000

非支配株主に帰属する当期純利益 30,000
/ 非支配株主持分 30,000

④剰余金の配当

受取配当金 35,000 × 60% = 21,000
非支配株主持分 35,000 × 40% = 14,000

受取配当金 21,000 / 利益剰余金 35,000
非支配株主持分 14,000

①の開始仕訳は、下記１～３を合算したものと一致します。

１．投資と資本の相殺

資本金 200,000 / 子会社株式 368,000
資本剰余金 200,000 / 非支配株主持分 232,000
利益剰余金 180,000
のれん 20,000

２．前期ののれんの償却

利益剰余金
~~のれん償却~~ 2,000 ／ のれん 2,000

３．前期の当期純利益の振り替え

90,000 × 40% = 36,000

利益剰余金
~~非支配株主に帰属する当期純利益~~ 36,000 ／ 非支配株主持分 36,000

ステップ4 成果連結の連結修正仕訳を書きます。

⑤内部取引・債権債務の相殺

買掛金 9,000 / 売掛金 9,000

未払金 60,000 / 未収入金 60,000

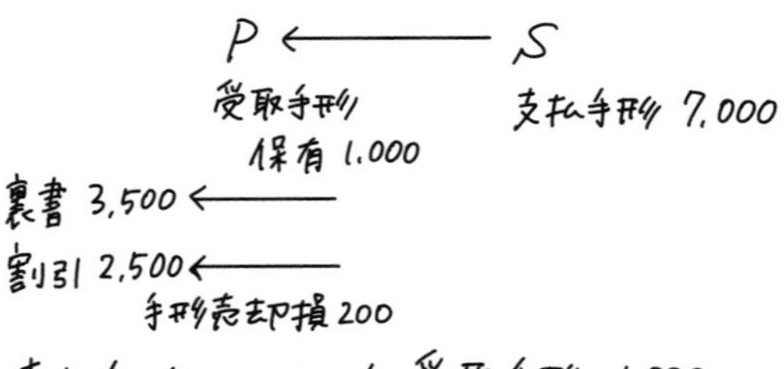

支払手形 1,000 / 受取手形 1,000

支払手形 2,500 / 借入金 2,500

支払利息 200 / 手形売却損 200

売上高 124,000 / 売上原価 124,000

⑥貸倒引当金の調整

仕訳なし

⑦未実現利益の消去

<商品>

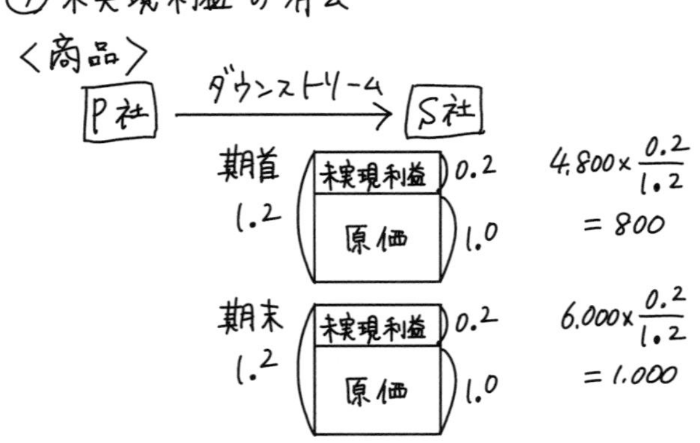

利益剰余金 800 / 商品 800

商品 800 / 売上原価 800

売上原価 1,000 / 商品 1,000

〈土地〉

P社 ← アップストリーム ― S社

土地 60,000　　　土地 70,000

70,000 − 60,000 = 10,000

10,000 × 40% = 4,000

アップストリームなので非支配株主持分の調整が必要

土地 10,000 / 土地売却損 10,000

非支配株主に帰属する当期純利益 4,000
/ 非支配株主持分 4,000

⑤［資料2］4. に内部取引の情報、［資料2］6. に債権債務の情報が別々に書いてありますが、まとめて仕訳を書いておきましょう。ステップ5で集計するときに見つけやすいです。

〈手形について〉

・期末に残っている手形　1,000千円

下書きのP社が保有している受取手形は1,000千円なので、「支払手形」と「受取手形」を相殺します。

・連結外部へ裏書きした手形　3,500千円

連結グループ全体で見ると外部に対する支払手形です。P社の受取手形からは消えておりS社の支払手形は計上されている状況なので、現状で正しい金額になっています。このため、連結修正仕訳は必要ありません。

・銀行で割り引き　2,500千円

連結グループ全体で見ると銀行に対する借入金です。支払手形を「借入金」に振り替えます。手形売却損は、連結グループ全体で見ると銀行に対する借入金によって発生する費用なので「支払利息」に振り替えます。

⑥貸倒引当金の調整は問題文に出てこないため、仕訳は不要です。

⑦商品はダウンストリームとわかります。土地はアップストリームなので間違えないように注意しましょう。アップストリームの場合、当期純利益の振り替えを追加して書くのがポイントです。また、S社がP社に土地を安く売っている（土地売却損が出ている）ため、P社の土地60,000千円を70,000千円に修正する（土地を10,000千円増やす）点を間違えないように注意が必要です。

ステップ5 下書きの①～⑦の連結修正仕訳を使って、連結貸借対照表の金額を計算します。個別貸借対照表では「退職給付引当金」を使いますが、連結貸借対照表では「退職給付に係る負債」を使います。
利益剰余金の金額を計算するのは非常に難しいため、解答する必要はありません。限られた時間の中で、簡単に解答ができる部分を正確に解答することが重要です。

勘定科目	A 個別財務諸表		B 連結修正仕訳	C 連結財務諸表 （A + B）
	P社	S社		
【資　産】				
現金預金	546,540	156,100		702,640
売掛金	513,000	240,000	⑤ △9,000	744,000
受取手形	1,000	30,000	⑤ △1,000	30,000
貸倒引当金	△ 5,040	△ 2,700		△ 7,740
商品	414,000	225,600	⑦ △800 + 800 △1,000	638,600
土地	398,000	135,000	⑦ + 10,000	543,000
のれん			① + 18,000 ② △2,000	16,000
資産合計	－	－		2,666,500
【負　債】				
買掛金	131,000	81,000	⑤ △9,000	203,000
支払手形	4,000	24,000	⑤ △1,000△2,500	24,500
未払金	72,000		⑤ △60,000	12,000
借入金			⑤ + 2,500	2,500
（退職給付）に係る負債	116,000	29,000		145,000
負債合計	－	－		387,000
【純資産】				
資本金	900,000	200,000	① △200,000	900,000
資本剰余金	600,000	200,000	① △200,000	600,000
利益剰余金	412,500	310,000	※資産と負債・純資産の差額で求める	491,500
非支配株主持分			① + 268,000 ③ + 30,000 ④ △14,000 ⑦ + 4,000	288,000
純資産合計	－	－		2,279,500
負債・純資産合計	－	－		2,666,500

※利益剰余金の計算方法
(a) 資産の合計2,666,500　(b) 負債の合計387,000　(c) 利益剰余金以外の純資産の合計900,000 + 600,000 + 288,000 = 1,788,000　(d) 利益剰余金　(a) − (b) − (c) = 491,500
なお、利益剰余金をP社とS社と修正消去の金額から計算すると次のとおりです。連結修正仕訳の利益剰余金と収益・費用の勘定科目を加算減算すると計算できます。
P社412,500 + S社310,000 ①△218,000 ②△2,000 ③△30,000 ④△21,000 + 35,000 ⑦△800 + 800△1,000 + 10,000△4,000 = 491,500

第3問　個別財務諸表　損益計算書　よく出る　<目標時間> 28分

ステップ1 下書きに未処理事項と決算整理事項の仕訳を書きます。

[資料2] 未処理事項

1. 手形を割り引いたので、受取手形が減るため、貸方に書きます。当座預金と手形売却損が増えるので、借方に書きます。
2. [資料1] 決算整理前残高試算表の未決算600,000は火災保険金の請求にかかわるもので、火災保険金の支払額が決定したので全額取り崩します。貸方に「未決算」600,000を書きます。火災保険金500,000は支払いが決定しましたが、実際にはまだ支払われていないので借方に「未収入金」を書きます。差額100,000が「火災損失」です。

[資料2] 未処理事項

1. 当座預金 159,200 / 受取手形 160,000
　手形売却損 800

2. 未収入金 500,000 / 未決算 600,000
　火災損失 100,000

[資料3] 決算整理事項

1. 貸倒引当金の下書きを書いて、貸倒引当金繰入の仕訳を書きます。受取手形は [資料2] 未処理事項1. で160,000減っていますので、受取手形の残高からマイナスします。
2. 下書きを書いて棚卸減耗損と商品評価損を計算します。問題文の指示に従って、棚卸減耗損は販売費及び一般管理費（販管費）、商品評価損は売上原価に表示します。
3. 下書きを書いて減価償却費を計算します。備品は200%定率法ですが、償却率が書いてありませんので自分で計算します。
4. A社株式もB社社債も売買目的有価証券なので、帳簿価額 (386,000 + 451,500 = 837,500)、時価（373,500 + 479,000 = 852,500）をそれぞれ合算して時価に評価替えします。

［資料3］ 決算整理事項

1、受取手形 (1,430,000－160,000)×2%＝25,400
売掛金 3,870,000×2%＝77,400
} 102,800

貸引 39,000 —(+63,800)→ 102,800

貸倒引当金繰入 63,800／貸倒引当金 63,800

2、帳簿 1,700コ×@800
＝1,360,000
├ 棚卸減耗損（販管費）
│ (1,700コ－1,600コ)×@800＝80,000
└ 商品評価損（売上原価）
 1,600コ×(@800－@795)＝8,000

仕入 1,313,000／繰越商品 1,313,000
繰越商品 1,360,000／仕入 1,360,000
棚卸減耗損（販管費）80,000／繰越商品 80,000
商品評価損 8,000／繰越商品 8,000
仕入 8,000／商品評価損 8,000

3、備品 1÷8年×200%＝0.25
1,500,000×0.25＝375,000

車両 $(2,000,000-0)\times\frac{40,000\text{km}}{200,000\text{km}}=400,000$

減価償却費 775,000／備品‐累計額 375,000
／車両‐累計額 400,000

4、
837,500 —(+15,000)→ 852,500

売買目的有価証券 15,000／有価証券評価益 15,000

5. 商標権の償却です。商標権は、無形固定資産の勘定科目でソフトウェア、のれん、特許権と同じように決算で償却します。まずは問題文を読んで下書きの線表を書き、経過した年数と残りの年数の情報を整理します。問題文の「商標権はX8年4月1日に取得した」「10年間にわたって定額法で償却」との指示より、前期末X11年3月31日までに3年間償却が終わっていることがわかります。[資料1] 決算整理前残高試算表の商標権336,000はすでに3年間償却が行われた金額ですので、残り7年で償却します。

6. 支払家賃を毎年同額支払っている問題です。まずは線表を書いて整理します。

[資料1] 決算整理前残高試算表の支払家賃1,680,000は、期中に行われた次の2つの仕訳によって14か月分計上されていることがわかります。

期首の再振替仕訳　支払家賃2か月分 ／ 前払家賃2か月分
保険料支払時　支払家賃12か月分 ／ 現金預金12か月分

当期は1年間で12か月ですので、支払家賃の金額は多すぎるため、翌期に対応する2か月分について、支払家賃を前払家賃に振り替えます。

7. 「退職給付引当金繰入」ではなく「退職給付費用」という勘定科目を使うので注意が必要です。

8. 仮払法人税等30,000は、[資料1] 決算整理前残高試算表の金額を取り崩します。差額が「未払法人税等」です。また、「備品の減価償却費の損金算入が認められない費用計上額225,000（将来減算一時差異）」は、減価償却の損金不算入額のことを表していますので、減価償却の税効果会計の仕訳を書きます。借方に「繰延税金資産」、貸方に「法人税等調整額」を書きます。

5、

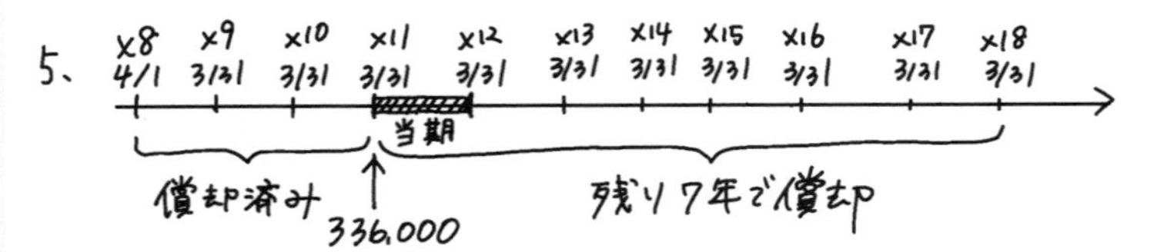

336,000 ÷ 7年 ＝ 48,000

商標権償却 48,000 / 商標権 48,000

6、

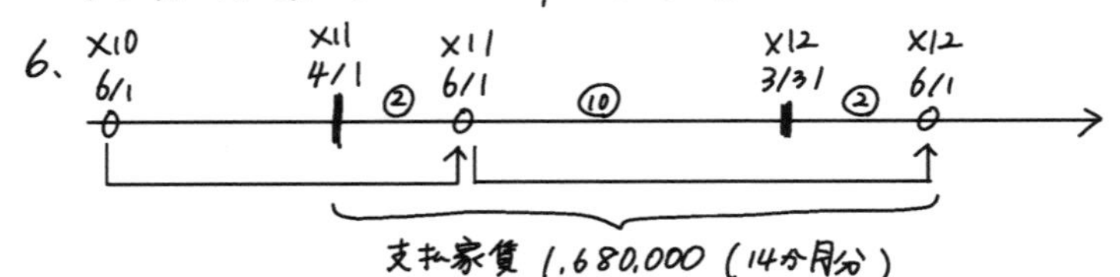

1,680,000 × 2か月 ÷ 14か月 ＝ 240,000

前払家賃 240,000 / 支払家賃 240,000

7、退職給付費用 490,000 / 退職給付引当金 490,000

8、法人税等 131,250 / 仮払法人税等 30,000
未払法人税等 101,250

225,000 × 25% ＝ 56,250
繰延税金資産 56,250 / 法人税等調整額 56,250

ステップ2 答案用紙の損益計算書を記入します。まずは勘定科目が空欄になっている部分を記入します。

損益計算書の空欄	記入する勘定科目
Ⅱ売上原価の6行目	決算整理事項2の「商品評価損」は売上原価に表示するので、ここに記入します。
Ⅲ販売費及び一般管理費の3行目	決算整理事項2の「棚卸減耗損」は販売費及び一般管理費に表示するので、ここに記入します。
Ⅲ販売費及び一般管理費の6行目	減価償却費を除く（　　　）償却という勘定科目を探すと決算整理事項5の「商標権」償却があります。商標権償却は販売費及び一般管理費に表示するので、ここに記入します。
Ⅵ特別損失の1行目	未処理事項2の「火災損失」は特別損失に表示するので、ここに記入します。

ステップ3 損益計算書の金額を計算し、記入します。[資料1] 決算整理前残高試算表と下書きの決算整理仕訳を加算減算して、損益計算書の金額を計算します。

〈売上原価の書き方〉

損益計算書のⅡ売上原価は次のように記入します。

期首商品棚卸高：「仕入1,313,000/繰越商品1,313,000」の金額を書きます。

当期商品仕入高：残高試算表の仕入の金額55,860,000を書きます。

期末商品棚卸高：「繰越商品1,360,000/仕入1,360,000」の金額を書きます。

商品評価損：売上原価に表示するので8,000を記入します。

また、商品評価損は費用の勘定科目で、売上原価に含めて費用の金額を増加させるので、差引55,813,000にプラスします。

55,813,000 + 8,000 = 55,821,000

	残高試算表	決算整理仕訳・計算	損益計算書	
Ⅰ売上高	65,938,000			65,938,000
Ⅱ売上原価				
期首商品棚卸高		+ 1,313,000	1,313,000	
当期商品仕入高	55,860,000		55,860,000	
合計			57,173,000	
期末商品棚卸高		+ 1,360,000	1,360,000	
差引			55,813,000	
(商品評価損)		+ 8,000	8,000	55,821,000
売上総利益				10,117,000
Ⅲ販売費及び一般管理費				
給料	6,480,000		6,480,000	
退職給付費用		+ 490,000	490,000	
(棚卸減耗損)		+ 80,000	80,000	
貸倒引当金繰入		+ 63,800	63,800	
減価償却費		+ 775,000	775,000	
(商標権)償却		+ 48,000	48,000	
支払家賃	1,680,000	△240,000	1,440,000	
水道光熱費	336,400		336,400	9,713,200
営業利益				403,800
Ⅳ営業外収益				
有価証券利息	2,000		2,000	
有価証券評価益		+ 15,000	15,000	17,000
Ⅴ営業外費用				
手形売却損		+ 800	800	

支払利息	20,000		20,000	20,800
経常利益				400,000
Ⅵ特別損失				
（火災損失）		＋100,000		100,000
税引前当期純利益				300,000
法人税等		＋131,250	131,250	
法人税等調整額		△56,250	−56,250	75,000
当期純利益				225,000

第４問　（1）仕訳 本社工場会計 ［ときどき出る］＜目標時間＞３分

１．材料の購入

ステップ 材料を購入したので「材料」が増えます。材料は資産（ホームポジション左）なので、増えるときは左に書きます。
「材料の購入を含めて支払い関係は本社が行っている」と指示があり、また工場で使用する勘定科目（残高試算表の勘定科目）に買掛金がないので「本社」を使います。
材料　1,500,000 ／ 本社　1,500,000

２．賃金・給料の支払い

ステップ 直接工賃金と間接工賃金は「賃金・給料」を使います。賃金・給料は費用（ホームポジション左）なので、増えるときは左に書きます。
「支払い関係は本社が行っている」と指示があり、また工場で使用する勘定科目（残高試算表の勘定科目）に現金がないので「本社」を使います。
賃金・給料　3,400,000 ／ 本社　3,400,000

３．減価償却費

ステップ 工場の機械の減価償却費は間接経費なので「製造間接費」を使います。製造間接費は費用（ホームポジション左）なので、増えるときは左に書きます。
工場で使用する勘定科目（残高試算表の勘定科目）に減価償却累計額がないので「本社」を使います。
製造間接費　500,000 ／ 本社　500,000

(2) 総合原価計算 ときどき出る <目標時間> 10分

材料の平均投入かつ仕損が終点で発生する場合の問題です。材料の平均投入は、加工費と同じ完成品換算量を使ってBOX図を書くことがポイントです。

ステップ1 状況を整理します。仕損の発生点（100%）が月末仕掛品（50%）より後なので、完成品に負担させます。

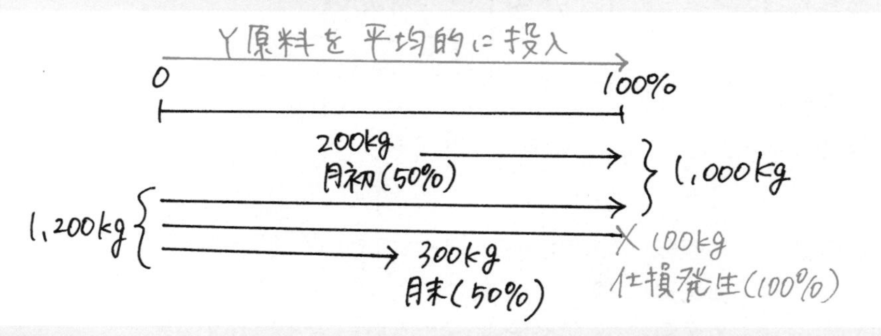

ステップ2 X原料、加工費、Y原料のBOX図を書きます。「正常仕損費はすべて完成品に負担させる」という指示がありますので、仕損にかかった原価を完成品原価に含めて処理します。つまり、仕損が発生していない場合と同じように月末仕掛品を計算することになります。次に差額で完成品を計算します。

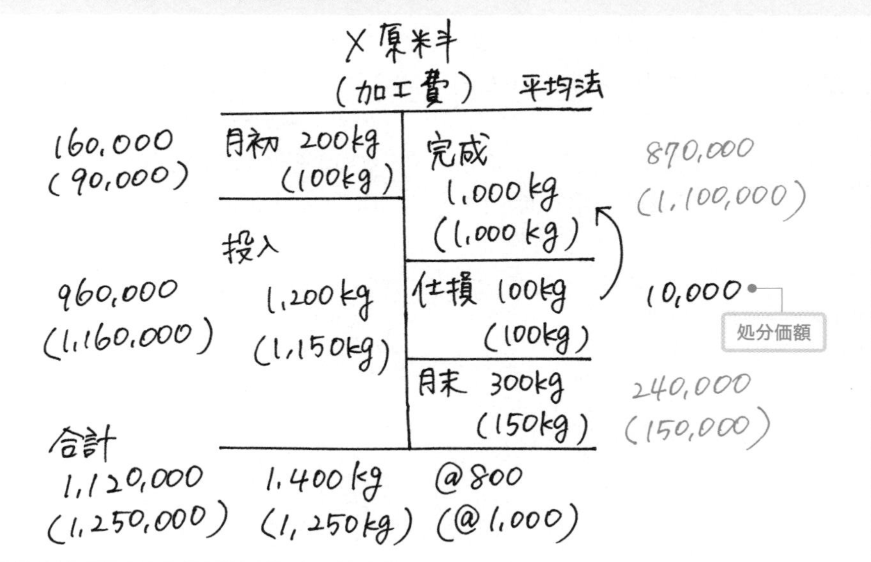

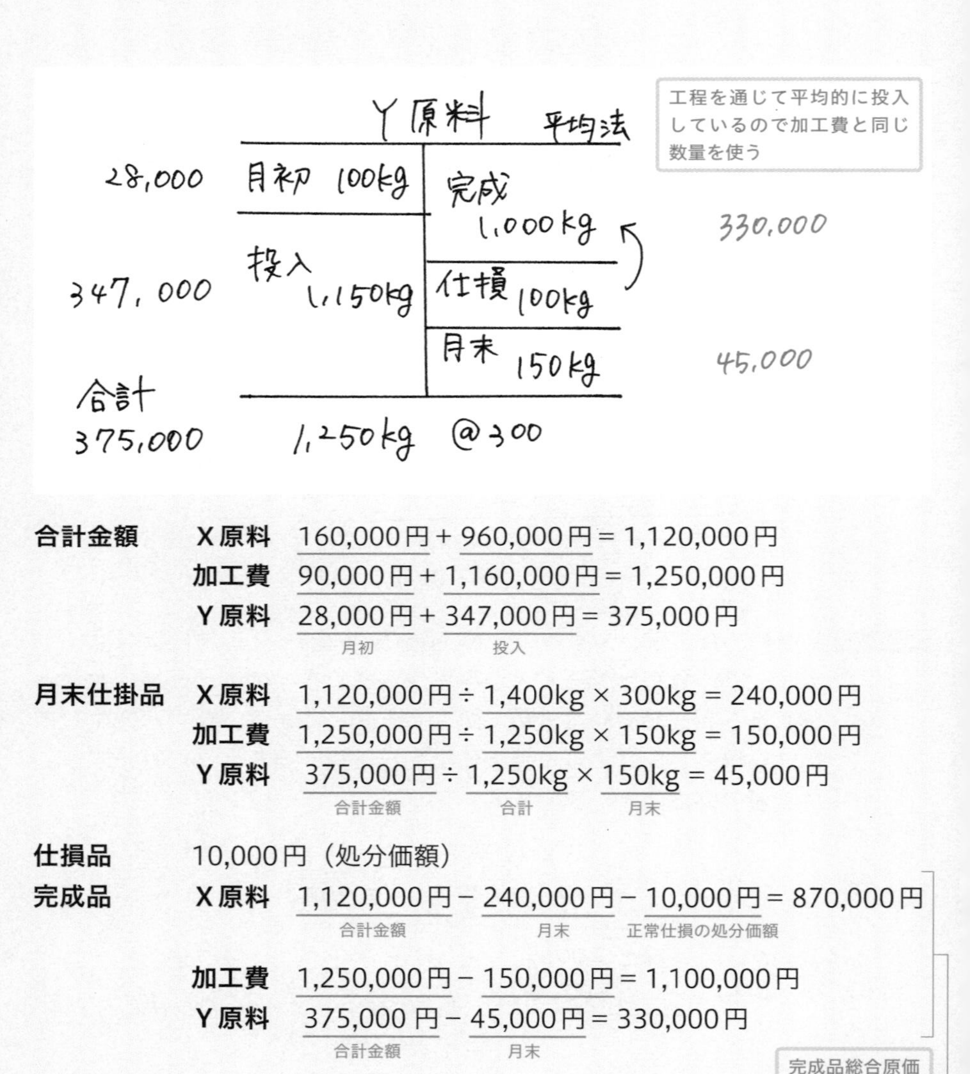

合計金額
X原料 160,000円＋960,000円＝1,120,000円
加工費 90,000円＋1,160,000円＝1,250,000円
Y原料 28,000円（月初）＋347,000円（投入）＝375,000円

月末仕掛品
X原料 1,120,000円÷1,400kg×300kg＝240,000円
加工費 1,250,000円÷1,250kg×150kg＝150,000円
Y原料 375,000円（合計金額）÷1,250kg（合計）×150kg（月末）＝45,000円

仕損品 10,000円（処分価額）

完成品
X原料 1,120,000円（合計金額）－240,000円（月末）－10,000円（正常仕損の処分価額）＝870,000円
加工費 1,250,000円－150,000円＝1,100,000円
Y原料 375,000 円（合計金額）－45,000円（月末）＝330,000円

完成品総合原価
2,300,000円

第５問　標準原価計算の原価差異分析　よく出る　＜目標時間＞12分

標準原価計算の基本問題です。差異分析は短時間で満点が取りやすい分野です。差異分析が苦手な受験生は復習して解けるようになっておきましょう。

ステップ1　まず、仕掛品BOX図を書きます。下書きの赤枠部分は差額で出します。次に標準材料消費数量、標準作業時間を求めます。

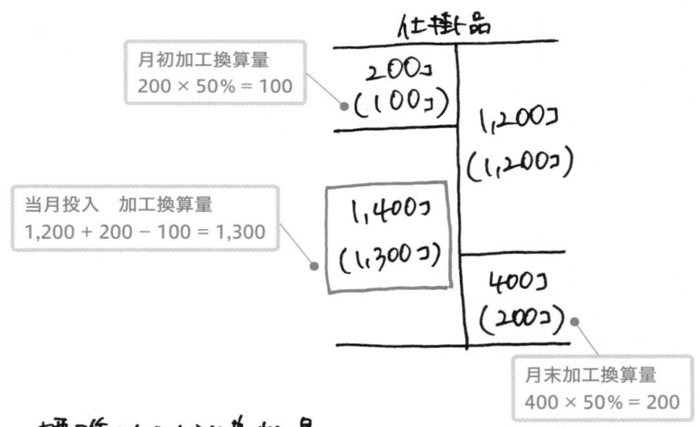

標準材料消費数量

1,400コ × 16kg = 22,400kg

当月投入　標準原価カード

標準作業時間

1,300コ × 2時間 = 2,600時間

当月投入　標準原価カード

ステップ2 差異分析の図を書きます。

＊1	実際単価	＊7	標準作業時間
＊2	標準単価	＊8	実際作業時間
＊3	標準消費量	＊9	実際発生額
＊4	実際消費量	＊10	標準作業時間（操業度）
＊5	実際賃率	＊11	実際作業時間（操業度）
＊6	標準賃率	＊12	基準作業時間（操業度）

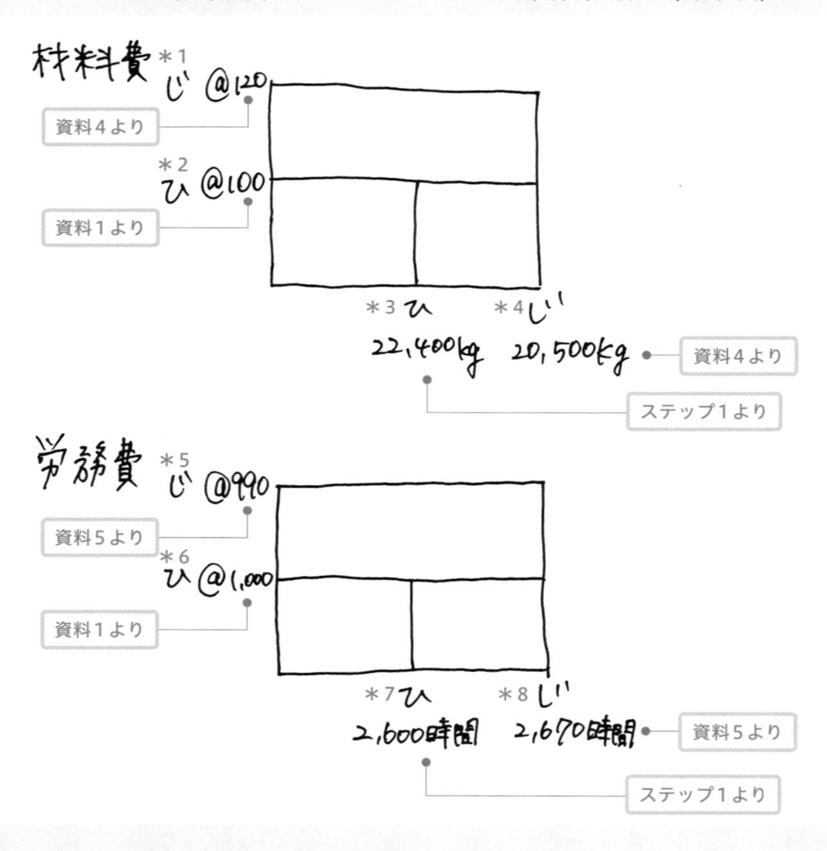

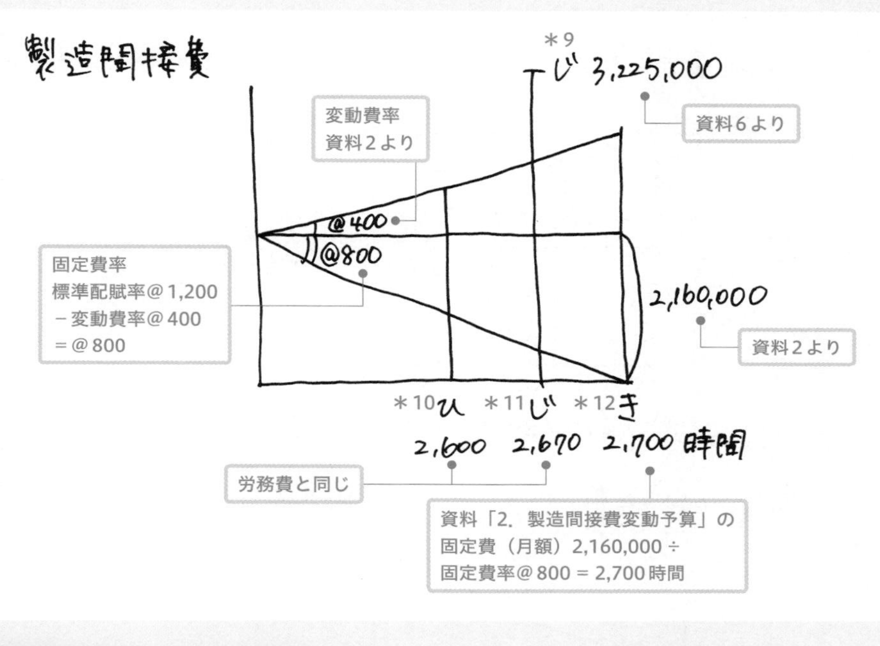

ステップ３ 原価差異を計算します。

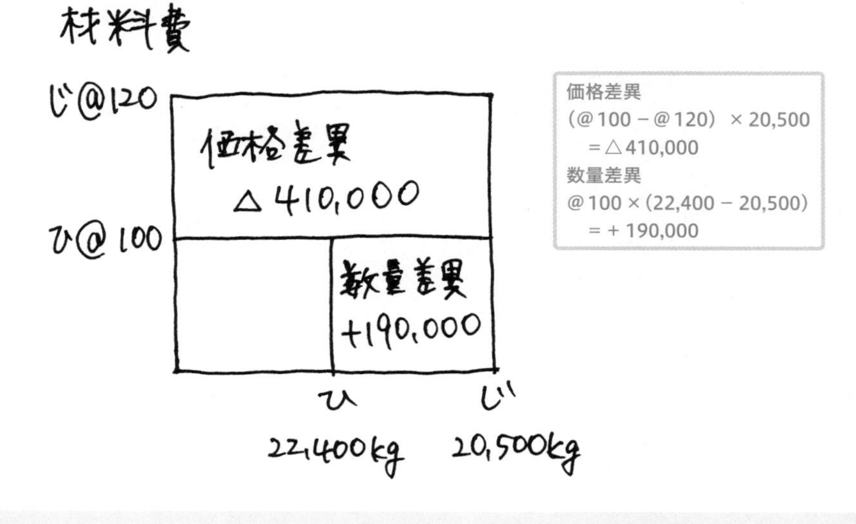

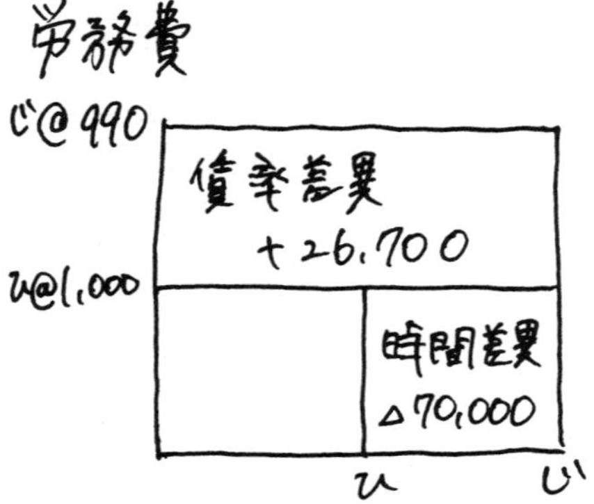

賃率差異
(@1,000 − @990) × 2,670
= + 26,700
時間差異
@1,000 × (2,600 − 2,670)
= △70,000

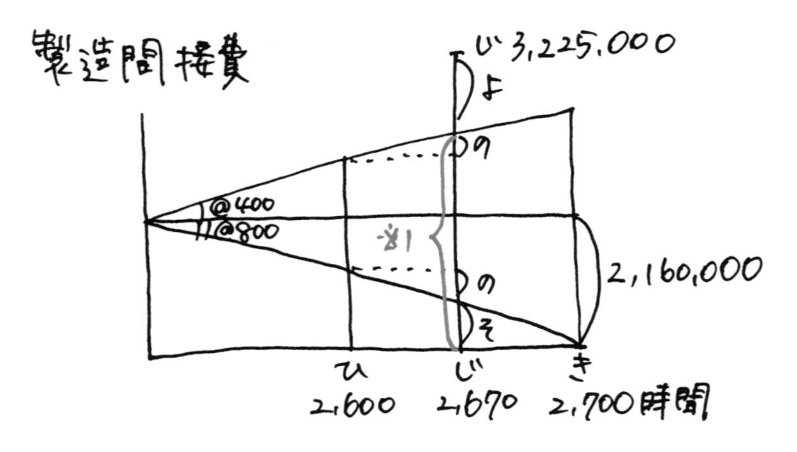

よ　予算差異
(@400 × 2,670 + 2,160,000) − 3,225,000 = + 3,000
※1予算許容額　　実際発生額

の　変動能率差異
@400 × (2,600 − 2,670) = △28,000

の　固定能率差異
@800 × (2,600 − 2,670) = △56,000

そ　操業度差異
@800 × (2,670 − 2,700) = △24,000

ポイント 差異が△（マイナス）の場合を借方差異（不利差異）といい、差異が＋（プラス）の場合を貸方差異（有利差異）といいます。

この本が終わったら、何をすればいいの？

●【購入特典】ネット試験の予想模試を受けてみる

「パブロフ簿記」ホームページで、ネット試験の情報やネット試験の予想模試2回分を掲載しています。ネット試験を受験される方はぜひご覧ください。

ネット試験体験ページのURLとパスワード

https://pboki.com/net/s2net2024.html

2級商業簿記総仕上げ問題集専用パスワード：n95c

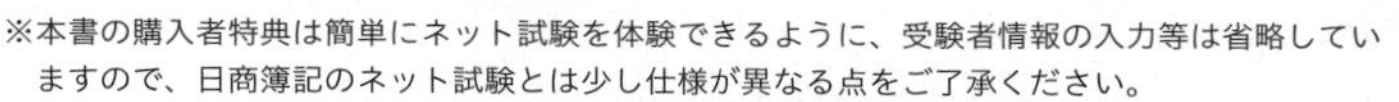

※本書の購入者特典は簡単にネット試験を体験できるように、受験者情報の入力等は省略していますので、日商簿記のネット試験とは少し仕様が異なる点をご了承ください。
また、本書の購入特典であるネット試験の体験ページの提供期間は2025年3月末までとなります。

●解き直し

本書の問題を解き直す場合に、次のURLから答案用紙のダウンロードができます。

https://www.shoeisha.co.jp/book/download/9784798183800

特にChapter8の模擬問題は、必ず時間を計って90分以内に解き終わるように、何度も練習しましょう。

●パブロフ簿記のブログ

著者のブログでは以下の最新情報などを発信しています。「パブロフ流シリーズ」についての質問も受け付けています。

- ●解き方動画
- ●本試験の出題予想
- ●試験当日の持ち物のチェックリスト
- ●本試験の解説、合格率　など

https://pboki.com/

著者紹介

よせだあつこ

willsi 株式会社取締役。公認会計士。
監査法人トーマツを経て willsi 株式会社を設立。著書『パブロフ流でみんな合格 日商簿記3級』は Amazon 簿記検定部門で売り上げ1位を獲得、簿記学習アプリ「パブロフ簿記」は累計100万ダウンロードの大ヒット、簿記ブログ「パブロフ簿記」は月間140万ページビューを超すなど、簿記受験生から絶大な支持を得ている。
簿記講師や監査法人での実務経験から、わかりやすい解説・合格できる解法を受験生へ伝えている。プログラミング・イラスト・漫画などなんでもこなすレアな会計士。

▶ブログ
著者のブログに、試験前の過ごし方や当日の持ち物などの情報を掲載。
こちらで質問も受付け。
https://pboki.com/

▶簿記アプリ
「パブロフ簿記2級 商業簿記」「パブロフ簿記2級 工業簿記」好評発売中！
Android、iPhone のアプリマーケットで「パブロフ」と検索。

表紙・本文デザイン　大下賢一郎
DTP　株式会社 インフォルム

簿記教科書 パブロフ流でみんな合格
日商簿記2級 商業簿記 総仕上げ問題集 2024年度版

2024年 2月22日 初版第1刷発行

著　者　よせだあつこ
発行人　佐々木 幹夫
発行所　株式会社 翔泳社（https://www.shoeisha.co.jp）
印刷・製本　日経印刷 株式会社

本書へのお問い合わせについては、2ページの記載内容をお読みください。
造本には細心の注意を払っておりますが、万一、乱丁（ページの順序違い）や落丁（ページの抜け）がございましたら、お取り替えいたします。03-5362-3705 までご連絡ください。

ISBN978-4-7981-8380-0　Printed in Japan

別冊答案用紙

■付属データのご案内

解き直し用の答案用紙は、以下のサイトからダウンロードできます。

https://www.shoeisha.co.jp/book/download/9784798183800

	仕訳			
	借方		貸方	
	記号	金額	記号	金額
1	( )		( )	
	( )		( )	
	( )		( )	
	( )		( )	
2	( )		( )	
	( )		( )	
	( )		( )	
	( )		( )	
3	( )		( )	
	( )		( )	
	( )		( )	
	( )		( )	
4	( )		( )	
	( )		( )	
	( )		( )	
	( )		( )	
5	( )		( )	
	( )		( )	
	( )		( )	

	仕訳			
	借方		貸方	
	記号	金額	記号	金額
1	(　　)		(　　)	
	(　　)		(　　)	
	(　　)		(　　)	
	(　　)		(　　)	
2	(　　)		(　　)	
	(　　)		(　　)	
	(　　)		(　　)	
	(　　)		(　　)	
3	(　　)		(　　)	
	(　　)		(　　)	
	(　　)		(　　)	
	(　　)		(　　)	
4	(　　)		(　　)	
	(　　)		(　　)	
	(　　)		(　　)	
	(　　)		(　　)	
5	(　　)		(　　)	
	(　　)		(　　)	
	(　　)		(　　)	

	仕訳			
	借方		貸方	
	記号	金額	記号	金額
1	(　　)		(　　)	
	(　　)		(　　)	
	(　　)		(　　)	
	(　　)		(　　)	
2	(　　)		(　　)	
	(　　)		(　　)	
	(　　)		(　　)	
	(　　)		(　　)	
3	(　　)		(　　)	
	(　　)		(　　)	
	(　　)		(　　)	
	(　　)		(　　)	
4	(　　)		(　　)	
	(　　)		(　　)	
	(　　)		(　　)	
	(　　)		(　　)	
5	(　　)		(　　)	
	(　　)		(　　)	
	(　　)		(　　)	

	仕訳			
	借方		貸方	
	記号	金額	記号	金額
1	(　　)		(　　)	
	(　　)		(　　)	
	(　　)		(　　)	
	(　　)		(　　)	
2	(　　)		(　　)	
	(　　)		(　　)	
	(　　)		(　　)	
	(　　)		(　　)	
3	(　　)		(　　)	
	(　　)		(　　)	
	(　　)		(　　)	
	(　　)		(　　)	
4	(　　)		(　　)	
	(　　)		(　　)	
	(　　)		(　　)	
	(　　)		(　　)	
5	(　　)		(　　)	
	(　　)		(　　)	
	(　　)		(　　)	

	仕訳			
	借方		貸方	
	記号	金額	記号	金額
1	(　　)		(　　)	
	(　　)		(　　)	
	(　　)		(　　)	
	(　　)		(　　)	
2	(　　)		(　　)	
	(　　)		(　　)	
	(　　)		(　　)	
	(　　)		(　　)	
3	(　　)		(　　)	
	(　　)		(　　)	
	(　　)		(　　)	
	(　　)		(　　)	
4	(　　)		(　　)	
	(　　)		(　　)	
	(　　)		(　　)	
	(　　)		(　　)	
5	(　　)		(　　)	
	(　　)		(　　)	
	(　　)		(　　)	

	仕訳			
	借方		貸方	
	記号	金額	記号	金額
1	(　　)		(　　)	
	(　　)		(　　)	
	(　　)		(　　)	
	(　　)		(　　)	
2	(　　)		(　　)	
	(　　)		(　　)	
	(　　)		(　　)	
	(　　)		(　　)	
3	(　　)		(　　)	
	(　　)		(　　)	
	(　　)		(　　)	
	(　　)		(　　)	
4	(　　)		(　　)	
	(　　)		(　　)	
	(　　)		(　　)	
	(　　)		(　　)	
5	(　　)		(　　)	
	(　　)		(　　)	
	(　　)		(　　)	

銀行勘定調整表

摘　要	金　額	摘　要	金　額
当社の当座預金出納帳残高	(¥　)	銀行の残高証明書残高	(¥　)
(加算)		(加算)	
(　)	(　)	(　)	(　)
(　)	(　)	(　)	(　)
(　)	(　)	(　)	(　)
(減算)		(減算)	
(　)	(　)	(　)	(　)
(　)	(　)	(　)	(　)
(　)	(　)	(　)	(　)
	(¥　)		(¥　)

期末修正仕訳

	借　方　科　目	金　額	貸　方　科　目	金　額
1				

問1

総勘定元帳（抜すい）

売　掛　金　　5

X1年		摘　要	借　方	X1年		摘　要	貸　方
4	1	前期繰越	2,600,000	4			
					30	次月繰越	

商　品　　8

X1年		摘　要	借　方	X1年		摘　要	貸　方
4	1	前期繰越		4			
	3				15		
	15						
					30		
					30		
					30	次月繰越	

問1　¥

問2　¥

問3　¥

問4

備　　品

年	月	日	摘　要	借　方	年	月	日	摘　要	貸　方
X2	1	1	前期繰越		X2	1	1		
						12	31		

備品減価償却累計額

年	月	日	摘　要	借　方	年	月	日	摘　要	貸　方
X2	1	1			X2	1	1	前期繰越	
	12	31				12	31		

問1

総勘定元帳

建物

年	月	日	摘要	借方	年	月	日	摘要	貸方
29	4	1	前期繰越						

機械装置

年	月	日	摘要	借方	年	月	日	摘要	貸方

リース資産

年	月	日	摘要	借方	年	月	日	摘要	貸方

問 1

売買目的有価証券

日 付		摘 要	借 方	日 付		摘 要	貸 方

満期保有目的債券

日 付		摘 要	借 方	日 付		摘 要	貸 方

有 価 証 券 利 息

日 付		摘 要	借 方	日 付		摘 要	貸 方

問1

決算整理後残高試算表

X8年3月31日

(単位：円)

借方	勘定科目	貸方
	現金預金	
	売掛金	
	繰越商品	
	(　　　)	
	建物	
	備品	
	土地	
	特許権	
	満期保有目的債券	
	(　　　)	
	買掛金	
	未払法人税等	
	(　　)利息	
	貸倒引当金	
	賞与引当金	

精　算　表

(単位：円)

勘定科目	残高試算表		修正記入		損益計算書		貸借対照表	
	借方	貸方	借方	貸方	借方	貸方	借方	貸方
現金預金	549,480							
受取手形	660,600							
売掛金	753,820							
売買目的有価証券	32,000							
繰越商品	61,000							
建物	5,000,000							
備品	700,000							
リース資産	3,600							
のれん	10,000							
その他有価証券	75,000							
買掛金		829,400						
貸倒引当金		20,000						
リース債務		3,600						
建物減価償却累計額		500,000						
備品減価償却累計額		280,000						

株主資本等変動計算書

自X1年4月1日　至X2年3月31日

(単位：千円)

	株主資本									その他有価証券評価差額金
	資本金	資本剰余金			利益剰余金				株主資本合計	
		資本準備金	その他資本剰余金	資本剰余金合計	利益準備金	その他利益剰余金		利益剰余金合計		
						別途積立金	繰越利益剰余金			
当期首残高										
当期変動額										
剰余金の配当等										
新株の発行										
吸収合併										
当期純利益										
当期変動額合計										
当期末残高										

損益計算書

自X2年4月1日　至X3年3月31日　　(単位：円)

Ⅰ　売上高		(　　　)
Ⅱ　売上原価		
1　期首商品棚卸高	(　　　)	
2　当期商品仕入高	(　　　)	
合計	(　　　)	
3　期末商品棚卸高	(　　　)	
差引	(　　　)	
4　棚卸減耗損	(　　　)	
5　商品評価損	(　　　)	(　　　)
売上総利益		(　　　)
Ⅲ　販売費及び一般管理費		
1　給料	(　　　)	
2　支払保険料	(　　　)	
3　(　　　)	(　　　)	
4　貸倒引当金繰入	(　　　)	
5　減価償却費	(　　　)	
6　(　　　)償却	(　　　)	
7　退職給付費用	(　　　)	(　　　)
営業利益		(　　　)

貸借対照表

X10年3月31日

(単位：円)

資産の部			負債の部		
Ⅰ 流動資産			Ⅰ 流動負債		
1. 現金		(　)	1. 買掛金		(　)
2. 当座預金		(　)	2.(　) 費用		(　)
3. 受取手形	(　)		3.(　)		(　)
貸倒引当金	(△　)	(　)	Ⅱ 固定負債		
4. 売掛金	(　)		1. 長期借入金		(　)
貸倒引当金	(△　)	(　)	2. 退職給付引当金		(　)
5. 商品		(　)	負債合計		(　)
Ⅱ 固定資産			純資産の部		
1. 建物	(　)		1. 資本金		(　)
減価償却累計額	(△　)	(　)	2. 利益剰余金		
2. 備品	(　)		(1)利益準備金	(　)	
減価償却累計額	(△　)	(　)	(2)繰越利益剰余金	(　)	(　)
3. 満期保有目的債券		(　)	純資産合計		(　)
資産合計		(　)	負債・純資産合計		(　)

損益計算書

自X2年4月1日 至X3年3月31日 (単位：千円)

Ⅰ	売上高		(　　)
Ⅱ	売上原価		
1	期首商品棚卸高	(　　)	
2	当期商品仕入高	(　　)	
	合計	(　　)	
3	期末商品棚卸高	(　　)	
	差引	(　　)	
4	棚卸減耗損	(　　)	(　　)
	売上総利益		(　　)
Ⅲ	販売費及び一般管理費		
1	給料	(　　)	
2	広告宣伝費	(　　)	
3	水道光熱費	(　　)	
4	支払保険料	(　　)	
5	(　　)	(　　)	
6	減価償却費	(　　)	(　　)
	営業利益		(　　)

貸借対照表

X3年3月31日　　(単位：千円)

資産の部			負債の部		
Ⅰ 流動資産			Ⅰ 流動負債		
現金預金		(　　)	支払手形		(　　)
受取手形	(　　)		買掛金		(　　)
貸倒引当金	(△　　)	(　　)	(　　)		(　　)
売掛金	(　　)		未払法人税等		(　　)
貸倒引当金	(△　　)	(　　)	流動負債合計		(　　)
商品		(　　)	Ⅱ 固定負債		
前払費用		(　　)	(　　)		(　　)
流動資産合計		(　　)	固定負債合計		(　　)
Ⅱ 固定資産			負債合計		(　　)
建物	(　　)		純資産の部		
減価償却累計額	(△　　)	(　　)	Ⅰ 株主資本		
備品	(　　)		1. 資本金		(　　)
減価償却累計額	(△　　)	(　　)	2. 資本剰余金		
土地		(　　)	資本準備金		(　　)
投資有価証券		(　　)	3. 利益剰余金		
(　　)		(　　)	利益準備金	(　　)	
固定資産合計		(　　)	繰越利益剰余金	(　　)	(　　)

貸借対照表

X2年3月31日　　　(単位：円)

資産の部			負債の部	
Ⅰ 流動資産			Ⅰ 流動負債	
現金預金		(　　)	支払手形	(　　)
受取手形	(　　)		買掛金	(　　)
貸倒引当金	(△　　)	(　　)	未払法人税等	(　　)
売掛金	(　　)		流動負債合計	(　　)
貸倒引当金	(△　　)	(　　)	Ⅱ 固定負債	
材料		(　　)	長期借入金	(　　)
仕掛品		(　　)	(　　)	(　　)
製品		(　　)	固定負債合計	(　　)
短期貸付金	(　　)		負債合計	(　　)
貸倒引当金	(△　　)	(　　)		
流動資産合計		(　　)		
Ⅱ 固定資産				
建物	(　　)		純資産の部	
減価償却累計額	(△　　)	(　　)	資本金	(　　)
機械装置	(　　)		利益準備金	(　　)

本支店合併損益計算書

自X5年4月1日　至X6年3月31日

(単位：円)

Ⅰ	売上高			(　　)
Ⅱ	売上原価			
	1	商品期首棚卸高	(　　)	
	2	当期商品仕入高	(　　)	
		合計	(　　)	
	3	商品期末棚卸高	(　　)	
		差引	(　　)	
	4	棚卸減耗損	(　　)	
	5	商品評価損	(　　)	(　　)
		売上総利益		(　　)
Ⅲ	販売費及び一般管理費			
	1	給料	(　　)	
	2	退職給付費用	(　　)	
	3	水道光熱費	(　　)	
	4	減価償却費	(　　)	
	5	(　　)	(　　)	
	6	貸倒引当金繰入	(　　)	

損　　益

日付	摘要	金額	日付	摘要	金額
	仕入			売上	
	支払家賃			受取手数料	
	給料			支店	
	広告宣伝費				
	減価償却費				
	貸倒引当金繰入				
	支払利息				
	(　　　　)				

問1

(単位：千円)

	借　　方	金　額	貸　　方	金　額
投資と資本の相殺の仕訳				

問2

(単位：千円)

	借　　方	金　額	貸　　方	金　額
開始仕訳				
のれんの仕訳				
当期純利益の仕訳				

連結第1年度

連結精算表

(単位：千円)

科目	個別財務諸表		修正・消去		連結財務諸表
	P社	S社	借方	貸方	
貸借対照表					**連結貸借対照表**
諸資産	5,034,600	1,480,400			
売掛金	1,240,000	260,000			
貸倒引当金	△49,600	△10,400			△
商品	551,000	70,000			
子会社株式	570,000	−			
のれん					
資産合計	7,346,000	1,800,000			
諸負債	1,356,000	610,000			
買掛金	721,000	170,000			
資本金	1,000,000	600,000			
資本剰余金	400,000	100,000			
利益剰余金	3,869,000	320,000			
非支配株主持分					
負債・純資産合計	7,346,000	1,800,000			
損益計算書					**連結損益計算書**
売上高	6,212,000	1,989,000			

連結第2年度　　連結精算表　　（単位：千円）

科目	個別財務諸表		修正・消去		連結財務諸表
	P社	S社	借方	貸方	
貸借対照表					**連結貸借対照表**
諸資産	1,981,500	539,440			
売掛金	150,000	48,000			
貸倒引当金	(4,500)	(1,440)			(　　)
商品	51,000	22,300			
子会社株式	270,000	－			
のれん					
資産合計	2,448,000	608,300			
諸負債	(1,223,800)	(238,300)			(　　)
買掛金	(118,000)	(35,000)			(　　)
資本金	(500,000)	(200,000)			(　　)
資本剰余金	(300,000)	(50,000)			(　　)
利益剰余金	(306,200)	(85,000)			(　　)
非支配株主持分					(　　)
負債・純資産合計	(2,448,000)	(608,300)			(　　)
損益計算書					**連結損益計算書**
売上高	(1,789,000)	(316,000)			(　　)

連結第2年度　　　　**連　結　精　算　表**　　　　(単位：千円)

科　目	個別財務諸表		修正・消去		連結財務諸表
	P　社	S　社	借　方	貸　方	
貸借対照表					
現金預金	400,000	130,000			
売掛金	960,000	440,000			
受取手形	400,000	100,000			
商品	740,000	330,000			
未収入金	160,000	26,000			
貸付金	300,000				
前払費用					
未収収益	24,000				
土地	330,000	72,000			
建物	100,000				
建物減価償却累計額	△ 48,000				△
(　　　)					
S社株式	360,000				
資産合計	3,726,000	1,098,000			
買掛金	362,000	360,000			
支払手形	280,000	40,000			

連結貸借対照表
X2年3月31日

(単位：千円)

資産	金額	負債・純資産	金額
現金預金	867,200	買掛金	
売掛金		未払金	20,000
貸倒引当金	△	未払法人税等	82,000
商品		資本金	
未収収益		資本剰余金	
投資有価証券		利益剰余金	363,790
のれん		非支配株主持分	

連結損益計算書
自X1年4月1日 至X2年3月31日

(単位：千円)

費用	金額	収益	金額
売上原価		売上高	
給料	174,100	受取手数料	46,000
貸倒引当金繰入		受取配当金	
支払家賃	54,000	受取利息	

連結貸借対照表

X4年3月31日　　(単位：千円)

資産	金額	負債・純資産	金額
現金預金		買掛金	
売掛金		未払金	
商品		未払法人税等	
未収入金		借入金	
貸付金		資本金	
備品		資本剰余金	
減価償却累計額	△	利益剰余金	
土地		非支配株主持分	
のれん			

連結損益計算書

自X3年4月1日 至X4年3月31日　　(単位：千円)

売上高	(　　)
売上原価	(　　)
販売費及び一般管理費	(　　)
のれん償却	(　　)

第1問（20点）

	仕訳			
	借方		貸方	
	記号	金額	記号	金額
1	(　　)		(　　)	
	(　　)		(　　)	
	(　　)		(　　)	
	(　　)		(　　)	
2	(　　)		(　　)	
	(　　)		(　　)	
	(　　)		(　　)	
	(　　)		(　　)	
3	(　　)		(　　)	
	(　　)		(　　)	
	(　　)		(　　)	
	(　　)		(　　)	
4	(　　)		(　　)	
	(　　)		(　　)	
	(　　)		(　　)	
	(　　)		(　　)	

第3問（20点）

貸借対照表

X4年3月31日

（単位：千円）

資産の部			負債の部	
Ⅰ 流動資産			Ⅰ 流動負債	
現金預金		(　　)	支払手形	171,000
受取手形	210,000		買掛金	220,000
貸倒引当金	(△　　)	(　　)	リース債務	(　　)
クレジット売掛金	24,000		未払法人税等	(　　)
貸倒引当金	(△　　)	(　　)	未払消費税	(　　)
売掛金	(　　)		未払費用	(　　)
貸倒引当金	(△　　)	(　　)	賞与引当金	(　　)
有価証券		(　　)	流動負債合計	(　　)
商品		(　　)	Ⅱ 固定負債	
前払費用		(　　)	リース債務	(　　)
流動資産合計		(　　)	退職給付引当金	(　　)
Ⅱ 固定資産			固定負債合計	(　　)
建物	1,000,000		負債合計	(　　)
減価償却累計額	(△　　)	(　　)	純資産の部	
機械装置	300,000		Ⅰ 株主資本	
減価償却累計額	(△　　)	(　　)	1. 資本金	1,000,000

第4問（28点）

(1)

	仕訳			
	借方		貸方	
	記号	金額	記号	金額
1	(　　)		(　　)	
	(　　)		(　　)	
	(　　)		(　　)	
2	(　　)		(　　)	
	(　　)		(　　)	
	(　　)		(　　)	
3	(　　)		(　　)	
	(　　)		(　　)	
	(　　)		(　　)	

(2)

仕掛品　（単位：円）

月初有高	(　　)	製品	(　　)
直接材料費	(　　)	月末有高	(　　)
直接労務費	(　　)		
製造間接費	(　　)		
	(　　)		(　　)

第5問（12点）

直接原価計算による損益計算書

（単位：円）

	前々期	前　期
売　上　高	（　　　）	（　　　）
変　動　費	（　　　）	（　　　）
貢献利益	（　　　）	（　　　）
固　定　費	（　　　）	（　　　）
営業利益	（　　　）	（　　　）

第1問（20点）

	仕訳			
	借方		貸方	
	記号	金額	記号	金額
1	(　　)		(　　)	
	(　　)		(　　)	
	(　　)		(　　)	
	(　　)		(　　)	
2	(　　)		(　　)	
	(　　)		(　　)	
	(　　)		(　　)	
	(　　)		(　　)	
3	(　　)		(　　)	
	(　　)		(　　)	
	(　　)		(　　)	
	(　　)		(　　)	
4	(　　)		(　　)	
	(　　)		(　　)	
	(　　)		(　　)	
	(　　)		(　　)	

第2問（20点）

連結貸借対照表

X3年3月31日

（単位：千円）

資産の部	
現金預金	(　　)
売掛金	(　　)
受取手形	(　　)
貸倒引当金	△ (　　)
商品	(　　)
土地	(　　)
のれん	(　　)
資産合計	(　　)
負債の部	
買掛金	(　　)
支払手形	(　　)
未払金	(　　)
借入金	(　　)
(　　)に係る負債	(　　)
負債合計	(　　)
純資産の部	
資本金	(　　)

第3問（20点）

損益計算書

自X11年4月1日　至X12年3月31日　（単位：円）

Ⅰ　売上高		（　）
Ⅱ　売上原価		
期首商品棚卸高	（　）	
当期商品仕入高	（　）	
合計	（　）	
期末商品棚卸高	（　）	
差引	（　）	
（　）	（　）	（　）
売上総利益		（　）
Ⅲ　販売費及び一般管理費		
給料	（　）	
退職給付費用	（　）	
（　）	（　）	
貸倒引当金繰入	（　）	
減価償却費	（　）	
（　）償却	（　）	
支払家賃	（　）	
水道光熱費	（　）	（　）
営業利益		（　）
Ⅳ　営業外収益		
有価証券利息	（　）	
[illegible]	（　）	（　）

第4問（28点）

(1)

	仕訳			
	借方		貸方	
	記号	金額	記号	金額
1	(　　)		(　　)	
	(　　)		(　　)	
	(　　)		(　　)	
2	(　　)		(　　)	
	(　　)		(　　)	
	(　　)		(　　)	
3	(　　)		(　　)	
	(　　)		(　　)	
	(　　)		(　　)	

(2)

月末仕掛品のX原料費	円
月末仕掛品のY原料費	円
月末仕掛品の加工費	円
完成品総合原価	円

— MEMO —

	数量差異	円	(借方差異・貸方差異)
労務費	賃率差異	円	(借方差異・貸方差異)
	時間差異	円	(借方差異・貸方差異)
製造間接費	予算差異	円	(借方差異・貸方差異)
	変動能率差異	円	(借方差異・貸方差異)
	固定能率差異	円	(借方差異・貸方差異)
	操業度差異	円	(借方差異・貸方差異)

(注)(　)内の「借方差異」または「貸方差異」を○で囲むこと。

科目		
経常利益		(　　)
Ⅵ 特別損失		
(　　)		(　　)
税引前当期純利益		(　　)
法人税等	(　　)	
法人税等調整額	(　　)	(　　)
当期純利益		(　　)

純資産合計	(　　　　)
負債・純資産合計	(　　　　)

売上高		6,000,000
売上原価		
月初製品有高	(　　)	
当月製品製造原価	(　　)	
合　計	(　　)	
月末製品有高	(　　)	
差　引	(　　)	
原価差異	(　　)	(　　)
売上総利益		(　　)
販売費及び一般管理費		1,045,000
営業利益		(　　)

子会社株式		(　　)	利益準備金	40,000	
投資有価証券		(　　)	別途積立金	50,000	
長期前払費用		(　　)	繰越利益剰余金	(　　)	(　　)
長期貸付金	(　　)		株主資本合計		(　　)
貸倒引当金	(△　　)	(　　)	Ⅱ 評価・換算差額等		
固定資産合計		(　　)	その他有価証券評価差額金		(　　)
			純資産合計		(　　)
資産合計		(　　)	負債・純資産合計		(　　)

第２問（20点）

	株主資本								
	資本金	資本剰余金			利益剰余金				株主資本合計
		資本準備金	その他資本剰余金	資本剰余金合計	利益準備金	その他利益剰余金		利益剰余金合計	
						別途積立金	繰越利益剰余金		
当期首残高	(　　)	(　　)	(　　)	(　　)	(　　)	(　　)	(　　)	(　　)	(　　)
当期変動額									
剰余金の配当					(　　)		(　　)	(　　)	(　　)
別途積立金の積立						(　　)	(　　)		
新株の発行	(　　)	(　　)		(　　)					(　　)
吸収合併	(　　)		(　　)	(　　)					(　　)
当期純利益							(　　)	(　　)	(　　)
当期変動額合計	(　　)	(　　)	(　　)	(　　)	(　　)	(　　)	(　　)	(　　)	(　　)
当期末残高	(　　)	(　　)	(　　)	(　　)	(　　)	(　　)	(　　)	(　　)	(　　)

土地売却益	(　　　)
法人税等	(　　　)
当期純利益	(　　　)
非支配株主に帰属する当期純利益	(　　　)
親会社株主に帰属する当期純利益	(　　　)

法人税等	82,000			
非支配株主に帰属する当期純利益				
親会社株主に帰属する当期純利益				

資本剰余金	246,000	40,000			
利益剰余金	1,720,000	130,000			
非支配株主持分					
負債・純資産合計	3,726,000	1,098,000			
損益計算書					
売上高	3,120,000	2,162,000			
売上原価	2,028,000	1,534,000			
販売費及び一般管理費	933,400	573,000			
（　　）償却					
受取利息	10,400	1,600			
支払利息	8,000	3,600			
手形売却損		3,000			
土地売却益	12,000				
当期純利益	173,000	50,000			
非支配株主に帰属する当期純利益					
親会社株主に帰属する当期純利益	173,000	50,000			

特別利益	(51,000)	(－)			( )
特別損失	2,000	－			
法人税等	19,800	3,800			
当期純利益	(46,200)	(9,000)			( )
非支配株主に帰属する当期純利益					
親会社株主に帰属する当期純利益	(46,200)	(9,000)			( )
株主資本等変動計算書					**連結株主資本等変動計算書**
資本金期首残高	(500,000)	(200,000)			( )
資本金期末残高	(500,000)	(200,000)			( )
資本剰余金期首残高	(300,000)	(50,000)			( )
資本剰余金期末残高	(300,000)	(50,000)			( )
利益剰余金期首残高	(270,000)	(79,000)			( )
当期変動額					
剰余金の配当	10,000	3,000			
親会社株主に帰属する当期純利益	(46,200)	(9,000)			( )
利益剰余金期末残高	(306,200)	(85,000)			( )
非支配株主持分期首残高					( )
非支配株主持分当期変動額					( )
非支配株主持分期末残高					( )

特別利益	10,000	2,000			
特別損失	173,000	1,000			
法人税等	270,000	60,000			
当期純利益	630,000	140,000			
非支配株主に帰属する当期純利益					
親会社株主に帰属する当期純利益	630,000	140,000			
株主資本等変動計算書					**連結株主資本等変動計算書**
資本金期首残高	1,000,000	600,000			
資本金期末残高	1,000,000	600,000			
資本剰余金期首残高	400,000	100,000			
資本剰余金期末残高	400,000	100,000			
利益剰余金期首残高	3,539,000	240,000			
当期変動額					
剰余金の配当	△300,000	△60,000			△
親会社株主に帰属する当期純利益	630,000	140,000			
利益剰余金期末残高	3,869,000	320,000			
非支配株主持分期首残高					
非支配株主持分当期変動額					
非支配株主持分期末残高					

問3

（単位：千円）

	借　　方	金　額	貸　　方	金　額
開始仕訳				
のれんの仕訳				
当期純利益の仕訳				
配当の仕訳				

I　支払利息		(　　　)
税引前当期純利益		(　　　)
法人税、住民税及び事業税	(　　　)	
(　　　)	(　　　)	(　　　)
当期純利益		(　　　)

①売上原価	円
②販売費及び一般管理費	円
③営業外費用	円
④法人税等	円
⑤当期純利益	円

		純資産合計	(　　　)
資産合計	(　　　)	負債・純資産合計	(　　　)

1	支払利息		(　　　)
	経常利益		(　　　)
Ⅵ	特別利益		
1	固定資産売却益		(　　　)
Ⅶ	特別損失		
1	(　　　)	(　　　)	
2	災害損失	(　　　)	(　　　)
	税引前当期純利益		(　　　)
	法人税、住民税及び事業税	(　　　)	
	(　　　)	(　　　)	(　　　)
	当期純利益		(　　　)

（注）税効果会計により法人税、住民税及び事業税からマイナスする場合には、金額の前に△をつけること。

1 (　　　　)	(　　　)	
2 支払利息	(　　　)	(　　　)
経常利益		(　　　)
Ⅵ 特別損失		
1 火災損失		(　　　)
税引前当期純利益		(　　　)
法人税等	(　　　)	
法人税等調整額	(　　　)	(　　　)
当期純利益		(　　　)

仕入	2,686,000							
給料	457,000							
合計	10,988,500	10,988,500						
手形（　　）								
（　　）								
貸倒引当金繰入								
棚卸減耗損								
減価償却費								
リース資産減価償却累計額								
有価証券（　　）								
その他有価証券評価差額金								
のれん（　　）								
退職給付費用								
当期純（　　）								
合計								

	勘定科目	
	資本金	
	繰越利益剰余金	
	売上	
	有価証券利息	
	土地売却（　）	
	仕入	
	棚卸減耗損	
	（　　　）	
	給料	
	賞与引当金繰入	
	（　　　）	
	特許権償却	
	貸倒引当金繰入	
	通信費	
	支払利息	
	法人税等	
	法人税等調整額	

問2　（　　　　　　　　）円

問２　有価証券売却（　　）　¥＿＿＿＿＿＿＿＿

問3（1）未実現損益の消去

借　方　科　目	金　　額	貸　方　科　目	金　　額

（2）債権債務の相殺消去

借　方　科　目	金　　額	貸　方　科　目	金　　額

Chapter 3 問題 02

（単位：千円）

	（1）利子込み法	（2）利子抜き法
①リース資産（取得原価）		
②減価償却費		
③リース債務		
④支払利息	–	
⑤支払リース料		

3				
4				
5				
6				

	仕訳			
	借方		貸方	
	記号	金額	記号	金額
1	(　　)		(　　)	
	(　　)		(　　)	
	(　　)		(　　)	
	(　　)		(　　)	
2	(　　)		(　　)	
	(　　)		(　　)	
	(　　)		(　　)	
	(　　)		(　　)	
3	(　　)		(　　)	
	(　　)		(　　)	
	(　　)		(　　)	
	(　　)		(　　)	
4	(　　)		(　　)	
	(　　)		(　　)	
	(　　)		(　　)	
	(　　)		(　　)	
5	(　　)		(　　)	
	(　　)		(　　)	
	(　　)		(　　)	
	(　　)		(　　)	

	仕訳			
	借方		貸方	
	記号	金額	記号	金額
1	(　　)		(　　)	
	(　　)		(　　)	
	(　　)		(　　)	
	(　　)		(　　)	
2	(　　)		(　　)	
	(　　)		(　　)	
	(　　)		(　　)	
	(　　)		(　　)	
3	(　　)		(　　)	
	(　　)		(　　)	
	(　　)		(　　)	
	(　　)		(　　)	
4	(　　)		(　　)	
	(　　)		(　　)	
	(　　)		(　　)	
	(　　)		(　　)	
5	(　　)		(　　)	
	(　　)		(　　)	
	(　　)		(　　)	
	(　　)		(　　)	

	仕訳			
	借方		貸方	
	記号	金額	記号	金額
1	(　　)		(　　)	
	(　　)		(　　)	
	(　　)		(　　)	
	(　　)		(　　)	
2	(　　)		(　　)	
	(　　)		(　　)	
	(　　)		(　　)	
	(　　)		(　　)	
3	(　　)		(　　)	
	(　　)		(　　)	
	(　　)		(　　)	
	(　　)		(　　)	
4	(　　)		(　　)	
	(　　)		(　　)	
	(　　)		(　　)	
	(　　)		(　　)	
5	(　　)		(　　)	
	(　　)		(　　)	
	(　　)		(　　)	
	(　　)		(　　)	

	仕訳			
	借方		貸方	
	記号	金額	記号	金額
1	(　　)		(　　)	
	(　　)		(　　)	
	(　　)		(　　)	
	(　　)		(　　)	
2	(　　)		(　　)	
	(　　)		(　　)	
	(　　)		(　　)	
	(　　)		(　　)	
3	(　　)		(　　)	
	(　　)		(　　)	
	(　　)		(　　)	
	(　　)		(　　)	
4	(　　)		(　　)	
	(　　)		(　　)	
	(　　)		(　　)	
	(　　)		(　　)	
5	(　　)		(　　)	
	(　　)		(　　)	
	(　　)		(　　)	
	(　　)		(　　)	

	仕訳			
	借方		貸方	
	記号	金額	記号	金額
1	(　　)		(　　)	
	(　　)		(　　)	
	(　　)		(　　)	
	(　　)		(　　)	
2	(　　)		(　　)	
	(　　)		(　　)	
	(　　)		(　　)	
	(　　)		(　　)	
3	(　　)		(　　)	
	(　　)		(　　)	
	(　　)		(　　)	
	(　　)		(　　)	
4	(　　)		(　　)	
	(　　)		(　　)	
	(　　)		(　　)	
	(　　)		(　　)	
5	(　　)		(　　)	
	(　　)		(　　)	
	(　　)		(　　)	
	(　　)		(　　)	